中国旅游业"十三五"高等教育教材

Tourism Management Series

旅游学概论（第3版）

Introduction to Tourism

吴必虎　黄潇婷　等 编著

中国人民大学出版社
·北京·

图书在版编目（CIP）数据

旅游学概论/吴必虎，黄潇婷等编著．-- 3 版．-- 北京：中国人民大学出版社，2019.10
中国旅游业“十三五”高等教育教材
ISBN 978-7-300-27459-1

Ⅰ．①旅… Ⅱ．①吴… ②黄… Ⅲ．①旅游学－高等学校－教材 Ⅳ．①F590

中国版本图书馆 CIP 数据核字（2019）第 214023 号

中国旅游业“十三五”高等教育教材
旅游学概论（第 3 版）
吴必虎　黄潇婷　等 编著
Lüyouxue Gailun

出版发行	中国人民大学出版社		
社　　址	北京中关村大街 31 号	**邮政编码**	100080
电　　话	010－62511242（总编室）		010－62511770（质管部）
	010－82501766（邮购部）		010－62514148（门市部）
	010－62515195（发行公司）		010－62515275（盗版举报）
网　　址	http://www.crup.com.cn		
经　　销	新华书店		
印　　刷	北京昌联印刷有限公司	**版　　次**	2009 年 10 月第 1 版
规　　格	185 mm×260 mm　16 开本		2019 年 10 月第 3 版
印　　张	15.25 插页 2	**印　　次**	2022 年 7 月第 7 次印刷
字　　数	310 000	**定　　价**	42.00 元

中国旅游业“十三五”高等教育教材

编审指导委员会、编委会

作者简介

吴必虎　北京大学城市与环境学院教授、博士生导师，旅游研究与规划中心主任。1980 年进入华东师范大学地理系学习，先后获得理学学士、硕士、博士学位。1997 年进入北京大学城市与环境学院地理学博士后流动站，从事旅游地理与旅游规划研究，出站后留校任教至今。研究方向为城市与区域旅游规划、目的地管理与营销、文化遗产活化与国家公园游憩、世界游历史等。在国内外学术期刊发表论文近 300 篇，出版专著 10 余部。主持 5 项国家自然科学基金项目。

荣获中国地理学会“中国旅游地理学杰出贡献奖”(2013)，入选国际旅游研究院院士（2015）。

黄潇婷　山东大学管理学院旅游管理系教授、博士生导师、系主任，山东大学历史文化学院文化产业基地博士后，TBL 旅游行为实验室创始人。北京大学旅游研究与规划中心特邀研究员，世界交通大会旅游交通技术委员会主席，山东省康养旅游协会副会长。研究方向包括旅游学基础理论、旅游者时空行为、旅游规划理论与方法、旅游移动行为与健康等。主持国家自然科学基金“基于旅游者时空行为规律的旅游时间规划方法研究”(青年项目)和“基于旅游者时空行为规律的旅游活动空间生产与构建研究”(面上项目)，参与多项国家级和省部级课题，在 *Tourism Management*、*Tourism Geographies*（SSCI）和中文核心期刊《旅游学刊》《人文地理》等发表学术论文多篇。

前言

《旅游学概论》作为中国旅游业“十一五”高等教育教材之一，于2009年首次出版。本书以旅游活动为核心构建旅游学科体系，并从旅游本体论即概念体系（偏重理论）和旅游发展部门（偏重应用）两个方面展开论述。教材发行10年来，得到不少师生的喜爱。之后根据旅游业发展和理论研究的变化，我们对全书进行了第二次修订。在征得原合作者宋子千博士同意的情况下，此次修订邀请了山东大学黄潇婷博士共同主笔，并将第3版作为中国旅游业“十三五”高等教育教材之一。第2版在第1版使用情况调查问卷的基础上进行了较大的体例调整，最大程度上与旅游学概论课程教学进度保持了一致。本次修订的原则为“体例不变、局部微调”，在保留第2版章节架构的基础上，在以下方面作了改变和提升。

近年来旅游学科和旅游产业都有较大发展，出现了一些新技术、新概念和新事物，《旅游学概论》（第3版）增加了分享经济、全域旅游、目的地在线化、智慧旅游、旅游移动、遗产活化等概念和相关案例。具体来说，第3章旅游产品与供给增加VR、AR等新技术对供给的影响；第4章旅游学科增加游历的概念、一级学科建设相关进展和中国旅游研究范式；第5章观光与度假吸引物在“历史地段/创意景区”部分增加遗产活化内容，增加香港遗产活化的案例和大唐芙蓉园遗产活化的案例；第7章旅游目的地与旅游城市的第1节旅游目的地增加全域旅游的概念，第3节目的地营销增加目的地在线化；第8章移动性与旅游交通增加共享交通，如优步和滴滴出行等新业态；第9章旅游中介服务增加OTA概念与案例；第10章旅游接待服务增加分享型接待（包括房/餐的分享型接待新产品形态）；第11章旅游支持行业在旅游信息服务部分增加智慧旅游和在线旅游集散中心；第12章旅游公共管理第2节题目修改为“政策法规与政府管理”并增加旅游政策的相关内容。

此外，第3版更新了部分文献、数据、政策文件和照片，精减了文献数量，删减了引用率低的文献，更新、核实了编委成员工作单位和职位变动。

由于本书涉及的知识点相对较多，建议对前四章详细讲解，后面八章可以根据各学校的特点或学生的兴趣适当选择并调整其内容。为了扩大读者关于旅游领域的知识面，加深读者对旅游学的理解，增强理论联系实际的能力，本书配有专门的案例集，为读者提供相关理论方面的拓展知识或结合正文内容的相关案例，读者可以根据自己的兴趣和要求选择阅读。

本书是集体合作的结晶。根据第1版以来各章内容撰写者的工作分工和修改参与程度，本书第3版的章节贡献者如下：第1章宋子千、吴必虎、黄潇婷，第2章吴必虎、黄潇婷，第3章吴必虎、邵隽、宋子千，第4章吴必虎，第5章黄潇婷、吴必虎，第6章戴光全、陈欣、吴必虎、黄潇婷，第7章黄潇婷、吴必虎，第8章熊伟、吴必虎，第9章宋子千、李云鹏、吴必虎，第10章吴必虎、熊伟，第11章宋子千、吴必虎、李云鹏、熊伟、黄潇婷，第12章吴必虎、黄潇婷。

限于作者的学力，本书仍有不少待完善之处，希望读者在使用过程中继续帮助我们发现问题，指出错误或不当之处，以便再版时修正、提高。

吴必虎

于北京大学

目录

第1章 旅游活动

学习目标

- 掌握世界旅游组织关于旅游活动的定义
- 理解旅游活动的移动性、异地性与暂居性
- 了解泛旅游活动的意义
- 了解现代旅游的产生和发展过程
- 了解现代旅游业形成的标志性事件
- 了解旅游活动的经济影响、环境影响和社会文化影响

1.1 旅游活动界定

什么是旅游活动？要回答这一问题，就要观察我们身边的旅游现象。

生活在21世纪，几乎没有人从未旅游过，或者至少没有人没见过别人的旅游行为。在我们读小学、中学时，就有老师或学生社团安排大家一起春游踏青，参观博物馆、展览馆，走访名人故居，祭拜先贤先烈，接受亲友邀请到另外的城市探亲访友。有的同学所在的城市还有可能承办各种展览会，甚至是奥运会或世博会，或者举行大型演出活动，或者在元宵、中秋、春节期间举办庆祝仪式。对这些活动，多数人都有亲身体验。参加这些活动时，一般都要走出家门、校门，旅行一定距离到另一个地方去。这些都可以成为我们研究的问题，有的属于休闲，有的属于户外游憩，有的属于郊外游玩，有的属于远距离出行。参加这些活动的目的也很多，有的是教育培训，有的是陶冶情操，有的是锻炼身体，有的是放松娱乐，甚至是谋求发展。

再想一想我们会发现，要顺利地参加这些活动，实现上述教育、娱乐、健康、

商务等目的，需要很多部门为我们提供服务和保障。出门旅行需要坐车、乘飞机；到了外地需要住酒店、进餐馆；如果是出国，还要申领护照和签证；人生地不熟需要请导游帮我们出谋划策、指点迷津……这些机构和部门其实由一个复杂的社会、经济、文化系统在支持着，这个综合体系就是旅游系统。如果仅从经济行业来看，它们组成了一个庞大的产业，这就是旅游业。旅游业从它带来的经济价值、创造的就业机会和产生的社会环境影响来看，都称得上是世界上规模最大的行业。

上述各种各样的人群参加的出行活动，以及多个公共部门与商业部门为其提供的各种服务综合在一起，就构成了旅游活动得以发生、发展的旅游现象。

1.1.1 旅游行为

1. 基本含义

旅游活动（tourism activity）主要是指人或人群的旅游行动（tourism action），当然这类行动离不开为其提供出游服务的多个部门及社会系统的支持。旅游行动的基本含义是人们短暂离开惯常环境的一种活动。世界旅游组织（World Tourism Organization，1995）对旅游行动作了如下界定[①]：

> 旅游是指人们为了休闲、商务或其他目的而旅行到其惯常环境之外的地方并在那里停留持续时间不超过一年的活动。一个人的惯常环境是由其居住地周围的地区及其所有经常光顾的地方组成的。

在中国，通常将旅游行动理解为以游览为目的的旅行，多数汉语词典都是这样解释的。这可能和长期以来人们认识到的最主要的旅游活动就是观光旅行有关。有的学者认为，旅游活动是一种以前往异地寻求愉悦为主要目的而度过的一种具有社会、休闲和消费属性的短暂经历（谢彦君，2007）。有的研究者认为，旅游是人们休闲生活和休闲行为的一项内容（马惠娣，2006）。很显然，这一理解没有考虑到商务和其他目的的旅游活动。

旅游活动具有三个方面的本质特征：第一，旅游活动是指一种人类的移动行为；第二，移动性导致异地性，并产生了参与者与目的地社会文化的接触；第三，移动及异地过程具有暂时性特征而非长久移居。

第一个特征移动性（mobility）指明了旅游活动的根本属性。旅游活动是针对人类移动行为而言的，其他动物的类似活动不是旅游活动。

第二个特征异地性（disattachment of place）与所谓的地方依赖（place attachment）正相反，将旅游活动和人们在惯常环境（usual environment）中的大量行为

---

① 世界旅游组织的定义原文如下：Tourism comprises the activities of persons traveling to and staying in places outside their usual environment for not more than one consecutive year for leisure，business and other purposes. The usual environment of a person consists of a certain area around his/her place of residence plus all places he/she frequently visits.

区分开来。惯常环境即人们日常居住、工作或学习的地方。人们在家庭或社区内的活动（如在家看电视或日常购物等），以及日常上班、上学都不是旅游活动[①]，但如果人们是在闲暇时间内在家庭之外惯常环境之内发生的游憩活动，称为户外游憩，它与异地性的旅游活动存在紧密的联系。

第三个特征暂居性（temporary residence）将旅游活动和人类其他离开惯常环境的行为如迁徙、移民等进行了区分。虽然迁徙、移民也是人们离开惯常环境的行为，但是这些行为的目的是长期改变居住地，而旅游只是短暂地访问及居住于非惯常环境。迁徙、移民等人类行为在空间上往往是单向的，而人们的旅游活动从惯常环境出发，一般在短暂间隔之后还会回到惯常环境，其行为轨迹构成一个环路（circuit）。

这三个特征是密切相关的。移动行为产生异地性，空间上的异地性以时间上的暂居性为条件（陈愉秉，2000）。没有时间上的暂居性，就不可能有空间上的异地性。异地是相对于惯常环境来说的，在一个新的地方居住久了，这个地方就成为新的惯常环境。只有当人们短暂地离开惯常环境时，在离开惯常环境的这一段时间内所到的地方才是异地。

一些西方学者对旅游活动的经济学分析主要紧扣资源不可移动性、容量限制、季节性，以及消费者在购买产品之前不能先行体验等特征来进行（Bull，1995）。Su and Swanson（2017）通过对首次到访旅游者和重复到访旅游者的比较分析，研究了目的地社会责任对旅游者环境负责行为的影响。Brown and Osman（2017）专门研究了女性旅游者将埃及作为伊斯兰旅游目的地的旅游体验。西方国家主要从旅游需求角度设计了一套术语来阐述旅游消费现象，创造了需求预测、产品偏好、目的地选择、满意度评估等概念体系来观察和分析旅游活动。与此不同，也许是受 20 世纪 80 年代计划经济的影响，在中国政府旅游部门编制计划的过程中，逐步形成了以计划性供给为出发点的一套概念体系来描述或阐述旅游活动的基本内容，也就是所谓的旅游六要素：吃、住、行、游、购、娱。发展旅游业，需要提供这六个方面的设施或服务。六要素在相当长的时间里成为旅游计划、旅游统计的主要框架，至今仍有相当大的影响。但是，应该注意到，六要素概括的内容主要是基于对观光旅游（愉悦旅游）的概括提炼。随着旅游活动向更深、更广的领域发展，使用六要素来阐述旅游活动，特别是概括休闲度假、工商事务、会议节事、探亲访友等目的的旅游活动显得力不从心。

2. 技术性定义

由于旅游活动覆盖多种性质的人类移动，即使在理论上基本达成了一定的共识，在进行统计时，如何将理论上的概念落实到具体数据上，还存在许多技术上的缓冲空间，这一点类似于法律条文在法官那里具有一定的解释空间。为了解决这个问题，

---

① 部分学者认为，人们日常上下班（上下学）等通勤移动行为属于一种商务旅行（business travel）活动，因此广义的商务旅游涵盖了本地的空间移动。但是这种说法并没有得到广泛认同。

人们对旅游活动分别提出了概念性定义和技术性定义两种方案。概念性定义便于人们把握事物的本质特征，旅游活动可以定义为人们基于和平目的而移动至其惯常环境之外的地方并在那里短暂居留的活动。技术性定义（technical definition）则需要对何谓惯常环境（何谓异地）、何谓短暂（滞留时间长短）等进行严格的物理界定。为了便于不同国家和地区旅游统计数据的比较分析，有必要形成统一的技术性定义，并按照这一技术性定义进行数据收集和分析。

技术性定义一般建立在概念性定义的基础之上。为了实现可操作性，技术性定义往往针对事物的具体形态作出量的规定，有时也采用描述列举的方法。这种量的规定和描述列举从理论上看也许是不严密的，但是操作起来比较方便。由于同类事物的具体形态在不同历史阶段或不同国家和地区之间往往存在较大的差异，因此量的规定和描述列举的结果往往也是不同的。换句话说，和概念性定义相比，技术性定义的历史性和地域性更强。

根据世界旅游组织的规定，旅游活动被分为国内旅游活动和国际旅游活动两大类别。国内旅游（domestic tourism）是指某个国家或地区的居民基于愉悦、商务或其他目的，离开其惯常环境而在该国或该地区境内针对某些地方的持续时间不超过一年的旅行及滞留活动。国际旅游（international tourism）包括入境旅游和出境旅游，其中，入境旅游（inbound tourism）是指非本国居民基于愉悦、商务或其他目的，离开其惯常环境到访某一特定地区持续时间不超过一年的访问活动；出境旅游（outbound tourism）是指某一特定地区的居民为了愉悦、商务或其他目的而旅行到其惯常环境之外的地区并在那里停留持续时间不超过一年的活动。境内旅游（internal tourism）包括国内旅游和入境旅游；国民旅游（national tourism）包括国内旅游和出境旅游（World Tourism Organization，1995）。对于不同的旅游活动领域，各国政府往往采取不同的政策。目前，中国入境、出境、国内三大市场的发展战略是"大力发展入境旅游，规范发展出境旅游，全面提升国内旅游"。

在前面提到的世界旅游组织建议的定义中，对滞留时间作了"连续停留时间不超过一年"的规定，从而使暂时性有了判断标准。为什么是一年而不是10个月或15个月？主要是因为这样的界定在统计上更为方便。"不超过一年"是针对国际旅游而言的，针对国内旅游的时限则较短，中国对国内旅游的规定是"6个月以内"。在惯常环境方面，很多国家提出的标准是旅行距离，也有些国家的标准是离开所在城市，还有些国家是通过旅行时间的规定间接对惯常环境作出界定，比如6小时以上或过夜。投宿游（overnight visits）是一个重要指标，因为投宿游往往能够给目的地带来更多的消费收益。在旅游统计上，世界旅游组织建议，根据滞留时间长短划分为1～3夜、4～7夜、8～28夜、29～91夜、92～365夜等几种情况（World Tourism Organization，1995）。

早期的研究者对愉悦目的的要求比较严格，例如，亨齐克和克拉普夫（Hunziker and Krapf，1942）认为，"旅游……不会导致长期定居，并且不牵涉任何营利性活动”。这个聚焦于愉悦性的取向在 20 世纪 70 年代为国际旅游科学家协会所继承。这一时期的定义都要求旅游活动是出于工作原因（或职业原因）之外的活动。

但是，随着城市化、全球化进程加快，商务旅行、会展节事等产生的移动性应纳入旅游范畴这一观点获得越来越多学者的认同，亨齐克定义的非营利目的受到挑战，与商务（事务）有关的旅行和滞留被纳入旅游活动范畴。正是基于这一新的理解，世界旅游组织建议的定义放弃了对愉悦性的坚持，而接受了更为宽泛的理解，旅游活动的目的被分为休闲、商务和其他三类。

商务旅游与愉悦旅游除了旅游目的不同，在出游自主性方面也有强弱之分。愉悦旅游是人们自己选择是否出游、到哪里旅游和如何旅游，而对于商务旅游活动来说，是否旅游、到哪里旅游和如何旅游通常由公司或单位来决策。此外，愉悦旅游一般发生在闲暇时间内，而商务旅游一般发生在工作时间内。

当然，尽管可以制定一些非常具体的规定，但是旅游统计很难做到完全准确。违背和平目的的恐怖分子也许持的就是旅游签证。现代有些人居住和工作的地方有可能相距较远，单纯从出行距离和时间来规定不一定很完善。第二住宅（second home）的出现更给如何界定惯常环境的空间范围提出了难题。相对第一住宅而言，人们居住在第二住宅的时间相对较少但亦非偶尔为之。从目前的情况来看，人们往返第二住宅的行为往往也算作旅游活动。

可以将旅游活动的内容粗略地概括为基础活动、愉悦活动、商务活动等三个方面。一般认为，吃、住、行对于所有旅游活动来说都是基础活动，其中饮食、住宿是人们的基本生理需求，而交通是人们离开常住地的物理基础，是旅游之所以成为旅游的重要条件。对于愉悦旅游来说，一般不包括商务活动；而对于商务旅游来说，商务活动是其旅游的基本目的，因而构成基本层次，游览、娱乐、购物等反而是可有可无的。[①] 在愉悦旅游当中，观光旅游和度假旅游也有很大的不同。对于观光旅游来说，主要目的是欣赏自然、人文景观以及风土民情等，因而游览活动是基本层次，娱乐和购物活动是提高层次。对于度假旅游来说，主要目的是利用非惯常环境放松身心，因而娱乐活动是基本层次，游览和购物活动是提高层次（宋子千，2008b）。

从上述旅游活动行为层次的划分中可以看出，各种具体活动在不同类型旅游活动中的地位是不一样的。在人们的旅游活动中，不同的旅游行为层次可以同时并存，较高层次的旅游行为并不一定要在较低旅游活动行为层次出现之后才出现。但一般来讲，较高层次的旅游行为的出现是在较低层次的活动行为出现之后（保继刚和楚义芳，1999）。

1.1.2　泛旅游活动

尽管我们对何谓旅游活动作出了概念性及技术性定义，但如何判定某些人类行

---

① 有些学者认为，旅游包括有愉悦活动的商务旅行，但不包括没有愉悦活动的纯粹的商务旅行。这种观点其实还是对狭义旅游的一种认识。根据本书的理解，纯粹的商务旅行也属于旅游的范围。

为是否属于旅游活动并非那么简单。正如科恩（Cohen，2004）所说，“旅游是个模糊概念：旅游者与非旅游者两个世界之间并无确定的边界，它们之间也许还存在别的中间类型”。正是了解到这一现象，他提出了旅游概念树，以描述从很宽泛的旅游概念到很狭窄的旅游概念之间各种不同的理解。

为了更好地理解旅游活动边缘地带上的各种人类行为，我们提出了泛旅游活动的概念。泛旅游活动（pan-tourism activity）是将人类在闲暇时间或工作时间内所表现出的户外游憩、愉悦旅游和商务旅游等各种短暂性空间移动行为界定于同一个领域内。在考虑本地游憩的情况下，它未将异地性作为必要条件。但也要注意到，多数情况下，旅游学只集中研究异地性的游憩活动。

在旅游研究中，旅行（travel）和旅游（tourism）这一对术语很容易混淆，实际上也存在一定程度的混用现象。旅游与旅行的联系和区别不是绝对的，因为人们对这两个词本身并没有一致的理解。粗略地说，旅行活动的范围比旅游活动更宽泛，旅游活动必然是旅行活动，但旅行活动不一定是旅游活动。如果不考虑移民、战争等特殊性质的人类流动，旅行活动和广义的旅游活动基本一致。如果指的是狭义的旅游，则旅行活动的范围显然比旅游活动要宽泛得多。

旅行和旅游的另一个细微差别是，一些研究者认为，旅行更多地强调人们在空间上的移动过程①，而旅游不仅包括这种空间的移动过程，而且包括在异地的短暂滞留过程。从字面含义来理解，“旅游”是由“旅”加“游”两个动作组成的，其中，旅是旅行，游是游览或游憩。当然，旅行或旅游活动都不仅指人们在空间上的移动或滞留本身，也包括人们在移动和逗留过程中伴随的其他活动。

休闲（leisure）这个概念首先是指时间上的闲暇状态。什么是闲暇时间呢？闲暇时间就是人们在工作、睡眠及满足其他基本生存需求之外的时间。随着科技发展和劳动生产率提高，人们的闲暇时间持续增加。现代人的闲暇时间主要可以分为日常闲暇、周末闲暇、短假期和长假期等类型。由于吃喝拉撒睡、洗脸刷牙化妆等是人们的日常基本需求，这一时间通常可忽略，故可直接根据研究的需要，将一个人的整体时间分为工作时间和闲暇时间。

人们在闲暇时间内所从事的活动具有较大弹性，一般称为休闲活动；相应地，工作时间内所从事的活动称为事务活动。考虑到旅游研究的特殊性，这里只考虑外出时的事务活动，正常在固定地址上班的活动不予讨论。休闲活动通常又可分为在惯常环境之内的游憩活动和离开惯常环境到异地的旅游活动；外出事务中的大多数情况可视为商务旅行和旅游活动。

如何理解休闲活动和旅游活动之间的关系？根据前面对旅游活动定义的讨论可知，由于广义的旅游活动既包括人们在闲暇时间内的旅行（愉悦旅游），也包括人们在工作时间内的旅行（商务旅游），因此，休闲活动和广义的旅游活动有一定的重

① 前面称旅游活动是人们到其惯常环境之外的旅行和短暂逗留，其中的旅行指的就是空间移动。

叠。而狭义的旅游活动主要发生在闲暇时间内，属于休闲活动的一个组成部分。当然，休闲活动中除了狭义旅游活动，还包括本地游憩活动。实际上，休闲活动与旅游活动之间很难截然划出界线，而是一个连续行为带谱（Carr，2002）。也有研究者认为，闲暇时间内所从事的活动称为游憩活动，涉及本地、近距离和中远距离的所有休闲活动构成游憩活动谱（Boniface and Cooper，1987）。

说明：杭州西湖的园林设计、建设与管理都有较高水平，为市民及访客提供了宜人的户外游憩空间。（吴必虎摄，2003）

户外游憩（outdoor recreation）与休闲时间和旅游活动紧密相关，但是中国学术界对户外游憩很少关注。美国在20世纪60年代就已经有了系统的游憩科学的理论体系，涉及国民时间预算、闲暇时间分配、户外游憩利用、游憩质量保护、游憩区域、游憩教育、陆地与水上资源的游憩利用、公共户外游憩设施的定价与支付等公共政策问题（Clawson and Knetsch，1966）。皮格兰和詹金斯（Pigram and Jenkins，2006）在其《户外游憩管理》一书中讨论了城市地区、乡村地区和国家公园等不同资源环境背景下的游憩问题，并从游憩者、游憩资源、游憩与旅游规划、管理角度探讨了如何通过人类积极干预实现户外游憩现代发展。不过，西方学者对游憩这一概念并未达成一致意见。

我们可以从广义和狭义上对户外游憩进行描述，不妨分别叫作“大游憩”和“小游憩”。在美国游憩与公园学科，例如美国得州 A & M 大学设立的游憩研究专业，游憩一般是指到国家公园的游览和环境教育活动，相当于观光旅游，近程、中远程两种情况都有，甚至包括本地的游憩活动，本地游憩与异地游憩二者结合在一起，称为“大游憩”，它们相当于整个休闲活动；与之对应的是，在城市规划学科，一般将当地居民在城市内的休闲活动称为游憩活动，城市规划为居民游憩提供的服务功能称为游憩功能，活动场所称为游憩空间，这在1933年提出的《雅典宪章》中就已确定，游憩是城市四大功能之一（国际现代建筑学会，2007汉译本）①。为了与上述包括外地观光旅游等活动在内的大游憩相区别，我们可以将局限于当地户外休闲的活动称为“小游憩”。显然，根据对旅游活动的狭义理解（愉悦旅游），旅游活动与户外游憩在一日游（same-day visits）部分有一定的交叉：一日游既可以看成是当地居民的本地性户外游憩活动，也可以被统计到愉悦旅游者的范畴之内（见表1-1）。世界旅游组织将一日游根据旅程时间划分为3小时之内、3～5小时、6～8小时、9～11小时和12小时以上几种情况（World Tourism Organization，1995）。

表1-1　泛旅游活动：休闲、游憩和旅游的关系

<table>
<tr><td>活动时间</td><td colspan="4">闲暇时间</td><td colspan="2">工作时间</td></tr>
<tr><td rowspan="6">活动类型</td><td colspan="4">休闲活动（大游憩：游憩活动谱）</td><td colspan="2">外出事务活动</td></tr>
<tr><td colspan="3">游憩活动</td><td colspan="3">旅游活动（广义旅游）</td></tr>
<tr><td rowspan="2">户内游憩</td><td colspan="2">户外游憩（小游憩）</td><td colspan="2">中远程</td><td rowspan="2">商务旅游</td></tr>
<tr><td>公共空间</td><td colspan="3">愉悦旅游（狭义旅游）</td></tr>
<tr><td rowspan="2">基于居所的游憩：阅读、园艺、网络、电视、社交等</td><td>日常游憩：看演出、去餐馆、参与运动、观看比赛、社交等</td><td>一日游：游览景点、野炊、自驾郊游等</td><td colspan="2">观光旅游、休闲度假旅游、娱乐购物旅游等</td><td>商务旅行与旅游、会议与展览、教育旅游等</td></tr>
<tr><td colspan="5">泛旅游活动</td></tr>
<tr><td>空间范围</td><td>居所</td><td>当地</td><td>邻近区域</td><td colspan="2">全国或国际</td><td>当地以外范围</td></tr>
</table>

无论从人类休闲活动和旅行活动的实际状况，还是从休闲研究、游憩研究、旅游研究的学科成长空间来看，人类的户外游憩、愉悦旅游和商务旅游之间，虽然可以根据一些技术指标（如目的动机、出行距离、滞留时间等）加以人为区分，但是在设施、服务等方面，愉悦旅游和当地户外游憩（含一日游）往往难以分开，在满足人们的休闲需要方面，它们没有实质性的差别；在产业发展、服务供给等方面，愉悦旅游和商务旅游之间也很难划出清晰的界线。因此，世界旅游组织将愉悦旅游与商务旅游统一纳入统计范畴，有些研究者还建议将户外游憩活动纳入旅游研究范畴，美国得州A & M大学将游憩与旅游组成一个学科并成功发展就是最明显的案例。这样，对旅游活动的最宽泛的理解就是“旅行＋游憩”。户外游憩、愉悦旅游、商务旅游三者合并在一起的研究领域构成了最普适、最基本的旅游活动领域，即泛旅游活动（见表1-1）。

泛旅游活动是对旅游移动行为的最笼统的理解，它涵盖了户外游憩、愉悦旅游、

① 1933年国际现代建筑学会（CIAM）第四次大会在雅典举行，会上形成了一份关于城市规划的《雅典宪章》，这份历史性文件影响深远，至今仍被引用。

商务旅游等各种旅游活动行为，并且在发展、研究这一广泛领域的同时，持有保护地球自然资源、尊重人类历史遗产、协调各个部门价值观、平衡游客与社区利益等理念，鼓励研究者、公共组织和产业界朝着多目标协调、可持续旅游方向前进。在实际行业发展中，人们使用泛旅游来表示旅行社、旅游酒店业务之外的产业链延伸，例如2003年中国国际旅行社总社新增中免集团的免税店（商业零售）业务后，从招徕入境旅游业务为主向旅、工、贸结合的多元领域均衡发展，由“准旅游全业务”运营商发展成为真正的“泛旅游”运营商。由主题公园起家的深圳华侨城也通过整合资源，实现了旅游、房地产、传媒这一“泛旅游”的战略布局。也有人把观光农业视为“泛旅游”的一种。在创意经济领域，人们将精神体验的资源视为旅游开发的对象，理解为“泛旅游主义”①。这种现象说明将当地游憩、愉悦旅游、商务旅游纳入统一的研究视野，至少在产业角度已经得到了支持。

1.2 旅游的产生与发展

世界旅游组织在1980年发表的《马尼拉世界旅游宣言》② 中指出，旅游是人类的基本需要。现代旅游（modern tourism）一脉相承于历代人类游历活动。游历是指有史以来人类在旅途中与目的地内的探索与体验活动（exploration and experience en route and at destination，缩写为 experoutination）。早期的游历活动多数属于生存发展空间拓殖、远距离的商业贸易、山水审美与宗教传布而开展的艰苦旅行和地理探索。起源于英国的工业革命到19世纪30年代末基本完成，美、法、德、日等国也在19世纪内先后完成。工业革命给人类社会的各个方面带来了巨大而深远的影响。在此期间，人类游历活动的发展实现了从古代“艰苦探索”（tough exploration）向近现代“愉悦体验”（pleasure experience）的过渡，具有划时代的意义。1841年英国人托马斯·库克（Thomas Cook）首次组织有偿的团队旅行标志着现代旅游业的肇始。但是真正形成具有规模和战略价值的旅游发展部门，要等到1945年第二次世界大战结束之后。

产业革命加速了城市化的进程，使人们工作和生活地点的重心从农村转移到工业城市，最终导致人们需要适时逃避节奏紧张的城市生活，产生对返回自由、宁静的大自然环境的需要，从而成为旅游发展的刺激因素；产业革命带来了阶级关系的新变化，造就了工业资产阶级的地位，从而使社会财富不再只流向封建贵族和大土地所有者，而是相当部分分流到了资产阶级的口袋中，从而增加了有财力外出旅游的人群数量；产业革命改变了人们的工作性质和生活方式，为旅游的大众化创造了

---

① 钟超君．泛旅游主义．http：//blog.sina.com.cn/zhongchaojun.

② 1980年9月27日至10月10日，世界旅游组织在菲律宾首都马尼拉召开会议。全世界107个政府代表团，联合国、联合国教科文组织等91个国际性组织代表出席，大会一致通过了《马尼拉世界旅游宣言》，简称《马尼拉宣言》。

条件；产业革命推动了新式交通工具的产生，使较大范围内、较远距离的外出旅行成为可能（王德刚，2012）。

一般将第二次世界大战结束至今的旅游活动称为大众旅游活动。在这之前，休闲只是少数人的权利。但是现代化打破了“休闲阶级”的壁垒，休闲权利被细分并配置到所有人的生活之中（MacCannell and Lippard，1999）。人类进入大众化旅游时代之后，旅游活动呈现出广泛性、愉悦性、服务专业化、标准化等特征。从世界范围来看，主要的旅游活动还是发生在欧美国家和地区之间。当然，随着社会经济和旅游业的发展，欧美以外的其他一些地区的旅游活动也在20世纪90年代之后迅速发展起来，特别是亚太地区不仅吸引了世界各地的旅游者纷至沓来，而且日渐成为重要的客源产生地，亚太地区的旅游活动已在全球占据越来越重要的地位。进入21世纪，人们进行旅游活动的频率更高，旅游活动的空间范围更广，活动方式和内容更加多样化。2018年全球旅游总人次（包括国内旅游人次和国际旅游人次）达到121亿人次，增速为5%，全球旅游总收入达到5.34万亿美元，增速为3.1%。①

1964年，中国旅行游览事业管理局作为国务院的直属机构正式成立。旅行、游览二词合起来简称“旅游”，逐步演化为一个固定用语，管理机构的名称也变成了“旅游局”。1978年至20世纪80年代中期，中国旅游活动以入境旅游为主，入境旅游的接待带有较浓的政治色彩。1991年制定的《中华人民共和国国民经济和社会发展十年规划和第八个五年计划纲要》正式明确将旅游业的性质定为产业（而非事业），并将其列为加快发展的第三产业中的重点。在此政策推动下，中国旅游产业得到空前发展，参加旅游活动的国民人数大幅增加。世界旅游业理事会（WTTC）发布的研究报告指出，2017年旅游业对中国经济的总贡献额为9.12万亿人民币（1.349万亿美元），总贡献率约为11%。中国旅游业对国内生产总值（GDP）贡献增长额超过世界其他各国，位居全球第一。预计到2028年，旅游业对中国经济的贡献总额将翻番，达到18.462万亿人民币。届时，中国将超过美国，成为世界上最大的旅游经济体。②

1.3 旅游业的形成

旅游业作为一个综合性的经济产业，其出现或产生并不是以某一种现象的出现为标志的，而是具有多种表现和标志。19世纪中叶现代旅游业出现的标志性事件主要表现在以下几个方面。

（1）人类首次组团旅游（group tour）。1841年7月5日，英国人托马斯·库克利用包租火车的方式，组织了一次从莱斯特前往洛赫伯勒的团体旅游。参加这次旅

---

① 世界旅游城市联合会，中国社会科学院旅游研究中心．世界旅游经济趋势报告（2019）.

② WTTC：去年中国旅游业对GDP贡献增长居全球第一．中国旅游报，2018-03-26.

游活动的人数达 570 人，当日往返全程 24 英里，票价 1 先令，目的是参加在该地举行的禁酒大会。这次有组织的旅游活动标志着现代旅游业的诞生。

(2) 旅行社 (travel agency) 的出现。世界上最早的旅行社也是由托马斯·库克创立的，他也因此被誉为“旅行社之父”。1845 年，托马斯·库克决定开办旅行代理业务，并于当年夏季首次组织了有 350 人参加的由莱斯特到利物浦的团体愉悦旅游，为期一周，按人收取费用。这次活动实际上是托马斯·库克创办的于 1865 年正式挂牌的旅行社——英国通济隆公司业务活动的开始。

(3) 旅游指南 (guidebook) 的出现。世界上第一本现代意义的旅游指南出现在 1839 年，德国出版商贝德克尔出版了一本专门介绍荷兰和比利时旅游线路的旅游计划指导书——《旅游指南》。贝德克尔本人是步行旅游的爱好者，对旅途中的见闻详加记录，包括何处设有咖啡馆、糖果店等不厌其详，并绘出了城市旅游图。贝德克尔出版旅游指南，无论是对旅游活动还是对旅游业的发展，都具有开创性的意义。因为这一贡献，他与托马斯·库克一起被誉为现代旅游业的创始人。

(4) 导游员 (tourist guide) 的出现。1851 年，在英国伦敦举行了第一届世界博览会，有 16 万人参加并进行旅游活动。会议期间，出现了专门为旅游者提供向导服务的专业人员，“导游”服务这一新的行业和职业由此开始。

(5) 旅行支票 (traveler's check) 的出现。1891 年，世界著名的旅游企业美国运通公司为了帮助旅游者解决出门旅行携带大量现金、跨国旅游需要兑换不同货币等困难，开始发行旅行支票，打破了国际币制不同的障碍，推动了旅游业的发展。人们再也不用携带大量现金去旅游，只要带上一本旅行支票，就可以在世界各地支付消费，既方便又安全。

1.4　旅游活动的影响

旅游影响 (impact of tourism) 是指由于人们进行旅游活动而对自身和其他事物造成的影响。随着旅游开发进入实质性过程，由此产生的一系列正面或负面的影响引起了人们的广泛关注。旅游发展的影响涉及经济、社会、政治和环境等诸多领域 (Tisdell and Roy，1998)，这些因旅游发展而产生的变化、影响同样伴随着种种机遇 (Wall and Mathieson，2006)。面对喜忧参半的情况，一些研究者对旅游发展发出了“幸运还是倒霉” (blessing or blight) 的疑问 (Young，1973；Brown，2000)，认为旅游开发必须充分考虑到旅游产业的脆弱性或敏感性 (Aramberri and Butler，2005)。对这种疑问的深思使人们对旅游发展、增长的可持续性进行了认真的研究 (Wahab，1997)，特别是进入 21 世纪以来，人们对目的地社区的过度旅游 (over tourism) 给予了越来越多的关注。

旅游活动的影响既包括直接影响，即旅游者进行旅游活动造成的影响，也包括间接影响，即旅游企业为满足人们旅游活动需求而进行生产经营活动造成的影响，以及政府、其他个人或组织进行相关活动造成的影响。旅游活动的影响是多方面的，涉及多个利益主体，包括旅游者、接待地社区、旅游产业等，因此对其进行规划与管理很有必要也很有难度（Mason，2008）。

从区域角度来看，一个区域的旅游活动可以分为三种类型，各自具有不同的影响：本地居民在区域内的旅游活动、本地居民去外地（外国）的旅游活动，以及外地（外国）居民来本地的旅游活动。本地居民在区域内的旅游活动有利于满足人们日益增长的物质文化需要，提高人口素质，促进区域内不同地区之间的经济文化交流，平衡地区间的经济发展。本地居民去外地（外国）的旅游活动同样有利于满足人们需要、提高人口素质、促进文化交流，但是在经济上相当于一种进口，意味着资金的流出，就国家而言，就是外汇的花费。外汇的花费并不总是不利的，当本国贸易顺差较大时，发展出境旅游有时被作为一种平衡外汇收支、缓和国家间利益冲突的重要手段。外地（外国）居民来本地的旅游活动使得本地成为旅游接待地。由于旅游活动主要是在旅游接待地进行的，因此旅游活动对于接待地的影响最为广泛。接待地居民对旅游影响的看法会在很大程度上影响旅游业的可持续发展。关于旅游业对就业增加、历史建筑保护等的正面影响，以及带来的房价上涨、服务业价格上扬等不利影响，居民都有比较一致的认识，但是当居民居所与旅游区的距离增加时，负面影响就会减少（Korca，1996）。

必须注意的是，旅游活动的影响不是一个单向的过程，而是相关事物之间复杂的相互作用过程。旅游者类型、旅游活动方式、旅游客源地和接待地条件的不同，都会导致旅游活动的影响存在差异。而且，旅游活动的影响有长期和短期之分，有些影响在短期内比较显著，有些影响则要在长期内才能够显现出来。

1.4.1 经济影响

对目的地地区来讲，发展旅游业可以增加旅游收入，带动相关产业发展和产业结构提升，创造就业机会，改善投资环境。旅游者抵达目的地进行旅游活动，必然要产生一些消费，这些消费构成本地的旅游收入。一个区域接待访客进行旅游活动，其实质相当于本地将产品或劳务出售到外地，利用外部的消费获得资金注入。对于欠发达的地区来说，由于本地资金积累较少，这种外部资金的注入尤为重要。对于入境旅游来讲，可以获得外汇收入，其实质是一种出口。

旅游出口创汇和普通商品出口创汇不同，后者是通过外贸途径，将本国产品运到国外去实现的，而前者是通过外国旅游者到本国来实现的，属于非贸易的创汇途径。和普通商品创汇相比，旅游出口创汇具有一定优势：旅游出口主要是一种无形出口，物质产品交换不多，能源消耗较少，多数只是出售给旅游者短暂的使用权。旅游产品和服务的价格由本国控制。旅游者在目的地国购物，可以促进目的地国商品的销售。

旅游活动具有综合性，旅游消费涉及众多部门。鉴于旅游活动的综合性，世界旅游组织曾经建议用“旅游活动国际标准分类”（Standard International Classification of Tourist Activity，SICTA），将旅游活动划分为完全属于旅游业的产业部门和部分涉及旅游业的部门两种情况（World Tourism Organization，1995）。旅游活动在各行业中广泛分布，集中分布于批发、零售业，酒店和餐馆业，交通、仓储和通信业，不动产、承租及经济活动、公共管理、其他社团、社会及个人服务等商业性行业或非商业性行业。

旅游活动的发展能够优化旅游接待地的产业结构。旅游者具有多种消费需求，旅游消费是一种较高水平的消费，要求更新换代的速度高于一般耐用消费品，因而能刺激有关行业在生产方面采用新技术、新材料、新设备。旅游活动的发展能直接带动相关部门的发展，并促进第二、第三产业的发展，对优化经济结构产生一定的影响。

通过为旅游活动提供接待等相关服务，可以创造大量就业机会。特别是很多旅游企业属中小企业，很多岗位主要是人员服务，无须复杂的专业技能，可以为低学历人群等提供大量就业机会。旅游活动的发展可以提高一个国家或地区的知名度，改善国家或地区的形象，增强内部的凝聚力，带动交通、电力、通信等基础设施的发展，提高接待服务水平，这些对于投资环境的改善是有利的。

旅游活动对目的地的经济也会带来一些不利的影响。旅游者的大量涌入会引起本地的土地价格、房地产价格、普通物价上涨和资源供给紧张。如果地方经济过分依赖旅游业，有可能影响当地的经济稳定。旅游活动具有很强的敏感性，各种危机都会导致旅游活动衰退，影响经济发展。旅游活动的季节性和旅游产品的不可贮存性也会造成旅游经济的波动。旅游活动对区域经济具有很大依赖性，旅游活动的综合性意味着旅游活动需要大量相关部门的支持，特别是交通、电力、通信等基础行业的发展程度对旅游业的发展形成很大的制约。在很多地区，由于所处区位较差以及不具备基础条件，发展旅游业需要大量的前期投资。

1.4.2　环境影响

旅游活动的发展为旅游目的地带来了经济收入，从而为资源环境保护和优化提供了一定资金。从旅游接待地来说，由于发展旅游活动能够带来收入，而旅游活动的发展又是以良好的资源环境为前提的，因而也能够自觉地提高资源环境保护和优化意识。随着旅游活动的发展，在旅游接待地，政府往往会出台维护和改善资源环境质量的规划和措施，野生动植物和自然环境得到了更好的保护，历史遗迹、古建筑得到了维护和修缮，旧的甚至废弃的建筑设施得到改造和重新利用，自然环境和人工环境都得到了美化和优化。

旅游活动的发展也可能给旅游地资源环境带来一些不利影响。一是旅游者进行旅游活动直接带来的不利影响，如陆上活动对植被的践踏、对野生动物的干扰，水上活动对水生动植物和水体质量的影响，乘坐交通工具带来尾气的排放，客运航空产生二氧化碳排放影响臭氧层稳定，旅游者的不文明行为也会对资源环境造成损害。二是旅游开发活动带来的不利影响，如公路、步行道、接待设施、游乐设施等的修建必然对自然环境、历史文物、遗迹和古建筑等造成一定破坏。三是旅游企业生产经营活动带来的不利影响，如污水、垃圾的排放以及大气污染、噪声污染等。

旅游活动的发展给旅游接待地资源环境带来的不利影响是客观存在的，不能因为要发展旅游业而忽视。在进行旅游项目开发时要进行严格的环境影响评估，对于已经开发的旅游项目也要加强管理。在一个区域决定发展旅游业之前，必须综合衡量旅游业和其他行业的资源环境影响。在很多情况下，虽然发展旅游业会给旅游接待地资源环境带来不利影响，但是不发展旅游业、发展其他产业可能会给资源环境带来更严重的后果。很多地方的非法开山采矿、滥砍滥伐、盗猎等现象，恰是没有开发旅游业所造成的。

1.4.3 社会文化影响

旅游活动的发展对目的地的社会文化也会带来某种影响，既可能是正面影响，也可能是负面影响。它可能增进人与人之间的了解，促进先进思想观念和生活方式的传播，带动传统文化保护和发展，提高居民素质，保障妇女地位；同时，它也可能产生不利的影响。

旅游活动是一种跨文化交流活动，被誉为和平的使者、友谊的桥梁。由于利益冲突或历史、地理原因，不同国家或地区之间往往存在隔阂，通过旅游活动可以加强这些国家或地区之间的了解。旅游活动大多表现为发达地区的人们流向欠发达地区，相对来说，发达地区的人们往往文化素质较高、思想观念更加开放，能对欠发达地区产生一种积极的示范效应。旅游者对旅游地传统文化的赞赏以及因此给当地带来的收入，对于接待地传统文化的保护和发展能够起到一定促进作用，使民族文化和地域文化得到挖掘和振兴，一些濒危的文化遗产如传统民居、民族文字、民间音乐、工艺制作等得到继承和发展。在与旅游者的交往以及生产经营活动过程中，旅游接待地居民的文化水平、生产经营能力都得到一定的提高。

旅游活动一方面促进了旅游接待地人们思想观念的开放、女性地位的提高、传统文化的保护和发展，另一方面却可能加剧传统文化的沦丧和商品化，引起当地传统社会秩序的瓦解，造成传统美德的丧失和社会的不安定。随着旅游活动的发展，只有符合旅游者趣味的文化被保留和发展下来，其他传统文化则加速消失。即使是保留下来的传统文化也大多失去了原真性，成为一种舞台表演形式，传统工艺品批量复制，传统节庆天天上演。旅游活动在传播健康生活方式的同时，往往也是不良行为的重要传播渠道。旅游活动的异地性使得一些旅游接待地成为色情交易和赌博行为的温床。

鉴于这种情况，墨菲（Murphy，1985）在其《旅游：一种社区方法》一书中，阐述了旅游业对社区的影响和社区对旅游业的响应，以及如何从社区角度去开发和

说明：贵州三都水族自治县怎雷水族村头为旅游者提供的表演活动。原先封闭的边远村寨突然向外界开放，大量旅游者的涌入会不会对脆弱的水族文化形成冲击？（吴必虎摄，2008）

规划旅游。他把旅游看作一个社区产业，作为旅游目的地的当地社区类似于一个生态社区，旅游吸引物和服务、游客、旅游业以及当地的居民构成了一个具有一定功能关系的生态系统，成为这个系统中的主要成分，其比例和关系是否协调直接关系到旅游地系统的健康和稳定。旅游目的地社会文化演变不仅受旅游活动的影响，还受其他因素的影响，既受旅游者类型和旅游活动方式的影响，也受旅游接待地本身的社会文化演变的影响。在旅游活动的不同发展阶段，其产生的社会文化影响往往也存在较大差别。

□ 本章小结

旅游活动发源于游历活动，其基本含义是指人们短暂离开惯常环境的移动行为，具有移动性、异地性和暂居性特征。人类游历活动的发展经历了长期的历史演变，工业革命前的人类游历活动主要表现为地理探索。19 世纪中叶被认为是强调专业服务和愉悦体验的现代旅游的起点。

1841 年库克的有组织、有计划的活动标志着全球现代旅游活动的开始。旅游业形成的标志性事件包括人类首次组团旅游，旅行社、导游员、旅游指南以及旅行支票的出现等。第二次世界大战以后，航空业的发展促进了国际大众旅游的发展。根据人们进行旅游活动目的的不同，可以将旅游活动分为愉悦旅游和商务旅游。

旅游活动的影响是多方面的，一个区域的旅游活动可以分为三种类型：本地居民在区域内的旅游活动、本地居民去外地（外国）的旅游活动，以及外地（外国）居民来本地的旅游活动。由于旅游活动主要是在旅游接待地进行的，因此旅游活动对于接待地的影响最为广泛，涉及经济发展、资源环境、社会文化等不同方面。

□ 关键术语

游历（experoutination）
旅游活动（tourism activity）
异地性（disattachment of place）
惯常环境（usual environment）
暂居性（temporary residence）
泛旅游活动（pan-tourism activity）
旅行（travel）
休闲（leisure）
户外游憩（outdoor recreation）
一日游（same-day visits）
入境旅游（inbound tourism）
出境旅游（outbound tourism）
境内旅游（internal tourism）
国民旅游（national tourism）
现代旅游（modern tourism）
投宿游（overnight visits）
旅游影响（impact of tourism）

□ 复习题

1. 请问下面哪些活动属于旅游活动？属于哪一种旅游活动？为什么？

（1）周末到羽毛球馆打球；

（2）当日往返的郊游；

（3）参加学术会议；

（4）春节回老家探亲；

（5）到外地就医；

（6）到外地进行商务考察；

（7）到外地上学；

（8）中国海军亚丁湾护航。

2. 旅游活动和旅行活动、休闲活动、户外游憩有什么区别和联系？

3. 做一个调查，看看你周围的人在过去一年里有没有出游行为，出游了几次，都是什么目的。

4. 简单谈谈旅游活动的发展和经济社会发展的关系。

5. 简要描述现代旅游的产生和发展历程。

6. 现代旅游业诞生的标志性事件有哪些？

7. 接待外来旅游者给你所在的城市或地区带来了什么影响？请举例说明。

第2章 访客与旅游需求

学习目标

- 掌握访客、旅游者的定义
- 了解旅游者身份识别的主要视角
- 理解旅游需求和旅游动机的定义
- 理解旅游者动机类型和影响因素
- 了解旅游消费者在行前决策、现场体验、事后评估三个阶段的行为特征

2.1 访客

2.1.1 访客与旅游者

旅游学的基本研究对象就是游历活动，而旅游者又是参与现代游历活动的人群中最重要的主体。但是旅游者并非参与旅程（trip）的人群的全部，在此过程中还涉及一线服务提供者和接触到的当地居民。仅从参与移动过程的人群来讲，一个更为广泛的概念是访客。对于旅行者（traveler）、游憩者（recreationist）、访客（visitor）、速访者（excursionist）和旅游者（tourist）等不同概念之间的差别和联系的认识，经历了一个发展过程。旅行者是指在两个或多个地点之间进行空间移动的人。但是，对于在旅行者之下如何进一步区分不同的人群，出现了争议。第二次世界大战之前，参加旅游的人并不多，活动形式也比较单一，因此对于旅游者的定义比较简单。第二次世界大战后，随着大众旅游的出现、产业规模的扩大、旅游统计需要的产生，对于各种特征的移动人群的定义也就越来越多样，甚至出现了混乱的局面。为了便于国际比较和政府管理的施行，人们多次就此问题沟通协商，逐步形成了一

整套概念体系和统计标准。这些定义也许在理论上并非十全十美，但是在技术上尽量朝着便于实际操作的方向推进。

最初的移动者定义比较简单，直接采用了国际旅游者的定义。1937 年，国际联盟[①]统计专家委员会给出了“国际旅游者”的技术性定义：国际旅游者是离开自己的居住国，到另一个国家访问至少 24 小时的人。这一定义对于旅游者的统计和旅游市场的研究起到了重要作用，并且成为旅游者技术性定义的主要参照。

第二次世界大战后民用航空的普及大大推动了国际旅游的发展，旅游活动的复杂程度也迅速提高。针对各国对旅行者的分类各自为政的局面，1963 年联合国在罗马召开了国际旅行和旅游会议，对 1937 年国际联盟的定义进行了修订，首次提出以“访客”[②] 作为总体概念，对国际旅游者的统计口径作出了新的规定。罗马会议修订后的技术性定义更具可操作性，并且于 1968 年为联合国统计委员会和国际官方旅游组织联盟[③]正式通过，并被一些国际旅游组织陆续采用。

根据罗马会议的规定，访客是指除了为获得有报酬的职业，基于任何原因到其他不是自己常住国进行观光、访问的人。根据访客在一个访问地停留时间的长短，将访客分为两类：一类是投宿访客，即在一个访问地作短暂停留超过 24 小时的人，称为旅游者；另一类是一日游访客（same-day visitor），即没有在访问地的集体或私人接待设施投宿的人，有时称为速访者（excursionist）[④]，其中包括乘坐游轮在海上巡游过程中到某个国家或地区作短暂停泊、登岸访问的游客。一日游访客还可以根据其是否出境，分为国际一日游访客和国内一日游访客（见图 2－1）。

罗马会议的定义对旅行者的分类界定产生了深远影响。首先是对出行的目的予以扩充：外出旅游的目的是“就业和永久定居以外的其他任何目的”，既包括愉悦旅游，也包括以商务、公务和家庭事务为目的的非愉悦旅游。对客源地（origin of trip）的界定也有所放宽，即以来访者的实际居住国（或居住地）而不是国籍为标准来确定是否为访客，这一点在 1995 年世界旅游组织提出的《旅游统计概念、定义与分类》中得到了继承。对访问者的定义以停留时间作为划分标准，注意到了长时间和短时间两种情况，并以访客概念加以统一界定，所谓旅游者是指那些在访问地的集体或私人接待设施内至少停留一夜的投宿访客（overnight visitor），不过夜的人则定义为一日游访客。在过夜访客（旅游者）中，根据访客是否过境又分为国际旅游者（international tourist）和国内旅游者（domestic tourist）（World Tourism Organization，1995）。

---

① 国际联盟（League of Nations）是联合国的前身，第二次世界大战后被联合国取代。

② 也有学者译为“游客”，但严格从中文字面上理解，“游客”易与“旅游者”相混淆，因此本书译为“访客”。

③ 国际官方旅游组织联盟（International Union of Official Tourism Organizations，IUOTO）是联合国世界旅游组织的前身。

④ 也有学者译为“游览者”，但这种译法有两点不便。其一，现代汉语中“旅游”一词来源于旅行与游览的简称，因此“游览”实际上是指长距离和短距离旅游两种情况，甚至是以超过 24 小时的长距离为主；其二，在英文中，excursionist 清晰地意指短距离、短时间的一日游，因此本书试图加以匡正，译为“速访者”。

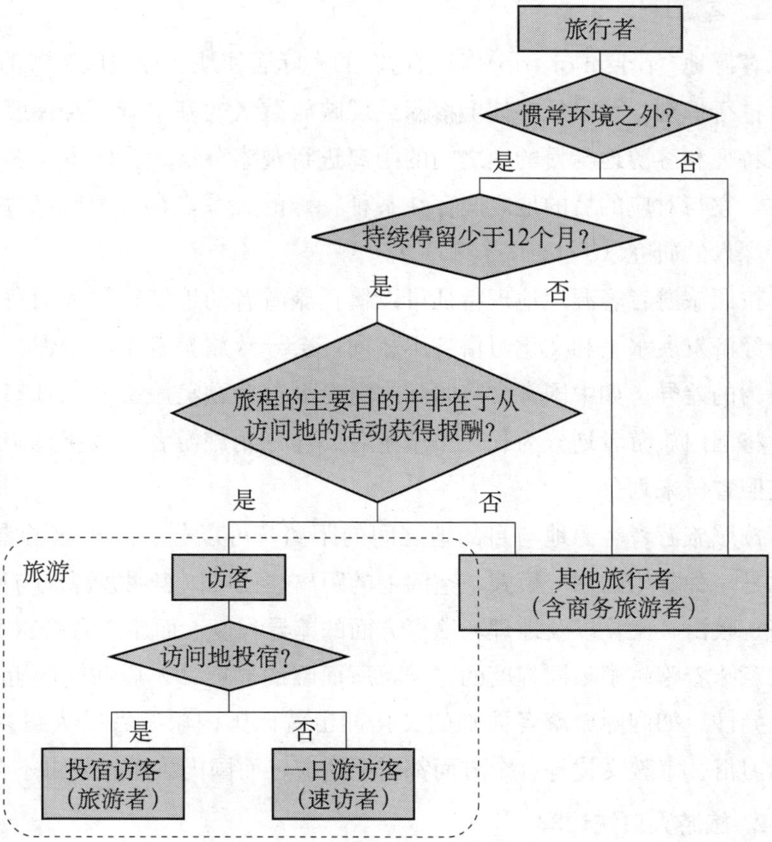

图 2-1　访客与其他旅行者

资料来源：World Tourism Organization，1995，有修改．

2008 年联合国经济及社会理事会统计委员会审议并通过了《旅游统计国际建议（草案）》。其中对 1993 年旅游统计建议作出了新的增订，重新拟定了访客的定义，即除了为被访问地点常驻实体雇用而进行旅行的人，所有旅行者均为访客，并明确列入了进入一个国家的法律和经济领土的过境者（但不是为被访问地点常驻实体雇用而入境者），阐明了旅行和访问的概念及其特征。

2.1.2　旅游者身份识别

虽然访客的概念更能体现出行者整体情况，但是 24 小时以上的投宿访客（旅游者）常常是统计和分析的主体成分，因此本书将集中讨论旅游者的身份识别、旅游动机、消费行为等内容，但这些分析并不排除一日游（同日游）的情况。其实，根据前面对泛旅游的阐述，二者之间有时难以截然分开。

旅游者的身份识别（identification of tourist）可以从不同角度进行描述，包括他们来自何处（客源地）、具备何种社会角色（人口统计学特征）、为何出游（旅行目的）等。通过对这些情况的了解和分析，就能将旅游者的身份特点掌握得一清二楚，为下一步预测旅游者的需求、有针对性地进行产品开发和服务管理提供必要的准备。

1. 客源地

客源地（origin of trip）是指访客的实际居住地。按照旅游者的客源地对旅游者身份进行识别，可以从整体上揭示或反映旅游者的基本特征。一般可以按照客源地地理特征和客源地与目的地之间的距离进行观察分析。实际上，客源地并不能独立存在，它与对应的目的地之间存在某种特殊的关系，在旅游研究过程中，需要对此进行深入的研究（Teberler，2000）。

按照旅游者客源地地理特征可以概括旅游者的地域特征和消费偏好。不同地域社会经济发展水平和文化习俗各不相同，会导致旅游者生活习惯、旅游需求乃至消费行为的差异。如中国常常将国际旅游者划分为欧美旅游者、日韩旅游者等不同类型；将国内旅游者划分为长三角旅游者、珠三角旅游者、京津冀旅游者等，或者直接按照省份来划分。

按照旅游者客源地与目的地之间的距离，可以分为远程旅游者和近程旅游者，这也是一种常用的划分模式。空间上的距离往往可以表明客源地与目的地之间社会、经济、政治、文化以及地理环境等方面的差异程度。而旅游者跨越不同的空间距离，也就意味着跨越了不同程度的差异，所面临的冲突、矛盾和问题也会存在一定程度的差异性。如国际旅游者面临的文化冲击就比国内旅游者要大得多，在语言文字、生活习俗、宗教文化等各个方面都需要适应，而国内旅游者基本不存在这些问题。

2. 旅游人口统计学

按照人口统计学的特征，旅游者类型可以从性别、年龄、职业、经济收入和教育背景等角度进行识别。按照性别，可以将旅游者划分为男性旅游者和女性旅游者。男性与女性除身体条件的差异，在社会文化制度的制约下，其价值取向和行为方式等方面也存在或多或少的差异。总体而言，在旅游需求方面，男女性别的差异并不显著，但是在旅游行为决策和旅游体验过程中，男女旅游者的差异较大。斯温（Swain，1995）认为，性别与旅游问题既是学术问题，也是政治问题，性别不平等在旅游活动中同样可见。

不同年龄段的人具有不同的特征并影响到出游能力和活动偏好。世界旅游组织规定，在统计时旅游者年龄应该按照0～14岁、15～24岁、25～44岁、45～64岁、65岁及以上5个年龄段加以收集和分析（World Tourism Organization，1995）。总的来说，年龄与游憩活动的参与率之间负相关（Walsh，1986），也就是说，年轻人比年长者更趋向于参加旅游活动。虽然各个年龄组都以亲近自然、观赏风景为首要旅游动机，但体力较好的中青年人所占比重较大；年纪较大的访客偏好宗教等历史文化景点；而年龄层越低，越偏好娱乐游憩活动。

旅游者的职业是指人们为获得报酬而从事的工作种类。世界旅游组织考虑的职业类型包括高官与高管，专业人士，技工与相关专业工种，职员，服务业、商业与销售人员，熟练农业与渔业工人，工艺与相关交易员工，厂矿与机械操作者与修理工，初级职业，武装人员等10类（World Tourism Organization，1995）。旅游者的收入和闲暇时间与其职业直接相关，而且由于不同的职业代表了不同的工作生活环境，有不同的社会交往对象，其旅游需求和旅游行为也存在明显差异。

按照旅游者的经济收入水平，可以将旅游者划分为高收入旅游者、中等收入旅游者和低收入旅游者。旅游者的经济收入水平直接决定了旅游者的消费能力和消费水平，也将影响其旅游决策和旅游行为。中等收入和低收入旅游者往往对旅游产品的价格敏感度较高，而高收入旅游者一般更加注重旅游体验的独特性和质量，重视旅游产品和服务本身的品质。

教育背景与旅游者的旅游偏好相关程度很高。总体而言，几乎所有的旅游者都能够从自然风景中获得审美愉悦，但是，对历史文化旅游产品的理解和领悟能力则直接受到旅游者受教育程度的影响。受教育程度偏低的旅游者在历史文化旅游产品上的审美能力受到制约，因而往往对历史文化旅游产品的兴趣不大。

3. 旅行目的

旅行目的（purpose of visit）是指人们参与某一旅程的理由，如果不是因为这个理由，人们就不会发生出游行为。那么人们出游的目的是什么？已有研究发现，人们短暂移居异地的目的包括和平目的、愉悦目的、商务目的等。根据访客的旅行目的对市场进行细分，是一种有效的营销分析工具（Kaynak and Yavas，1981）。很多研究者在对旅游活动的界定中特别强调“和平目的”。1980年世界旅游组织通过的《马尼拉宣言》就强调了旅游对于促进世界和平的意义。2000年世界旅游组织还在全球旅游促进和平首脑会议上通过了《关于旅游促进和平的安曼宣言》。世界旅游组织建议统计时考虑的旅游目的包括休闲、游憩与度假，探亲访友，商务与专业事务，健康医疗，宗教朝觐，以及其他目的（World Tourism Organization，1995）。

（1）愉悦旅游者。愉悦旅游者（leisure traveler）是指在闲暇时间内，为了观光、娱乐、休闲度假、文化欣赏、运动保健、购物等主要目的离开惯常环境前往各类目的地持续滞留时间不超过一年的访客。

目前，观光旅游者仍然是世界各国最普遍、规模最大的旅游者类型。观光旅游者一般通过参观、游览自然和人文景观，达到开阔视野、增长见闻的目的。娱乐旅游者是指以释放生活压力、获得快乐和享受为目的外出旅游的访客。度假旅游者是指以放松身心、恢复精力为主要旅游目的的外出旅游者，他们一般在一个旅游地停留度过整个假期，而且重游率高，能够给旅游地带来较高的经济收益。文化旅游者自身具有较高的文化修养，是以追求精神文化需求的满足而追寻文化品赏的旅游者。购物旅游者是指以购物或享受购物乐趣为主要目的的外出旅游者。

（2）商务旅游者。商务旅游者（business traveler）是指在闲暇时间或工作时间内，为了公务或商务活动、宗教活动，以及个人事务离开惯常环境至相关目的地持续滞留时间不超过一年的访客。

公务旅游者是指由于工作方面的需要外出旅行的访客，其首要目的是在一定时间内完成工作任务。公务旅游者对产品价格不太敏感，但是对产品质量和服务标准要求更严格。其出行时间主要考虑工作需要，较少受季节性影响。宗教旅游者是指以朝觐为主要目的外出旅行的访客。个人事务旅游者是指以探亲访友、出席家庭成员的重要仪式等涉及处理个人家庭事务为目的外出旅行的旅游者。中国春节假期中，大量外出旅行的主要目的都是与家人团聚。

2.2 旅游动机

在旅游决策过程中，消费者动机理论是一个非常重要的影响因素。在理解并预测旅游消费者行为（tourist consumer behavior）时，某些动机理论在解释旅游者行为时比其他理论更为有效。在市场细分研究中，旅游动机往往也被视为一个重要角度（Kay，2003）。

2.2.1 旅游需要

需要是人和社会的客观需求在人脑中的反映，是个人的心理活动与行为的基本动力。从需要的起源来划分，可以分为自然需要与社会需要。自然需要包括衣、食、住、行、性等。自然需要以生理活动为基础，与生存和种族延续活动密切相关。社会需要是维持与推动社会发展所必需的，如对劳动、友谊、社交、社会赞许、成就等的需要。著名心理学家马斯洛（Maslow，1943）将人类的需要分成5个层次，由低到高依次是生理需要、安全需要、社会需要、尊重需要和自我实现的需要。当低层次的需要基本满足之后，就会出现较高层次的需要；人们就是在不断的追求中出现新的需要，直至达到自我实现的最高层次。

旅游需要（tourist need）即人对参与旅游活动的需要，它是一种综合性需要。在早期的游历活动中，商人主要出于生存和发展需要四处奔波。此外，古代游历的动机也包括社交、信仰、审美和哲思等方面的需要。到了当代，人们更多地出于愉悦体验、社会尊重、自我实现等高层次的需要而旅游。旅游需要是很复杂的社会心理现象，不同的人可能有不同的旅游需要。在对旅游者的旅行动机进行分析时，研究者发现人们的旅游需要差异很大。这些需要上的不同既表现为客源地上的差异，也表现为社会分层上的差别，因此旅游者对旅行的要求并不存在普遍的一致性，也不会一成不变。只有结合具体的历史、地理、政治、技术环境，才能对人们的旅游需要有符合实际的了解。在一个人的旅游需要中可能同时包含饮食、安全、休息、求知、审美、交往、自我实现等多种需要的内容，但是一次旅程不太可能满足一个旅游者的所有需要（Schmidhauser，1989）。

2.2.2 旅游动机

旅游动机（tourist motivation）是促发旅游者决定去旅游、到何处旅游以及如何旅游的内在驱动力。旅游动机是指能引起、维持个人旅游活动，并导致该活动朝着特定目标进行的一种内在过程。需要是动机的基础，但动机并不是需要的简单延续。动机是需要、诱因、情绪等共同作用的结果。

1. 动机分类

不同学者从不同角度对旅游动机提出了不同的分类。德国学者葛里克斯曼（Glücksmann，1935）很早就对旅游动机分类进行了研究，并提出心理动机、精神动机、身体动机和经济动机等四类旅游动机。日本学者田中喜一（1950）在其《观光事业论》中，对葛里克斯曼提出的四类旅游动机作了进一步细分，在心理动机之下，分出了思乡、交游、信仰等动机；在精神动机方面，提出知识、欢乐、见闻等动机；在身体动机方面，提出治疗、休养、运动等动机；在经济动机方面，提出购物和商务动机。美国学者麦金托什等（McIntosh，Goeldner et al.，1995）也把旅游动机划分为四类，但与葛里克斯曼的方案有所不同，即身体动机、文化动机、交际动机和地位声望动机。身体动机包括休息、运动、娱乐消遣以及其他与身体健康有直接关系的动机；文化动机包括了解其他国家和地区的文化、艺术、宗教和民俗风情等；交际动机包括探亲访友、结交朋友、摆脱日常事务等；地位声望动机包括商务旅游、会议旅游、考察旅游以及其他为了实现个人兴趣爱好和求学求知的旅游活动，这类动机与自我实现和追求个人发展有关。在上述旅游动机分类的基础上，普伦蒂斯（Prentice，2004）对旅游动机分类作了综述。

说明：位于意大利首都罗马的梵蒂冈城国是天主教罗马教皇所在地，每年都吸引大量出于宗教动机的访客和朝觐者。（吴必虎摄，2004）

中国学者屠如骥（1986）根据对海外来华旅游者的旅游动机的调查研究，将旅游动机归纳为“九求”框架：求实动机（追求旅游产品的实用价值）；求新动机（追求旅游的趋时和新颖）；求名动机（显示自己的声望、地位）；求美动机（追求旅游产品的欣赏价值）；求胜动机（满足争强好胜的心理）；求趣动机（满足个人的特殊爱好）；求知动机（追求知识、开阔视野）；求情动机（访古寻友、追宗归祖、满足人际交往的感情需要）；求健动机（健身、防病、强体的需要）。

2. 动机影响因素

旅游动机的影响因素非常复杂，概括起来可以分为外部环境因素和个人因素两方面。其中，外部环境因素包括经济因素、政治因素和社会因素；个人因素又可以分为个人客观条件和个人主观特征。

人们的旅游需要是比较稳定的，但是直接支配人们产生旅游行为的旅游动机受到外部环境因素的影响。当外部环境因素不利于旅游行为时，就会抑制旅游动机的产生。经济环境因素即整个社会经济发展水平对动机的影响，总体上是促进作用。旅游从以前贵族的特权变成了现代人的生活方式。随着经济环境不断改善，人们的旅游动机被大大激发出来。稳定的政局、安全的形势能够激发人们的旅游动机；相反，战乱、恐怖活动等将抑制人们的旅游动机。人是社会动物，总是归属于某个社会阶层。不同社会阶层、不同文化环境的人在价值观念、文化习俗、宗教信仰等方面也会有较大差异，因此旅游动机也有所不同。

人们的旅游动机除了受到外部环境因素的影响，还受到个人因素的影响。而正是个人因素决定了在面对同样的外部环境时个体之间旅游动机的差异。个人客观条件主要是指前面所讲的人口统计学特征，比如性别、年龄、受教育程度等。个人主观特征包括气质、性格、兴趣等构成的意识倾向性。气质是指人的心理反应的强度、色彩、节奏等。性格是在先天气质的基础上，经过后天长期的个人信念、理想和意志的磨炼，形成的一种对客观现实的稳定态度和相应的惯常行为方式的心理活动特征。瑞士著名心理学家和精神分析医师荣格（Jung，1928）提出了人类心理类型说，将人的性格分为外向型和内向型两类，并在此基础上勾勒了八种不同类型的人，即外倾思维型、内倾思维型；外倾情感型、内倾情感型；外倾感觉型、内倾感觉型；外倾直觉型、内倾直觉型。

由于先天的生理条件、心理气质和所处的社会生活环境的差异，个体之间表现出明显的个性特征的不同，而个性特征又极大地影响人们的旅游倾向和旅游偏好。旅游研究者借用心理学家对个性心理特征的分类，来解释旅游动机的影响。其中，普洛格（Plog，1973）的游客心理类型模式比较有代表性。普洛格将人们的个性心理特征划分为自向型、中间型和异向型三大类型，以及类自向型和类异向型两个过渡型。自向型的人，心理特点是思想谨慎，多忧多虑，不爱冒险；行为上表现为喜好安逸和轻松，活动量较小，喜欢熟悉的气氛和活动。异向型的人正好相反，心理特点是思想开朗，兴趣广泛而多变；行为上表现为喜好新奇，爱好冒险，活动量大，不愿意附和主流，喜欢与不同文化背景的人相处。中间型是综合以上两个极端类型特点的综合型心理，特征不鲜明。类自向型和类异向型的人则分别属于两个极端类型与中间型之间过渡的心理类型（见图 2－2）。五种类型心理特征的人群规模符合数学上的正态分布，即中间型的人群规模最大，两个极端类型的人群数量较少。

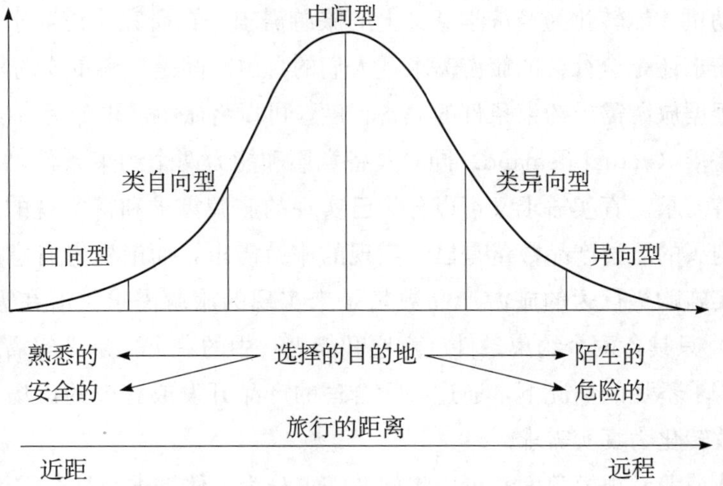

图 2－2　普洛格游客心理类型模式

资料来源：Plog，1973，有修改 .

2.3　旅游需求与影响因素

2.3.1　旅游需求

旅游需求（tourism demand）是旅游动机的产物，可以视为人们对到访某一特定目的地的真实行为意向的总和（Pearce，1993）。旅游需求是在一定时期内在一定价格水平下，人们愿意而且能够购买的旅游产品的数量。与前面阐述的旅游需要、旅游动机等概念相比，旅游需求更加强调对目标市场的整体把握和预测，而前者更多关注对游客或消费者个体行为的观察与分析。

旅游需求是相对一定长度的时间而言的，在实际应用中应区别年旅游需求、月旅游需求之间的不同。旅游需求有两个约束条件，即消费意愿和消费能力，这里的消费能力既包括支付能力也包括闲暇时间。旅游需求的对象是旅游产品，因此旅游需求实际上就是旅游产品需求。

国际旅游需求及其影响因素在过去 30 多年里已经成为很多研究的关注对象，克劳奇（Crouch，1994）对此曾经作了系统的综述。旅游需求是旅游研究中最基本的问题之一，不仅要考虑“需求什么”，而且应该考虑“需求程度”和“需求多少”。这对了解、评价和预测旅游者行为，提高对特定目的地的选择水平，稳定旅游地及相关旅游企业的经营环境，都具有重要意义。对旅游需求的研究不仅可以发现旅游者的需求特征及需求规律，找出影响旅游者需求的因素，对旅游市场进行细分，而且可以指导旅游公共管理部门及企业对旅游产品的开发与规划，为公共、私人部门制定经营管理策略提供科学的依据。

旅游需求的产生，首先是人们具有某种物质性或非物质性需要，在各种动机的驱动下，以旅游活动来满足这些需要；其次，只有当人们具有一定支付能力时，需求或动机才能转化为经济学意义上的旅游需求。在研究旅游需求时，无论是个人的旅游需求还是全社会的旅游需求，人们的自由时间是一个重要的限制条件。

根据旅游需求约束条件的完备程度，可以将旅游需求分为真实需求和潜在需求。真实需求（actual demand）同时具备意愿和能力两个约束条件，即通常意义上所说的旅游需求。真实需求又可以分为已实现的旅游需求和待实现的旅游需求。消费者已经购买的旅游产品数量是已经实现的旅游需求，而消费者有意愿和能力购买但是尚未实施购买行为的旅游产品数量是未实现的旅游需求。潜在需求（potential demand）只具备两个约束条件（意愿和能力）中的一个，是真实需求形成的基础。在有效需求不足的情况下，通过科学合理的产品开发或有效的市场营销可以将潜在需求有效转化为真实需求。

从消费者规模角度，可以将旅游需求分为个体需求与社会需求（市场需求）。个体需求是指个体在一定时期内在一定价格水平下愿意而且能够购买的旅游产品的数量；而社会需求（市场需求）是指社会整体或其一部分在一定时期内在一定价格水平下愿意而且能够购买的旅游产品数量的总和。旅游需求更多地研究社会需求（市场需求），它反映了整个旅游活动和产业部门运行的状态和趋势。但对社会需求（市场需求）的研究往往建立在对个体需求研究的基础之上。

与一般产品的市场需求相比，旅游需求具有弹性较大、季节性明显、集中度较高、敏感性较强等特征。旅游需求弹性是指由于价格、收入、汇率等因素的变化而引起旅游需求变化的程度。通常分析的旅游需求弹性主要有价格弹性和收入弹性。价格一般和需求负相关，而收入一般和需求正相关。旅游产品不是必需品，容易受到价格、收入等因素的影响，因此需求弹性往往较大。

旅游需求除易受经济变动影响，对旅游目的地的社会状况、政治因素、环境条件、健康水平及旅游风尚的变化都具有敏感性。如旅游目的地的政治不稳定或社会动乱，或者环境卫生出现问题，则旅游需求减少。旅游需求来自不同年龄、性别、身份、社会地位、偏好、兴趣的旅游者，再加上他们来自不同的国家或地区，其宗教信仰、文化背景、生活习惯、家庭结构等存在差异，使得原本就十分敏感的旅游需求更加凸显出复杂多变的特征。

旅游活动具有较强的季节性（seasonality），即旅游活动具有明显的季节变化（Baum and Lundtorp，2001）。所谓季节性，是指旅游活动中的暂时不平衡现象，其表现可以通过不同方面的要素呈现出来，如访客人数、访客花费、公路或其他交通客流量、就业人数，以及景区门票收入等（Butler，2001）。旅游资源的性质不同、旅游活动的类型不同，旅游的季节性也有差异。一般来说，主要依赖自然旅游资源吸引游客的国家和地区，旅游市场需求的季节性更加明显，波动较大；主要依靠人文旅游资源吸引游客的国家和地区，旅游市场需求的季节性相对不明显，波动就较小。愉悦旅游受季节性制约更多，商务旅游几乎不受季节性影响。季节性供给变化最终会反映到旅游产品的价格上。

旅游需求的集中性不仅体现在时间上，也体现在地理空间上。时间方面，除季节性，旅游需求大多集中在寒暑假、黄金周等节假日。地理空间方面，旅游需求大多集中在经济发达、人口众多的地区。旅游节事可以在任何季节举办，因此常作为缓冲旅游季节性的工具，用来弥补淡季客源不足，提高当地经济效益。因为旅游活动的季节性，旅游活动的时间对于交通方式的影响也非常明显，去往同样的旅游目的地，在不同的季节，相同的交通方式所需投入的成本不一。比如，航空公司在黄金周期间一般折扣较低或者没有折扣，所以在黄金周期间选择航空交通方式出行成本会比较高。旅游者选择在旅游淡季出行，其交通方式的选择往往具有更高的灵活度，在考虑不同的交通方式时，成本因素的影响会相对较小。受旅游活动季节性的影响，旅游餐饮经营具有较大的波动性。由于旅游活动安排的特性，旅游餐饮经营早、中、晚餐时间往往更加集中，其间则存在较长的间歇，比普通餐饮更加明显。

说明：位于四川西北部的王朗自然保护区是深受欢迎的大熊猫生态旅游地。因地处高山地区，冬季寒冷，旅游季节性明显，仅有的接待设施空空如也。（吴必虎摄，2007）

2.3.2　旅游需求指标

旅游需求指标是衡量一个国家或地区旅游需求状况的尺度，是旅游经济指标中的重要组成部分。常用的需求衡量指标包括抵达的旅游者人数、滞留时间、旅游花费、出游率和重游率等。

旅游者人数是一项最常见的需求指标，它反映了在一定时期内旅游目的地国或旅游目的地城市接待的国内外旅游者的数量，一般以旅游者人次来衡量。中国目前采用的旅游者人数指标主要有入境国际旅游者人数、出境居民人数和国内旅游者人数。

旅游者在目的地的滞留时间（duration of stay）是指从抵达目的地国或目的地地区时起算的一次旅程所花的时间。一般采用两个指标来衡量，即旅游者停留人天数和旅游者人均停留天数。旅游者停留人天数是一定时期内旅游者人次与人均过夜数的乘积，它从时间角度反映了旅游者的需求状况，同时也表现了旅游产品吸引力的大小。它充分考虑了旅游者的停留时间，有助于全面衡量旅游需求的基本情况。旅游者人均停留天数是指一定时期内所有旅游者在一次旅程中在目的地停留天数的平均状况，它从平均数的角度反映了旅游需求的现实情况，同时也揭示出不同时期旅游需求的变化趋势。除了在目的地滞留的时间长度，在统计时还会涉及旅程时间（duration of trip）这个概念，它是指从客源国或客源地开始旅行时起算的一次旅程所花的时间。

旅游花费（tourist expenditure）是指访客自身或以其名义产生的途中及目的地期间的各种消费性花费的总和，它一般由国内旅游花费和国际旅游花费两部分组成。根据世界旅游组织的界定，国内旅游花费是指国内访客在其国家领土内旅行过程中直接产生的花费，包括访客在旅途中（交通等）和目的地产生的花费，还包括在出行前为此次旅程的准备、回程后因为此次旅程的最终完成所需的花费；国际旅游花费是指出境访客在其他国家的花费，包括支付给外国航空公司的机票和其他交通费用，也包括在出行前和回家后为得到目的地国家的物品或服务所支付的费用（World Tourism Organization，1995）。在中国旅游统计系统中，旅游花费总额等于国际旅游（外汇）收入与国内旅游收入的总和。其中，国际旅游（外汇）收入指外国人、华侨、港澳同胞和台湾同胞在中国大陆旅游过程中发生的一切旅游支出。

旅游者人均花费额指一定时期内旅游花费总额与旅游人数之比，它以价值形态从平均数的角度反映了某一时期的旅游需求状况。在同等情况下，更提倡发展人均花费额较高的旅游产品以提高旅游产业的附加价值。旅游花费率是指一定时期内一个国家或地区的旅游花费总额与该国或地区的居民花费总额或国民收入的比率，它从价值角度反映了一定时期内一个国家或地区的居民旅游需求的强度。

旅游者出游率和重游率表示旅游者出游的倾向，也是衡量旅游市场需求的重要指标之一，可作为旅游目的地选择目标客源市场的依据。出游率包括总出游率和净出游率两种，总出游率是指一定时期内某地区旅游人次数与该地区总人口的比率；净出游率是指一定时期内某地区旅游人数与该地区总人口的比率。在实际研究中，很难做到对全体人口出游情况的普查，通常采用抽样调查方法，这时总出游率和净出游率就可以采用实际出游人次数或出游人数占总样本数的比例。出游率反映了该国或该地区的居民在一定时期内的出游能力，也反映了旅游需求的大小和开发潜力。重游率是游客每一分析时段（如一年）内出游的次数。重游率与重访率不同，前者可以是指一个人在多个地方的移动，而后者一般是指针对同一个目的地再次访问的频率。研究者有时也用旅行倾向（travel propensity）这一术语来描述客源地的客源输送能力，用人均旅行次数或旅行频率等概念来预测客源地的市场规模。

2.3.3　需求影响因素

影响旅游需求的因素有很多，一般可以归纳为市场特征因素和外部因素两大类别。其中，市场特征因素对需求起到了“推动”作用；外部因素包括产品供给、抵达目的地的距离以及价格等，它们起到了“拉动”作用，外部因素还可区别出直接因素和间接因素（WTO，WTTC et al.，1997）。

1. 推动因素

旅游需求的推动因素（pushing factors）包括人口统计学特征、收入、闲暇时间、出行动机等。前面曾提及人口统计学特征对访客和旅游者身份识别的影响，其实，这些人口统计学特征对旅游需求也有重要影响，它们既可能使受抑制的需求转变为真实需求，也可能带来限制而使真实需求缩小。

一个地区的人口数量最终限制了可能的旅游需求的市场规模，人口数量越多，理论上市场需求会越大，同时也更加复杂和多样化。对于大多数类型的游憩活动，年轻的比年龄大的人参与更多，但不同类型活动存在明显差异，观赏风景的人数随着年龄增加而增加，然后又出现下降趋势（Heritage，Conservation and Recreation Service，1980）。家庭特征对旅游需求的影响主要体现在家庭结构和规模上。合家出游的现象已经成为世界范围值得注意的市场特征，以家庭为单位的旅游业已形成一定市场规模。受教育程度越高，对旅游需求越大。不同职业的人群对目的地的选择也有一定不同。

一般而言，人们的收入水平与他们的旅游需求之间存在明显的正相关关系，即随着个人可支配收入的增加，旅游需求也会增加。但是，收入与旅游需求的关系并不是一直呈正相关关系。随着收入水平的提高，各类户外游憩活动的参与率普遍提高，尽管提高的幅度有所不同。但收入增加到一定程度以后，由于最高收入层的人往往事务十分繁忙，反而没有时间参加更多的户外游憩，因而其参与率又出现一定程度的下降（Walsh，1986）。

不同收入水平的城市居民对不同游憩活动的偏好程度也是不同的。当从整体上考虑收入对旅游需求的影响时，通常使用客源国/地的人均国民生产总值指标，但是在不同情况下会考虑不同的收入指标。如在研究度假或探亲旅游时，往往更关注私人花费或人均可支配收入；如果研究的是商务旅游，则会采用更为广义的收入指标。国际经验参数表明，一个国家或地区的旅游需求水平是与其人均 GDP 紧密相关的。

但人均 GDP 只是影响旅游需求的一个因素，还必须考虑人口基数和收入分配状况。中国 2012 年人均 GDP 仅 6 100 美元，但是人口基数大，即便高收入人群在总人口中占比不大，绝对人数也相当可观，近年中国已经成为重要的国际旅游客源国。

旅游消费实际上也是一种时间的消费。如果没有可自由支配的时间，一个人即使有强烈的旅游动机和支付能力，也难以完成旅游消费，从而不能形成真实旅游需求。由于闲暇时间在很大程度上决定居民旅游需求的程度，研究者经常将闲暇时间和经济收入并列为旅游需求的两大影响因素。闲暇时间和旅游需求一般呈正相关关系。也就是说，闲暇时间增多，旅游需求也会上升；反之则相反。还要注意的是，人们的闲暇时间有不同类型，日常闲暇、周末闲暇、黄金周、带薪休假的时间长度不一，对旅游需求的影响也不一样。如周末闲暇的增多大大增加了城市周边的旅游需求，但对增加长距离旅游需求的作用不大。在旅游研究领域，居民休闲时间的配置及其利用已经成为一个重要方向。随着中国经济社会的良性发展，人们每周用于生产的时间逐渐减少，而用于休闲的时间日益增加。这种社会结构性的变化从根本上促进了旅游活动的增长和中国旅游业的发展。

旅游动机是影响旅游需求的重要因素。不过，关于旅游需求的研究往往未重点关注旅游动机，主要原因在于：一是自旅游活动产生以来，人们旅游的主要动机基本未发生明显的变化；二是旅游动机本身也受到诸如文化传统、人口特征等因素的影响，因此这些因素可以部分地反映旅游动机的影响。但上述原因也不是绝对的，特别是旅游动机出现明显变化时（如可持续旅游受重视），对旅游需求的分析和预测就必须考虑旅游动机因素。此外，在对旅游需求结构作进一步的分析时，旅游动机显然是一个需要重点考虑的因素，不同的出游动机对于特定旅游产品或产品的特定环节（如购物）的需求明显不同。

2. 拉动因素

对旅游需求具有拉力作用的拉动因素（pulling factors）包括产品供给、旅行距离、价格策略、客源地与目的地之间的文化异同等。产品供给对旅游需求有两个方面的影响。一方面，对旅游市场规模估计不足会对旅游需求造成限制，主要包括目的地住宿接待设施、旅行交通服务的瓶颈，旅游产品种类与数量的缺乏和不匹配等。认清一个地区现有旅游供给的限制状况，能够发现由于受到供给限制而未实现或被抑制的旅游需求。另一方面，增加供给数量，改善供给结构，提升产品质量，有利于真实需求的形成和实现。其他一些因素，如替代性或竞争性旅游产品价格的变化会对某种旅游产品的需求造成很大影响；汇率的变化会对两个国家之间的国际旅游需求造成很大影响；各种重大事件、节庆活动、自然灾害等也均会对旅游需求造成影响。

（1）旅行距离。一般来讲，客源地与目的地距离越近，旅游需求越大；距离越远，需求越小，这一现象就是距离衰减规律（distance decay）。距离衰减规律很明显地体现在客源地居民出游行为上。为什么会形成距离衰减规律？这可以从多方面进行解释。一个最主要的原因是，距离越远，显然需要花费的时间和金钱成本越多。吴必虎、唐俊雅等（1997）研究发现，中国城市出游市场的 37%左右分布在距城市 15 公里的范围内；约 24%的市场分布在 15～50 公里范围内；约 21%分布在 50～500 公里内；500 公里以外的广大空间仅分割了城市出游市场的 18%左右，其中，500～1 500 公里之间约占 12%，1 500 公里以外约占 6%。从上面的数据可以看出，中国城市居民旅游和休闲出游市场随距离增加而衰减；80%的出游市场集中在距城市 500 公里的范围内（见图 2-3）。距离衰减规律也可以由某目的地的客源地结构来反映。针对前来上海旅游的游客的调查显示，旅游者的客源地存在显著的距离衰减。客源地分布在 500 公里范围内的游客比例高达 66%。有近 4/5 的客源集中在距上海 900 公里的范围内。到 2 000 公里之外，作为目的地的上海对游客的吸引力实际上已微乎其微（吴必虎、徐斌等，1999）。但旅游者的出行意愿除了与距离相关，还与目的地的引力有关，距离衰减的作用随目的地的引力大小的不同而有所变化。

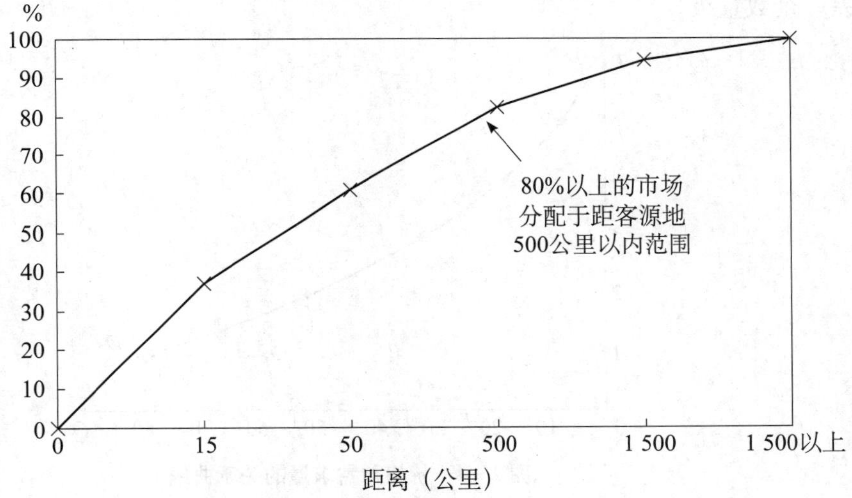

图 2-3　中国城市居民到访率在空间上的分割

资料来源：吴必虎、唐俊雅等，1997。

距离并不总是采用里程数来表达。时间距离，即人们从客源地旅行到目的地所需的时间，是空间距离在时间维上的表达，有时是一种更有效的距离表达方式。按照旅游活动的实际效用，可将旅游时间分为由客源市场到目的地过程所耗费的时间（通常被视为无效时间，但如果旅途中风景观赏引力较大，旅行时间则具有一定的旅游者收益性质）和旅游者在目的地活动所花费的时间（有效时间）。时间距离对人们旅游需求行为的影响更多地表现在交通方式的选择上。一般来说，远程旅游者以及商务、会议旅游者以选择航空运输为主；近程、观光度假、娱乐型游客选择交通工具受游客兴趣、身体状况、经济支付能力的影响，具有较大灵活性。超长行程旅游所需时间的抑制性将会影响旅游需求，因此，人们到达旅游目的地的速度越快，该旅行方式就越受欢迎。比如，英国、法国之间的欧洲之星列车在跨海峡旅行中为游客节约了大量时间，从而决定了人们对这项服务的需求。

（2）价格策略。旅游产品价格是对旅游需求产生影响的最重要的供给因素之一。在其他条件不变的情况下，旅游产品的价格提高，购买的数量减少；旅游产品的价格降低，购买的数量就会增加。依据旅游产品价格和需求量之间的关系，可以绘制出旅游需求曲线图，如图2-4所示，图中纵坐标 P 表示价格，横坐标 Q 为需求数量，曲线 D 即为需求曲线。需求曲线向下倾斜的过程中有若干临界点，每个临界点的突破都将使数量大大增加。这样，旅游需求的模式就是金字塔形状，当价格下降到一个阶层所能接受的程度后，旅游人数就会大大增加，并且这种增加不是等比例的。这种现象在需求表中表现为游客人次增量的变化，在需求曲线中表现为曲线斜率的变动。这一性质非常重要，它可以使我们在制定价格战略时寻找临界点，然后根据这些临界点进行适当的定价。其原则就是尽量把价格定在刚刚低于临界点的水平上，而不是略高于临界点的水平上。如果违背了这一原则，游客的数量就可能相差一个数量级。

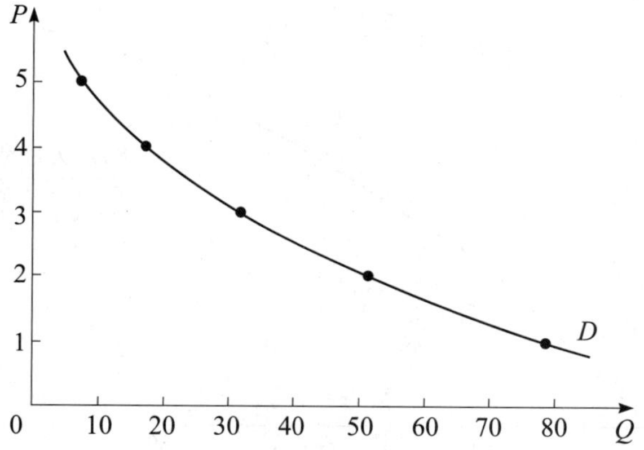

图2-4　价格与需求量的关系曲线

由于价格具有不同的表现形式，在进行需求分析时，应根据具体的情境选择不同的价格战略。在国际旅游需求方面，游客前往某个目的地的交通费用和该目的地的消费水平是影响旅游需求的两个最重要的价格因素，其中，目的地的消费水平可以用该目的地旅游产品和服务的价格来代表，有时也受到汇率变动所导致的购买力变化的影响（Witt and Martin，1987）。而在尺度较小的景区、景点，采用门票价格来分析市场需求显然更加适合。由于获得价格数据的可能性小、难度大，因此常常在国际和国内旅游需求模型中采用消费者物价指数（consumer price index，CPI）来替代价格数据。

（3）文化特征。客源地和目的地的文化都会对旅游需求产生较大影响。客源地文化对当地居民的出游偏好、产品选择具有影响；客源地与目的地之间的文化差异也会对需求产生促进或抑制作用。

旅游活动不仅是一种经济行为，同时也是一种文化行为。从个体层面来说，旅游者的出游行为与其所接受的文化传统、制度教育、历史熏陶等因素密切相关；从群体层面来说，一个国家或地区的旅游需求和这个国家或地区的文化传统特别是旅游文化传统有关。中国和外国、东方和西方的旅游文化传统存在很大差异。中国长期的历史发展形成的山水审美文化、旅行游览文化对旅游者的动机、态度具有极大影响。一个国家的旅游需求受到当地历史文化传统和旅游哲学的影响。秦汉时期以社会上层为代表的国民“游观之好”就是一种深远的历史传统（刘德谦，1997）。

文化是某一群体或社会所共有的现象，并常常表现出与其他群体或社会的明显差异，从而形成所谓文化群或文化圈。不同文化圈之间的文化差异对不同文化圈的交往具有重要影响，往往形成两种矛盾的力量。一方面，文化差异构成可以满足人类好奇心的一种推动力；另一方面，这种差异又成为滋生不安和恐惧心理的力量。心理学研究结果表明，趋同的文化缺乏魅力，反差过大的文化也会使人望而却步。

在现实生活中，因人们生活在不同文化圈中而产生的文化隔阂是客观存在的。中国北方尤其是山东、河北一带长期受儒家文化影响，而南方特别是两广地区远离古代政教中心，政令及传统教化的效力随距离衰减，地方传统更为突出。由于这一差异，各地旅游者对旅游产品的形式、消费倾向和服务水平的要求很不一样，导致南北两地的旅游产业结构存在差异。北方更多地表现为历史文化遗迹观光游览；南方更多地享受康体休闲服务。南方的宽松文化培育了需求多样的客源市场；北方的凝重历史则孕育了典型的历史文化市场。山东和四川是中国人口大省，从经济总量上讲山东超过四川，但是四川的休闲度假产品比山东更为多样，这显示了当地文化差异引起的需求差异，并最终引起产品供给的不同。

说明：北方厚重的历史文化拉动了历史遗迹游览市场的形成。山西是中国地上文物最为集中的地区，被誉为东方露天博物馆，其中大同云冈石窟更是闻名遐迩。（吴必虎摄，2007）

2.4 旅游消费者行为

与其他工业产品和服务产品的消费相比，旅游消费具有综合性、异地性、体验性、产消同时性等特征。从内容上看，旅游消费是一种涉及多方面内容的综合性消费。从形式上看，旅游消费既包括对实物产品的消费，也包括对服务产品的消费。从产品供给来看，旅游消费的产品和服务由诸多个人、企业乃至政府和其他组织共同提供。旅行批发商、景区景点、旅行社、交通运输等部门都需要对旅游消费者行为进行研究，因为来自不同客源地的消费者之间表现出大不相同的特征（Swarbrooke and Horner，1999）。在越来越激烈的商业竞争环境中，了解旅游消费者行为显得比以往更为重要。如何探讨、界定、分析、评价旅游产品的消费，已成为一个引起广泛重视的领域（Pizam and Mansfeld，1999）。

从旅游活动的概念可知，人们只有在离开其惯常环境的前提下，才能参与旅游活动。因此，旅游消费对于旅游者来说必然体现出异地性。异地性支持了产消同时性，即旅游产品的生产和旅游者的消费过程是同时发生的。由于服务是人与人之间的交流，供求双方完美合作完成生产与消费过程。对于一般实物产品来说，总是先经过相对独立的生产过程，然后再依靠物流体系进行空间上的配送，最后通过商业销售系统到达消费者手中，实现消费。生产和消费是先后出现的两个环节，消费环节产生于生产环节之后。然而，多数旅游产品是在相同地方（目的地）同时生产和消费的，其生产只有当旅游者开始消费时才开始，随着旅游者消费结束而停止。产消同时性决定了旅游者选择的主动性，只有旅游者本身主动寻找产品信息，选择他们所偏好的目的地及其产品，前来目的地体验某种旅游产品，旅游产品的生产才算完成。从这个意义上说，旅游产品的生产主动权更多地集中在消费者手中。

旅游消费虽然包括对实物产品的消费，但主要是对服务产品的消费。旅游者只有通过实际的旅游活动才能感受到旅游产品的使用价值。参与旅游活动特别是愉悦旅游活动，旅游者的重要动机就是要通过旅游活动达到预期的心理期待，旅游者购买和消费的旅游产品的核心就是旅游体验。旅游者的体验是一个敏感而连续的过程，任何环节出现问题，都会对产品满意度带来不利影响。

旅游消费者行为是一个从产生旅游动机、进行行前决策、参与现场体验到事后满意评价的完整过程。动机之外，消费者行为一般包括行前决策、现场体验和事后评估等三个阶段。在对不同阶段消费者的态度和行为进行观察、分析时，需要收集相关数据作为研究基础，也就是涉及旅游态度与行为的测定问题，这是旅游消费者行为研究的另一个重要领域（Woodside，Crouch et al.，2000）。

2.4.1 行前决策

人们从产生旅游动机到完成旅游行为之间的过渡环节是旅游消费决策，或简称旅游决策。旅游决策是指个人根据自己的旅游目的，收集和加工有关的旅游信息，提出并选择旅游方案或旅游计划，并最终决定把选定的旅游方案或旅游计划付诸实施的过程。与其他决策一样，旅游决策是一个包括从内在的心理活动到外显行为的连续体，可以划分为一系列相关的阶段或步骤。

1. 消费决策

影响旅游者出游动机的因素都会对购买决策构成直接或间接的影响。有所区别的地方在于，由于旅游决策比旅游动机更加接近旅游行为，因此其影响因素中包含旅游产品的情况。旅游目的地的产品质量、服务水平等信息会对旅游决策造成重大影响，直接决定旅游目的地的最终确定。所罗门和拉博尔特（Solomon and Rabolt，1996）认为，消费者作出决策的过程包括明确问题、收集信息、评价备选方案、选择产品、购买自己选择的产品。这里不包含消费和购买后的评价。

邱扶东和汪静（2005）在前人研究的基础上，通过访谈和问卷调查，提出个人的旅游决策过程可以划分为七个阶段：产生旅游的需要或动机、收集有关旅游的信息、确定旅游目的地或旅游线路、进行旅游预算、确定出游方式、决定是否外出旅游、外出旅游。信息收集在旅游决策过程中具有重要作用，在这个过程中，旅游者需要尽可能准确地获取更多信息，以帮助作出相应的出行决策。一般来讲，购买前信息搜寻（prepurchase information search）包括内部信息和外部信息。外部信息通常来自四个信息源，即个人（口碑）信息、中立信息、广告信息和个人亲历信息（Crotts，1999）。

口碑效应是指旅游者的亲戚、朋友、同学、同事等熟人的言论对旅游者的旅游决策施加的影响。口碑信息大多源于上述成员的亲身经历，不仅包含客观描述，而且富有引导性。对于旅游者而言，口碑来源于旅游者小群体内部，因而具有很强的可信度。随着网络技术的发展，口碑效应已经不仅仅限于熟人之间，旅游者的旅游日记（博客）和评论都可以在网络上发布，对于潜在的旅游者而言是非常有参考价值的口碑信息。中立信息是指通过报刊、图书、电影、电视等中立机构途径传播的，而非由旅游组织或企业提供的信息。中立信息源具有较强客观性和权威性，对旅游者的决策产生重要的影响。近年来，电影、电视的信息对人们旅游决策的影响力逐渐增强，很多旅游地成为电影或电视的外景拍摄场地之后，往往能够吸引大量旅游者前来游览。广告信息指来自旅游地政府或企业的推介信息。虽然这些信息带有明显的宣传广告性质，但是由于信息量大、影响面广，因此也会对旅游者的旅游决策产生很大影响。

在完成信息收集工作之后，消费者进入目的地选择（destination choice）阶段，它是旅游决策过程中最为重要的环节。旅游者通过前一阶段信息收集、比较和判断之后，最终权衡各个方面的情况，确定旅游目的地。消费者对目的地的感知和偏好影响目的地选择，目的地形象对选择行为也有重要影响（Woodside，Crouch et al.，2000）。基于此认识，伍德赛德和莱森斯基（Woodside and Lysonski，1989）提出了一个旅行者目的地认知和选择的普通模型。在对度假目的地选择模型的构建中，克朗普顿（Crompton，1992）提出了目的地组（destination set）的概念，游客对这些纳入其视野的目的地组之内的对象进行选择，而非漫无边际地加以考虑。

度假旅游者往往会选择单一旅游目的地，观光旅游者则会选择多个旅游目的地。这样就出现了旅游线路的确定问题，旅游者需要考虑如何将这些选定的旅游目的地串联起来，根据客观条件和个人意愿，确定合理的旅游预算。需要注意的是，旅游预算不仅指金钱，还包括时间。在旅游活动中，时间成本也是非常重要的因素之一，它决定了旅游活动的日程安排。对于选择多个旅游目的地的旅游者而言，还需要在不同的旅游目的地之间进行时间的分配。如果选择跟团旅游，则需要确定旅行社。品牌和价格都是影响旅游者选择旅行社的重要因素。

2. 购买行为模式

旅游者从产生旅游动机，到完成旅游决策过程，最终确定购买旅游产品，其购买行为从不同的角度可以有不同的划分方法。研究者分别从确定程度、购买态度、行为模式三个方面对其购买行为进行归纳。

依据购买目标的确定程度对旅游者的购买方式进行分类，是借鉴一般消费者购买行为研究的分类，按照旅游者对要购买的旅游产品的确定程度进行划分。据此分为确定、半确定、不确定三种状态。确定型购买是指旅游者在购买旅游产品之前，已经有明确的购买目标。旅游者非常清楚自己的旅游预期，想要得到什么类型的旅游产品，获得怎样的旅游体验。包括时间安排、可承受的价格范围和旅游目的地等，旅游者都有明确的计划。半确定型购买是指旅游者在购买旅游产品之前，有大致明确的购买目标，但是具体细节并不明确。这类购买行为往往会经过一个反复比较的过程，最终才能确定购买对象。旅游者可能对旅游目的地的类型有大体的取向判别，但是具体选择哪个旅游地作为目的地，仍然需要从旅行社或者其他渠道获取信息，以作出进一步的选择。不确定型购买是指在购买旅游产品之前没有明确的购买目标，偶尔遇到感兴趣的旅游产品就随机产生了购买行为。随着旅游者经验的积累及现代生活方式和价值观念的转变，不确定型购买在旅游消费购买行为中的发生频率有逐渐增加的趋势。

依据旅游者的购买态度，可以将旅游购买行为分为习惯型、理智型、经济型、冲动型、情感型、慎重型、随意型等七种类型。习惯型购买的旅游者一般根据以往的购买经验和旅游习惯采取购买行为，经常选择同一家旅游代理商或者同一个旅游目的地，很少受到社会潮流和时尚的影响。理智型购买的旅游者在采取购买行为之前，会进行周密的分析和思考，在购买过程中，相信自己的判断，不愿意接受广告宣传和销售人员的推荐。经济型购买的旅游者主要从经济角度考虑，对旅游产品的价格非常敏感，看重产品的性价比。冲动型购买的旅游者个性心理反应灵敏，对外界刺激物尤其是新颖别致的外界刺激物容易引产生兴趣，容易受到广告宣传、潮流时尚的影响。情感型购买的旅游者个性心理特征具有较强的兴奋性，审美感觉较为敏锐，经常以旅游产品的品质是否符合其感情需要为标准判定是否购买。慎重型购买的旅游者个性心理特征具有内倾性，善于观察细小事物，行动谨慎而迟缓，体验深刻但敏感多疑，选择旅游产品时十分细心，不盲从、不轻信广告宣传和促销信息。随意型购买的旅游者往往缺乏购买经验，购买心理不稳定，多是新购买者，在选择旅游产品时没有主见，渴望得到别人的帮助和指导，乐于接受广告宣传和销售人员的介绍。

旅游产品的购买行为模式更加深入地从理论角度分析旅游消费者的行为特征。常见的理论模式包括边际效应模式、刺激-反应模式、需要-动机-行动周期模式等。

边际效应（marginal benefit）是经济学中的重要概念。每新增一个单位的产品获得的效益如果大于新增产品所产生的成本，就会引起消费者满意度的提高，并增加购买决策的可能，从而确定旅游者效应最大化的消费（Tribe，1999）。大量经济学研究表明，消费的边际效应一般呈现递减的规律性特征。因此，旅游者每年的旅游次数、每次旅游的天数、每次旅游的目的地数量都会有趋于效应最大化的极限值。相应地，旅游目的地要吸引旅游者再来一次，多停留一天，就要考虑到旅游者价格、时间成本和获得的效应之间的关系。

心理学研究表明，人的行为是外部环境刺激的结果，是刺激的必然反应。当行为的结果能够满足人的需求时，行为就会得到强化；反之，行为将趋于消退，这就是所谓的刺激-反应模式。旅游者在购买过程中会受到外部信息的刺激，经过决策，最终产生旅游消费行为。如果旅游消费行为能够使旅游者获得满足，即达到预期的体验，则再次受到类似的外部刺激时，旅游者还会通过旅游消费行为来满足内心的需求。如果旅游消费行为的结果令人失望，则旅游者会放弃再次到该目的地旅游的想法，并且考虑是否还要旅游。

旅游者的需求、动机和购买行动构成了旅游者消费活动的一个循环周期。前面主要按照这个模式讲述了旅游者的动机、决策过程和购买行动。当旅游者产生了旅游需要时，就会产生心理紧张感。进一步产生需要满足的目标时，需要就会转化为动机，推动旅游者进行旅游消费行为。旅游者通过旅游消费行为获得了满足，心理上的紧张感就会随之消失。而每次旅游消费行为的结果都会影响下一次旅游需要的产生，开始一次新的循环。

2.4.2 现场体验

旅游现场阶段是旅游消费行为过程中最核心的部分。旅程中旅游者首先经历前往目的地的旅行，旅游者如果以散客方式出游，将自行前往机场、车站、码头，搭乘飞机、火车或轮船；如果团体出游，就会按照旅行社的安排前往集合地点出发。到达目的地后，以酒店或旅馆为基地，旅游者游览各个景区、历史街区、地标性建筑，观赏自然和人文景观，参与娱乐活动，或者从事公共或私人事务活动，接触不同人群，直至旅程结束返回惯常环境。

旅游体验（tourist experience）是指旅游者通过与外部世界联系，包括观赏风景、参加节事活动、人际接触与联系，改变其心理水平并调整其心理结构的过程，是旅游者内在心理活动与旅游客体所呈现的表面形态和深刻含义之间相互交流、相互作用的结果，是借助观赏、交往、模仿和消费等活动方式实现的一个时序过程。

观赏是实现旅游体验的重要方式，是旅游者通过视听感官对旅程中所接触的事物进行欣赏、体验，并从中获得审美愉悦的审美过程。观赏是旅游审美活动的主要形式，是对旅游景观所包含的美景要素的具体感受和理解把握。

旅游交流（tourist communication）是指旅游过程中发生的人际交往活动，是一种异地性、暂时性的个人之间的非正式交往。旅游过程中，旅游者会接触到各种不同的人群，包括旅伴、旅游经营者、目的地居民、其他旅游者，或者远在异国他乡的亲友等，通过相互接触交往产生影响并相互作用，从而获得社会交往需要的满足和个人心智的发展。

由于旅游交流是一种异地性和暂时性的个人之间的非正式交往，因而具有非约束性。旅程中交往对象往往脱离了旅游者原来的社会环境、原有组织规范的严格约束，感受到放松。旅游者由于角色的转换，可以不受年龄、身份地位等约束，进行旅游接触交流体验。

旅游参与（tourist participation）是指旅游者对旅游目的地社会的融入需求和行为。当然，旅游参与的程度也会因旅游者的个性特征不同而存在差异。有些旅游者仅仅观赏旅游目的地的景观和文化现象；有些旅游者乐于深入当地社会生活，渴望通过各种活动体验异地文化；有的旅游者喜欢以模仿等形式参与或体验目的地居民的生活，比如语言、服装等都是模仿的对象。旅游参与的最高境界是旅游者不再被当地居民看作旅游者，而成为受欢迎的客人。旅游者的旅游体验将不仅包括目的地的风光照片和纪念品，还会包括一段段生动的故事和一个个细节。

2.4.3 事后评估与重访

旅游者完成往返目的地的旅程、回到惯常环境之后，整个消费行为并未完全结束，还会在一定时段内经历某种形式的评估过程。在这个阶段，旅游者一般会作旅游经历总结、旅游评价和口碑传播，并最终完成角色的回归。

现场体验活动结束之后，旅游者在对自己的旅游经历进行总结时形式并不一致。大多数旅游者会在回到惯常环境后对旅游期间拍摄的照片进行整理，并在整理过程中回忆旅游中美好的经历。有的旅游者可能仅仅在内心整理思绪，而有的旅游者可能会对旅游经历进行书面总结，即完成旅游日志的整理，甚至以特定方式如网络（博客）、日记、游记等向周围传播。

不管是以文字形式还是仅仅在内心思考，旅游者都会对旅游活动进行经历后的评价。即使不作理性的判断和分析，也会有满意或不满意的感性认识。旅游者在与别人交流这段经历的同时，往往倾向于表达对旅游经历和旅游产品的满意度评价，

说明：日本新泻县白根葡萄园在葡萄架下为游客提供现场采摘、品尝和购买的参与机会，吸引了国内外旅游者前来参观、消费。（吴必虎摄，2006）

并对他人的判断给予倾向性引导。

当旅游者还沉浸在对旅游经历的回忆并陶醉其中时，其角色仍然是旅游者。对于身边的人而言，他是旅游信息的传播者。一段时间之后，旅游者才能完全回归正常生活中的角色，基本将旅游经历的影响内化于心。这段时间的长短也与旅游者自身的心理特征相关，因人而异。

旅游消费满意度（satisfaction）是旅游者对旅游消费质量的一种感受。按照期望价值理论，满意度是旅游者的旅游体验与其旅游期望之间的对比关系，是一个相对的、主观的概念。当旅游体验大于或者等于旅游期望时，旅游者获得满足感；反之，旅游者就感到失望或挫折。如果旅游者对旅程满意度较高，可能就会产生促进重复购买的效果。旅游消费者重复购买（repeat purchase）的水平也叫重访率，它是指消费者在一定时段内对同一目的地或同一产品的再次或多次购买行为。提高重访率成为旅游地可持续发展的重要竞争力所在。对于旅游产品来讲，时间间隔对重复购买的影响要具体分析。出于探新求异的心理，人们较少在很短的时间内再次到一个地方旅游；随着时间间隔的增加，旅游者故地重游的可能性反而会增加。

□ 本章小结

旅游者是旅游活动的主体。尽管对什么是旅游和旅游者意见并不一致，但是出于统计目的的访客、国内旅游者、国际旅游者的技术性定义仍然得到了世界上多数国家的认可。根据访客和旅游者的客源地、人口统计学特征、旅行目的等的不同，可以把旅游者分成不同的类型。

旅游者是在一定的旅游需要和旅游动机推动下产生出行需求的。外部环境因素和个体特征因素两个方面影响旅游者动机的形成和发展。

旅游需求是在旅游动机等推力和目的地等拉力影响下，对旅游产品的真实需求量。旅游需求具有弹性大、季节性明显、集中度较高、敏感性较强等特征。旅游需求受许多内外部因素的影响。

旅游者一次完整的旅游消费行为是由包括目的地选择在内的行前决策、抵达目的地后的现场体验和完成旅程之后的事后评估三个阶段组成的。旅游者对旅程的满意度将会影响其下一次重访。

□ 关键术语

旅程（trip）
旅行者（traveler）
游憩者（recreationist）
访客（visitor）
一日游访客（same-day visitor）
速访者（excursionist）
旅游者（tourist）
客源地（origin of trip）
投宿访客（overnight visitor）
国际旅游者（international tourist）
国内旅游者（domestic tourist）
旅行目的（purpose of visit）
愉悦旅游者（leisure traveler）
商务旅游者（business traveler）
旅游消费者行为（tourist consumer behavior）
旅游需要（tourist need）
旅游动机（tourist motivation）
购买前信息搜寻（prepurchase information search）
目的地选择（destination choice）
旅游体验（tourist experience）
旅游交流（tourist communication）
旅游参与（tourist participation）
满意度（satisfaction）

□ 复习题

1. 旅游者的定义是什么？访客与旅游者两个概念之间有何关系？
2. 什么是旅游动机？哪些因素影响了旅游动机？
3. 有哪些因素影响了旅游需求？
4. 与一般工业品消费相比，旅游消费具有哪些特征？
5. 旅游消费者行为由哪些过程组成？试述各阶段的主要特征。
6. 游客在目的地选择过程中受哪些因素的影响？

第 3 章

旅游产品与供给

学习目标

- 掌握旅游产品的概念与特征
- 了解旅游产品分类，掌握旅游产品树分类框架
- 了解观光益智、休闲度假、商务会展等旅游产品的概念及特征
- 了解旅游产品供给体系特征
- 了解旅游业的性质与行业体系

3.1 旅游产品界定

3.1.1 产品与体验

旅游产品（tourism products）是一个综合概念，它是人们进行旅游活动所需的多种吸引物、设施和服务的组合。较长时间以来，人们认识到的产品主要是指物质产品，只是在最近才将服务纳入产品范畴，因此至今仍有人习惯于将产品和服务并列。人们实现一次旅游活动，需要多种吸引物、设施和服务提供支持，如出游之前的信息服务，出游过程中的交通、住宿、餐饮、游览、购物、娱乐等各种服务及部分相关产品，乃至出游之后的一些追踪服务。这样一些产品和服务的总和可以称为整体旅游产品（或总体旅游产品）。显然，整体旅游产品是一个组合产品概念。相应地，构成整体旅游产品组成部分的信息服务、交通服务或住宿服务等，可以称为单体旅游产品。史密斯（Smith，1994）认为，旅游产品由一系列同心圆要素构成，最里面是物质场地，如风景名胜或度假设施；其外为服务，包括机场、机组、酒店管理、餐饮服务等；再外为接待设施；第四层为自由选择，也就是说市场有很多种

替代产品可供自由购买；最外层为游客的参与机会。从史密斯提出的建议来看，旅游产品既包括物质性的景区、设施，也包括非物质的服务、管理；既包括需求方的游客选择和参与，也包括供给方的人员和物质投入。

在实践中，旅游产品常以旅游目的地为单位来划分。从旅游目的地角度划分的旅游产品可以称为目的地旅游产品，它也是一个组合产品概念，指人们在目的地进行旅游活动所需的物质产品和无形服务的总和。人们进行一次旅游活动，需要从客源地出发到目的地，还需要从目的地返回客源地，同时一次旅游活动可能有多个目的地。因此，从旅游者角度来看，目的地旅游产品只是整体旅游产品的组成部分，但是从目的地角度来看，它又带有“整体”的含义。

科特勒（Kotler，2003）提出，“产品是指任何可以供给某个市场以满足其欲求或需要的事物。可在市场上销售的产品包括有形物品、服务、体验、节事、人物、地方、地产、组织、信息和创意”。科特勒继而将产品分为五个层次，其中，最重要的价值是产品能够提供给消费者的核心利益（core benefit）；在核心利益外围，依次是基础产品（basic product）、期望产品（expected product）、增广产品（augmented product）和潜在产品（potential product）。产品的核心利益是消费者真正购买到的最基本的服务或利益，例如酒店住客购买的核心利益是休息和睡眠。基础产品是产品的基本形式，如一个旅馆的房间应该包括床、浴室、毛巾、桌子、衣橱、卫生间等。期望产品指顾客购买产品时通常希望和默认的一组属性和条件，如旅客期望干净的床、新的毛巾、工作台和相对安静的环境。增广产品指增加的服务和利益，如旅馆增加电视机、鲜花，迅速入住、快捷结账、美味晚餐和灵活的房间服务等。潜在产品指产品最终可能会实现的全部附加部分和将来会转换的部分，即公司采用新的方法满足顾客和区分它们的供应品。科特勒指出，今天旅游业的竞争通常发生在产品的增广价值层次上，在发展中国家，产品的竞争也有可能发生在期望产品方面。

旅游景区、酒店、餐馆等都属于单项产品。不仅单项旅游产品存在层次，整体旅游产品也可以划分出不同层次。人们进行旅游活动所需要的多种产品和服务，其重要性和地位是不一样的。有些产品和服务可能关系到人们进行旅游活动的根本目标，而有些产品和服务只是人们进行旅游活动过程中的辅助性内容。

传统的旅行社主要经营愉悦旅游产品，其对旅游景区依赖性很强，这样就不难理解为什么人们有时也将旅行社产品称作旅游产品。旅行社以旅游景区为目标吸引物，通过将人们进行旅游活动所需的单体产品和服务综合成包价旅游产品出售，极大地降低了人们的旅行成本，促进了大众旅游的发展。这种包价旅游产品包含人们进行旅游活动涉及的食住行游购娱等各种要素，因而被人们视同于旅游产品。不过，随着社会经济和旅游活动的发展，传统的包价旅游产品市场份额缩小，出现了“半包价”“小包价”旅游产品，以及更多的自助旅游方式。人们消费的旅游产品类型日益多样化，旅行社产品与旅游产品之间的区分日益明显。

旅游产品提供给消费者的最终价值就是旅游体验。什么是体验？从心理学角度讲，体验是当一个人达到情绪、体力、智力甚至是精神的某一特定水平时，其意识中所产生的深度感觉；或者说，是个体对某些刺激产生回应的个别化感受。作为人们的主观心理感受，体验自古有之，但只有在今天，体验才逐渐成为一种经济形态和研究重点。体验就是企业以服务为舞台、以商品为道具、以消费者为中心，创造能够使消费者参与、值得消费者回忆的活动。显然，这里所说的体验不再是最初意义上的体验，而是一种商业化的体验。由于商业化的体验正在渗透到各行各业，一些学者甚至认为体验经济将成为继农业经济、工业经济和服务经济阶段之后的第四个人类经济生活发展阶段。体验在一定意义上可以看作服务的一种延伸，但是体验作为一种经济形态，和一般的产品、服务存在根本的区别。正如派因和吉尔摩（Pine Ⅱ and Gilmore，1999）提到的，如果你对物品和有形的东西收费，你所从事的是制造业；如果你对自己开展的活动收费，你所从事的是服务业；只有当你对消费者和你在一起的时间收费时，你才算进入了体验业。从功能上讲，产品和服务都是提供给顾客的问题解决方案，如顾客通过干洗服务去掉了衣服上的污垢，通过运输服务从一地到达另一地。而体验没有解决顾客的任何问题，也没有给顾客留下任何有形的东西，却在顾客的脑海中留下了抹不去的记忆，并时时令他回味。体验的典型特征就是值得记忆。它给予顾客的是一种美好的或者独特的感受，顾客将这种感受视为一笔宝贵的心灵财富，甚至认为它比有形的东西更值得珍视。体验的最高境界是心理学家契克森米哈赖（Csikszentmihalyi，1999）所称的“畅”（flow）的状态，即人们完全纵情投身于某种活动以致忘乎所以的状态。体验本身如此迷人，为了能够放纵于此，人们宁可付出很大代价。

可以从不同方面对体验的类型进行划分。如派因和吉尔摩（Pine Ⅱ and Gilmore，1999）将体验划分为娱乐体验、教育体验、审美体验和逃避现实体验等四个方面，而让人感觉最丰富的体验是同时涵盖四个方面的，即处于四个方面的交叉的“甜蜜地带”（sweet spot）的体验；施米特（Schmitt，1999）则将体验分为感官体验、情感体验、思考体验、行动体验和关联体验等五种形式。

愉悦旅游需求在很大程度上是一种文化需求，旅游者进行旅游活动的目的不是获得一般的物品或服务，而是获得某种精神享受。这使得愉悦旅游和体验天然地联系在一起，愉悦旅游过程同时也是一个体验过程。人们从旅游项目中获得的体验可能侧重于某一类型，也可能同时涉及多种类型，达到所谓的“甜蜜地带”，如设计精巧的迪士尼乐园就是一个典型。

旅游产业是比较典型的体验产业，美好体验是愉悦旅游活动的重要诉求（谢彦君，2005），因此，体验理论对于旅游产品开发和旅游企业经营具有重要的借鉴意义。不过，目前关于体验的理论尚未成熟，旅游体验的理论基础也不牢固，有些旅游产品还难以用体验的范畴来涵盖，如商务旅游活动的主要目的并不是获得某种体验，而是完成特定事务。

3.1.2　产品特征

与传统的物质产品，特别是与第一产业生产的农产品、第二产业生产的制造产品有明显的不同，旅游产品提供给消费者的最终价值主要是一种精神体验。对这一特征的理解不仅影响到旅游者对旅游产品的选择，实际上也决定了旅游发展供应商对旅游产品的策划、规划、建设、管理和营销。与可在封闭厂房内生产的服装、土地上种植的水果、先生产后运输再销售的普通商品都不同，旅游产品具有综合性、无形性、不可贮存性、不可替代性等特征。

（1）综合性。旅游活动是一种涉及社会、经济、文化等多方面的综合性活动，旅游者在旅游活动中的需要也是涉及多方面的综合性的需要，旅游活动以及旅游者在旅游活动中需要的综合性决定了旅游产品的综合性。综合性意味着一种旅游产品的形成或组织涉及非常广泛的业务部门，不仅涉及纯商业机构，也事关公共管理机构。一次出行从表面看涉及公共交通、信息提供、安全保障、卫生防疫、住宿接待、餐饮服务、景区管理、商务安排、购物服务、异地结算金融服务、环境教育、资源保护等数十个组织机构或企业部门。实际上，旅游产品的形成还涉及更多的游客平时并不直接接触的相关部门，比如为旅游者餐饮需要提供农副产品的农业，为游客出行提供安全保障的警察部门，为旅游业从业者提供教育培训服务的教育机构，等等。

（2）无形性。旅游产品主要不是以物质形态表现出来的有形产品，而是以多种服务表现出来的无形产品。这种无形性又派生出体验性和不可移动性。一方面，旅游企业无法将旅游产品摆在货架上供顾客挑选，而只能提供有关旅游产品的信息，让消费者选择；另一方面，旅游者只有通过体验才能感受到旅游产品的使用价值，并作出自己的评价。

（3）不可贮存性。大多数行业的产品可以储存起来以后再销售，而旅游产品是不可贮存的。作为和时间消费联系在一起的旅游服务，如酒店客房、飞机座位或者会议厅出现空置时，这段时间的租金就永远失去了。正是因为不可贮存，很多旅游产品销售存在明显的淡旺季变化。既不可贮存，也不可移动，人们就无法采用“哪里下雨哪里卖伞”的模式经营旅游产品。在旺季到来时，机票舱位、宾馆床位、景区门票供不应求，因为无法贮存，淡季的空位无法挪移到此时销售。由于这一原因，旅游产品的经营管理具有独特的自身规律。

（4）不可替代性。旅游产品具有不可完全替代的性质，黄山再好、五岳再好，其他地方的山仍然可以开发旅游。一是因为世界上没有两座相同的山，不同的山有不同的资源禀赋，人们旅游动机的多样化，特别是探新求异的心理使得发展旅游活动的山越来越多；二是不同的山所处的空间位置也不同，距离太远的山岳对城市居民来讲遥不可及，周末休闲还得另有去处。旅游产品的异质性以及在空间上的独特性（并和不可移动性联系在一起），使得不同旅游产品之间不可完全替代。上海生产的汽车与长春生产的汽车二者之间存在一定的替代性，因为汽车生产出来之后可以运输到所有可能的消费市场参与竞争。但是上海和长春同时作为旅游目的地，其产品却不可替代，一方面二者之间可以互为目的地，选购对方的旅游产品；另一方面两个城市周边近程需求市场互不竞争。这种不可替代性使得几乎所有地方都能找到适宜发展旅游的资源，也没有任何一个地方能够完全垄断旅游产品的生产。

3.1.3　旅游产品质量

产品质量是指产品或服务满足明确或隐含需要能力的特征和特性的总和。在生产导向阶段，质量的主要含义是“没有缺陷”；而在今天，质量更多地和顾客需要联系在一起，甚至可以说，质量就是产品或服务满足顾客需要程度的一种度量。工业品质量评价往往依赖自身的技术标准就能够实现，而对服务产品的质量评价要复杂得多。格鲁诺斯（Grönroos，1984）提出的顾客感知服务质量模型认为，顾客对服务质量的评价过程实际上就是将其在接受服务过程中的实际感觉与其接受服务之前的心理预期进行比较的结果：如果实际感受满足了顾客期望，那么顾客感知质量就是上乘的；如果顾客期望未能实现，即使实际质量以客观的标准衡量是不错的，顾客可感知质量仍然是不好的。

顾客对感知服务质量的评价由多个要素构成，最基本的有五个方面：可靠性、响应性、安全性、移情形和有形性。旅游产品是以服务为主的产品，上述服务质量评价标准对于旅游产品质量评价具有重要借鉴作用。但是，旅游产品具有综合性、产消同时性等特征，包含很多体验性内容，这使得旅游产品的质量评价更为困难。旅游产品的好坏在很大程度上取决于旅游者个人主观感受的满意程度，即便是同样的旅游产品，评价也会大相径庭。当然，好的旅游产品仍具有一些共同的特质，至少是大多数旅游者都认可的特质，这是开发旅游产品时必须引起重视的。

3.1.4　旅游产品生命周期

就像有机体一样，旅游产品也存在自己的生命周期。“生命周期”最早是生物学领域的术语，用来描述某种生物从出现到灭亡的演化过程。后来，该词被许多学科用来描述类似的变化过程。旅游产品生命周期描述了旅游地从出现、发展、成熟到衰退阶段的仿生学规律。要深入理解旅游吸引物的经营与管理，需要根据其所处的不同生命周期阶段制定相应的管理对策。

旅游产品或旅游地生命周期理论（life cycle of tourism product）最早由克里斯泰勒（Christaller，1964）在研究欧洲的旅游发展时提出，他认为旅游地经历一个相对一致的演化过程：出现阶段、成长阶段和衰落阶段。目前得到学者公认并广泛讨论及应用的旅游地生命周期理论是由巴特勒（Butler，1980）提出的 S 形旅游地生命周期演化模型，他认为旅游地生命周期一般经历介入期、探索期、发展期、稳定期、滞长期、衰落期或复兴期，每个时期均有其标志性特征（见图3-1）。

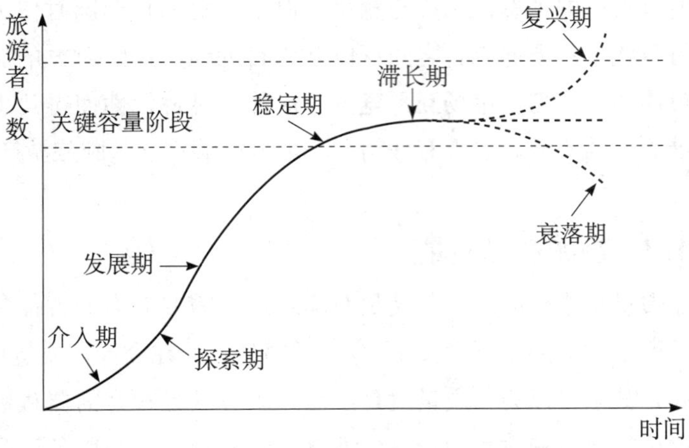

图3-1 巴特勒的旅游地生命周期曲线

资料来源：Butler，1980.

众多实证研究结果表明，与巴特勒旅游地生命周期阶段划分及阶段特征完全一致的旅游地并不多。阿加瓦尔（Agarwal，2002）认为，旅游地的不同组成部分（如宾馆、主题公园等）都有各自的生命周期。普里斯特利和芒德（Priestley and Mundet，1998）提出“后停滞阶段”，认为许多具有竞争力的旅游地在经历了增长过程达到发展顶峰后并未马上衰落，而是出现了一个相当长的平稳发展阶段，比如一些拥有世界级自然或文化遗产的观光型产品都经历了漫长的发展时期，至今没有衰落的迹象，仍保持着强大的吸引力；而一些产品如昙花一现，在短期的轰动过后，便立即失去了旅游吸引力。正因为如此，并非所有旅游吸引物的生命周期都呈S形。但这些结果并没有否定巴特勒旅游地生命周期阶段特征存在的意义，可以说巴特勒旅游地生命周期阶段划分及阶段特征是理想化的表述。在实际中，不同类型的吸引物所表现出来的生命周期现象不同，即使是同一类吸引物，在不同的时间、地点以及不同的经营方式下，其表象也有所不同，但大体上都会经历“介入-发展-衰退”三个过程，只是整个生命周期所延续的时间以及各个阶段的时间长短存在区别。

旅游产品生命周期理论在战略管理、阶段管理、复兴策略、目的地营销等领域都有理论指导意义。巴特勒指出，要用长远的眼光进行规划和管理，这样可以控制旅游吸引物的发展，从而防止旅游发展超过其容量范围，以免导致紧随其后的衰退。因而，整体的规划和发展战略是可持续发展的重要元素之一。马丁和尤索尔（Martin and Uysal，1990）提出，各个阶段应该有不同的规划，为了避免旅游吸引物的衰退，不仅要在早期制定好旅游发展规划以及环境保护措施，而且要在随后不同的阶段不断改变管理措施。在对大量旅游吸引物进行实证研究的基础上，旅游研究者将复兴阶段的策略总结为开发新的旅游吸引物、开发尚未开发的自然资源、重新定位客源市场、加强环境保护的管理措施和适当修改产品的形式等。

3.2 旅游产品分类

旅游产品是一个动态开放的体系。不同时期，人们偏好的产品会有不同。因此，对于如何进行旅游产品分类，并未形成统一意见。有些学者根据旅游产品无法清楚划分边界、存在一定程度重叠的现象，提出了“旅游产品谱”的概念，以对旅游产品作粗略的划分（吴必虎，2001b）。如果同时考虑旅游产品的基本要素，即吸引物、设施、服务三大要素，及其按照不同的人类旅游活动功能需求表现出不同程度的搭配，以及各地具备的资源条件、区位条件和社会经济背景，基本上可以将错综复杂、层出不穷的旅游产品以树状图的形式加以表现，提出旅游产品树（tourism product tree）的概念，如图3-2所示（吴必虎和俞曦，2009）。

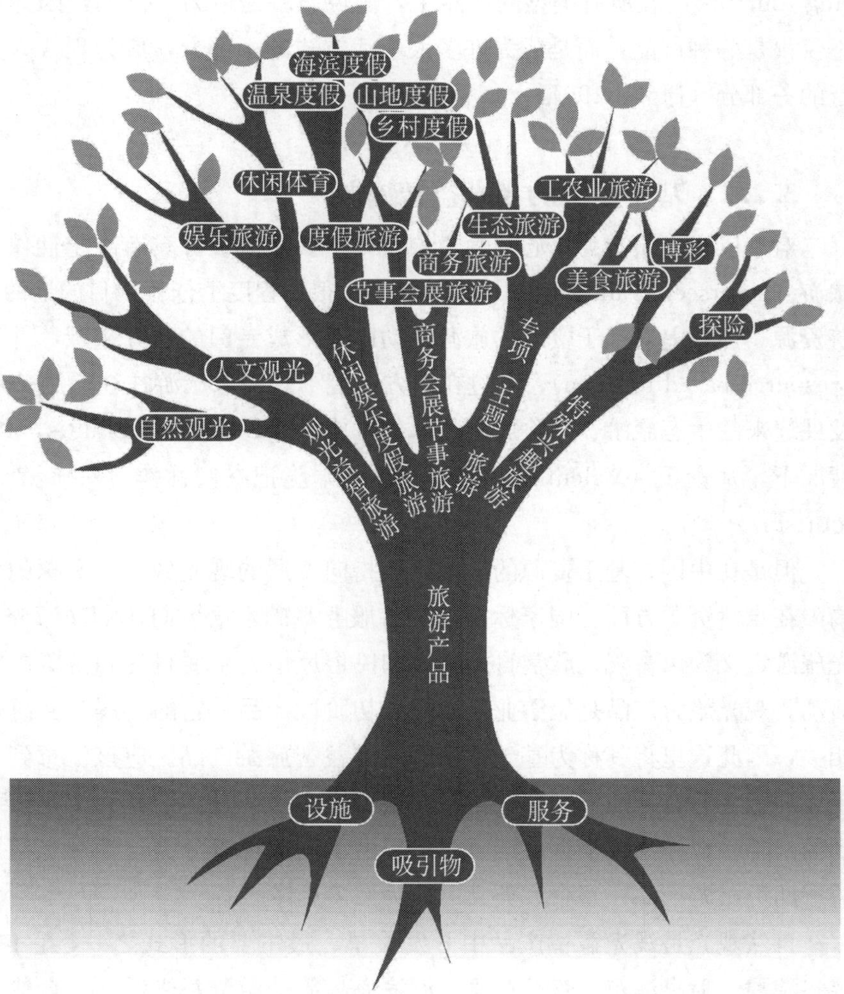

图3-2 旅游产品树

资料来源：吴必虎和俞曦，2009.

在图3-2中，树干代表旅游产品；树根是形成旅游产品的三大要素，包括吸引物、设施和服务；五个主枝代表旅游产品的五大类型：观光益智旅游产品、休闲娱乐度假旅游产品、商务会展节事旅游产品、专项（主题）旅游产品和特殊兴趣旅游产品；在五个主枝之上长出的细枝代表各种具体的旅游产品。树木的不断生长代表了旅游产品的动态变化，树枝生长的交叉错结代表了旅游产品分类中的不确定性和相互叠加或交叉。旅游产品树是一个开放的系统，当一个新的旅游产品出现时，可以很容易地在产品树上找到其位置，因而是一种较科学的分类方法。

在产品树中显示出来的五类产品中，一般将观光益智旅游、休闲娱乐度假旅游理解为非营利目的的愉悦旅游（pleasure tourism）；把商务会展节事旅游理解为谋求个人或公司利益的商务旅游（business tourism）；专题旅游产品和特殊兴趣旅游产品市场比较小，挑战性较大，但是具有增长潜力，不妨归纳为探索旅游（exploring tourism）。在所有类型的产品中，愉悦旅游是最为广泛的，因为愉悦旅游已经不仅仅是一种产品，而是成为许多人生活方式的一部分，成为现代人与生俱来的心智的一部分（Plog，1991）。

3.2.1 基于资源的观光益智旅游

对于以观光旅游为核心的愉悦旅游来讲，旅游资源具有决定性作用。观光益智旅游（sightseeing and education tourism）很大程度上依赖于目的地的自然和人文旅游资源。国际上对基于资源的旅游活动已经形成专门的研究领域，并称为资源旅游（resource-based tourism），不过在西方语境下，资源旅游往往是指依赖于自然资源发展起来的生态旅游、探险旅游和原住民旅游（Ewert and Shultis，1997）。在这种情况下，瓦伦丁（Valentine，1992）等人干脆把它们称作自然旅游（nature-based tourism）。

但是在中国，基于资源的旅游还是指向普通的观光旅游，资源的属性也不一定局限在自然资源方面。国家标准《旅游服务基础术语》（GB/T 16766—1997）将观光旅游定义为以参观、欣赏自然景观和民俗风情为主要目的和游览内容的旅游消费活动。观光旅游产品是旅游业发展的最初阶段产品，它的发展与旅游资源禀赋密切相关，因此这里将其称为基于资源的观光益智旅游产品。应该注意到，我们这里在观光功能之后特地加上了“益智”二字，旨在强调自然景观和文化景观对人们所起到的户外教育作用。根据旅游资源类型的不同，可以分为自然观光益智和人文观光益智两类旅游产品，每个大类又可分为许多具体产品。

自然观光是观光益智产品中开发最早、最主要的形式之一，它包括名山大川、峡谷湖泊、喷泉瀑布、森林草原、海滨海岛等的游览观光活动。自然观光旅游具有良好的环境教育功能，同时可以为旅游者提供欣赏大自然之美、陶冶个人情操、锻炼人生意志的益处。自然观光的一个特点就是与多种旅游产品具有良好的兼容性。自然观光旅游在初始阶段呈现出大众旅游的形式。能够为自然观光益智活动提供资源支持的景区包括国家公园、森林游憩地等。一般将提供给外来旅游者使用的森林公园称为森林旅游，将提供给本地居民休闲使用的森林公园称为森林游憩。

说明：桂林山水甲天下，广西桂林称得上中国最经典的自然观光旅游目的地。（吴必虎摄，2007）

由于旅游资源被分为自然旅游资源和人文旅游资源，相应地，基于人文旅游资源的旅游产品就是人文观光益智旅游产品，也有学者称之为文化观光旅游产品。实际上，自罗马时代以来，人们就出于文化旅游的目的而外出旅行。目前，较为流行的文化观光益智产品包括文化遗产旅游、城市旅游等多种形式。

虽然遗产包括文化遗产和自然遗产两种基本类型，但作为旅游产品，人们似乎更倾向于用遗产旅游（heritage tourism）这一概念专指文化遗产旅游（同时用自然旅游或其他概念阐述自然遗产旅游）。并非所有的遗产地都能够开发为旅游产品，具有旅游潜力的遗产地需要具备以下特征：必须在遗产地社区范围以外享有盛誉，能够提供可消费的体验，要有趣而独特，并具有一定的旅游容量和可达性。文化和历史吸引物不仅吸引了大量旅游者的注意力，而且促进了遗产产业的发展。普伦蒂斯（Prentice，1993）认为，遗产吸引物并不是一种同质的产品，旅游与休闲市场对它的需要是分为不同层次的，遗产旅游产业需要进一步对遗产旅游的整体促销、分销的方式、可持续性以及教育功能的影响等问题进行深入的研究。

截至2018年，中国自1985年加入《保护世界文化和自然遗产公约》以来，已有53处遗产列入《世界遗产名录》，其中世界文化遗产36项、世界文化与自然双重遗产4项、世界自然遗产13项，遗产总数居世界第二位（第一位意大利为54处）。李咪咪等（Li，Wu et al.，2008）指出，巨大的游客压力、当地经济发展对遗产的过度开发利用以及缺乏保护的资金支持，是中国遗产旅游可持续发展的三大主要威胁。

城市观光旅游活动主要有城市风貌观光、园林观光、博物馆旅游、欣赏各种表演艺术、观看城市夜景等。城市是人类生活及物质、精神创造活动，以及这些活动得到密集展示的空间场所，是人类旅行活动十分集中的地区。作为一定区域内的政治活动中心、交通枢纽、经济金融中心、商业和消费中心、科技教育中心、文化艺术中心，城市几乎集中了开展旅游活动必备的一切条件，使其成为常见的旅游密集地带。由于旅游者对城市内多种游憩机会的偏好，形成了与远离城市的生态旅游流相颉颃的趋近城市的旅游流，这种旅游流被学界称为“旅游城市化”（urbanization of tourism），并且作为后现代城市的一个最为戏剧性的表征，独特的建成环境构成了愉悦性的象征（Mullins，1991）。

由于城市旅游几乎完全依赖城市功能来建立自己的功能体系，城市规划与市域规划应该怎样考虑旅游开发、为旅游者提供必要的便利就显得非常重要。随着后工业化时代的来临，在城市若干主要功能中，旅游业的地位和作用越来越重要，旅游已成为城市发展不可或缺的一个部分。城市规划应将游憩和旅游作为城市的基本功能之一加以考虑。

3.2.2 基于生活质量的休闲娱乐度假旅游

随着社会进步和经济发展、人们收入的提高及带薪假日的延长，以及社会压力的增加和对释压需求的期待，越来越多的游客已不满足于在各个旅游点之间长途跋涉的传统观光益智旅游方式。同时，旅游经营者也开始意识到开展多样化的旅游娱乐活动的重要性，他们发现仅仅提供游览、住宿服务已无法满足旅游者的需求，而应进一步提供旅游娱乐服务，增设满足游客不同爱好的活动中心和设施，开展各种消遣娱乐活动，并为提高游客的生活质量不断创新产品价值。这里界定的休闲娱乐度假旅游（leisure and holiday tourism）是一个广义概念，既包括休闲旅游、娱乐旅游，也包括传统意义上的在一地滞留较长时间的纯度假活动。休闲产品不一定演变为度假产品，但度假产品会包含一部分休闲设施和活动。娱乐活动和娱乐产品并非度假生活中所独有的，而是广泛分布于人类社会的各个层面。较长时期以来，娱乐产品都是作为一般观光旅游产品的辅助产品，特别是在晚间生活之中提供给旅游者，但是现在娱乐产品不仅构成了度假生活的有机组成部分，有些地区或城市甚至将娱乐产品和娱乐产业单独作为该地区建设旅游经济的主要吸引物，成了度假产品的核心组成部分。

1. 休闲娱乐与运动

作为产品，休闲旅游与传统的观光旅游在旅游目的、旅游地和旅游形式方面都存在差别。在中国，一般认为休闲旅游是度假旅游的初级阶段，因此它与西方流行的度假旅游本质上并没有多少不同，休闲娱乐旅游的目的在于娱乐消遣、释放生理和心理上的压力，从事的活动形式也就比较轻松活泼，对周边环境、服务设施和享乐水平的要求都会比观光旅游更高。另外，因为它属于度假旅游的起始阶段，对旅游设施、服务品质及相应的价格承受力都表现出较低的要求。虽然休闲旅游可以发生在不同的旅行距离之内，但多数情况下休闲旅游是指近距离的、高频率的出游行为。对于城市居民来说，休闲旅游意味着环城市或邻近地区的旅游方式。

根据环城游憩带（recreational belt around cities）理论，城市居民选择环城游憩带内的休闲设施进行周末短期近途度假，是20世纪90年代以来中国城市居民最普遍的休闲方式。在城市游憩市场从城市内部向郊区移动的趋势作用下，城市郊区政府和地产开发商对旅游的开发力度加大，出现了环绕城市外围，处于近城乡镇及其所拥有的农田、林地、水面、山丘等景观的包围之中，与城市交通便捷，主要适应城市居民周末休闲度假需求的土地利用形式，它们具有观光、休闲、度假、娱乐、康体、运动、教育等不同功能，或同时具备上述各种综合功能（吴必虎，2001a）。

娱乐活动是旅游活动中不可或缺的重要组成部分。随着大众观光旅游逐渐向休闲度假旅游、专项（主题）旅游过渡，“娱”作为传统的观光旅游“六要素”中弹性最大的要素，将占有越来越重要的地位，成为旅游花费支出的主要部分之一，而且作为组成要素广泛渗透在景区、酒店、餐饮等旅游部门中。关于这一点，本书将在第11章中专门进行讨论。主题公园（theme park）是一种独具特色的娱乐产品，作为一类创意景区，将在本书第5章予以阐述。

户外运动与休闲活动从一开始就结下了不解之缘。有些作者因此把休闲、运动与旅游三者看成一个相互紧密联系的对象进行研究（Rowe and Lawrence，1998）。由于体育和休闲之间存在如此紧密的关系，一些体育院校专门设立了休闲体育专业。随着休闲体育在旅游产品中的地位越来越重要，体育与休闲的紧密结合产生了所谓的体育旅游，并逐步发展成为一个重要产业。体育馆项目的开发也开始转变为集消遣娱乐、旅游和运动项目为一体的综合性场馆。体育旅游可以分为主动体育旅游（为参加体育活动或赛事而进行的旅游）、赛事体育旅游（为观看体育比赛或体育节事而进行的旅游）以及怀旧体育旅游（旅游者受著名赛场、体育明星等因素吸引而进行旅游，以及体育主题度假）（Gibson，2002）。

虽然野营旅游是一种便宜的休闲旅游方式，但它满足了旅游者接近大自然的愿望，因此受到客源市场的广泛欢迎。野营休闲方式在发达国家十分普遍，在欧洲，由露营地提供的床位空间远多于宾馆提供的床位。休闲营地从最初的提供帐篷、简易床、睡袋和小型炊具，简单的加油、加水、停车场等服务，发展为集车辆维修、设备租赁、提供保险、餐饮住宿、休闲度假以及户外活动等功能于一体的综合营地，规模越来越大（陆军，2007）。野营作为一种户外休闲活动，在中国更适合气候温暖的南方和20万人口以上的大中城市。野营地一般建在城郊100公里、车程2小时之内。野营地主要为城镇居民的节假日和双休日提供休闲、度假、康健、娱乐服务

（吴楚材，1997）。

2. 度假旅游

休闲与度假产品之间并没有绝对的划分标准，在中国有时也将其合称为休闲度假旅游产品。度假游客的需求呈现出多元化、时尚化和舒适性等特点，使得休闲度假的活动方式丰富多样。为了满足游客的多样化需求，度假区（resort）为旅游者提供公共空间和必要的体育、康体健身设施显得越来越重要。国际知名旅游学家瑞安（Ryan，1991）从社会科学角度探讨了遍布全球的游憩性旅游问题，认为度假旅游（holiday tourism）是指"人们暂时地摆脱工作限制或居家时的日常生活状态，通过对一个新的地方、新的情境的体验寻得心理满足的方式"。

在西方，随着社会财富增加、中产阶级兴起，大众及家庭度假旅游流行，滨海度假旅游得到广泛开发，这一点本书将在第5章详细叙述。

养生旅游是传统的旅游方式之一，它通常与度假区结合形成产品组合。近年来，人们追求健康的一个新趋势是从疗养保健转向专业医疗，在此背景下医疗旅游成为新的旅游产品形式。医疗旅游的客源市场主要是发达国家的人群，而目的地大多是发展中国家。但是，医疗旅游的发展还存在人口老龄化、生活方式转变、替代旅游、医疗系统专业化等带来的限制性因素，需要政府公共部门和私营行业共同努力加以促进（García-Altés，2005）。温泉旅游是世界上最古老的休闲度假旅游方式之一，将温泉资源开发为度假区曾经是常见的旅游度假区模式。在日本，旅游地的形成与温泉资源的存在密切相关，温泉旅游成为最富有日本风格的旅游产品之一。温泉旅游的内容不单纯是洗浴，也不能简单地扩充到常规观光与休闲产品上，它存在独有的基本构件，包括泉源、温泉聚落、共有汤、温泉寺院、温泉地的轴线与边线、入口和温泉故事等对象，应对这些对象进行文化挖掘和组合，以提高文化含量和游客满意度（王艳平，2006）。

城市居民前往乡村地区探古访幽和度假旅游，成为中外游客普遍偏好的选择之一。罗伯茨和霍尔（Roberts and Hall，2001）在其《乡村游憩与旅游》一书中，描述了在发达国家随着乡村地区农业的衰落而兴起的新的乡村产业，即乡村旅游与游憩的多样化演进，并且强调了自然特色对于乡村旅游的健康发展的重要性。乡村旅游的优势在于：具有使游客接触大自然、领略田园风光、体验乡土气息、参观民俗风情、品尝传统风味、购买土特产品和手工艺品的机会；同时，可以享受价格低廉的好处。由于乡村地区具有良好的自然条件，因此开发过程中不应花过多精力去改变资源条件，主要在于改善基础设施和旅游娱乐设施。

3.2.3 基于利益发展的商务会展节事旅游

一般来讲，在观光旅游为主导的时代，人们对旅游的理解仅限于非谋生（非商业性）出行行为。在传统的定义中，旅游者同时满足四个条件：离开惯常环境、在外过夜、非谋生目的、滞留时间一年之内。但是观察发现，观光者、度假者固然地位突出，但是基于商业目的、政务需要和个人职业发展的旅行者也有很多。从供给方来讲，很多城市对商务旅行和会展节事旅游非常重视，将其作为当地经济发展的一个重要支柱或主要产业。2008年北京奥运会和2010年上海世博会的举办，提高了人们对大型节事与旅游发展的紧密联系的认识。供需双方都存在大量商务旅行及其服务的实际需要，令学术界也逐步认识到，旅游研究对商务旅游要更关注。

商务旅游又叫事务性旅游，是指以完成特定商务、政务活动或个人发展为主要目的，离开惯常环境到目的地旅行并在那里连续滞留时间不超过一年的旅游活动，包括商务旅行、政务旅行、出席会议、会展节事等。商务旅游包括多种形式，如个人一般商务旅行，每日离家到外地（不是本地）上班，地方性、区域性和全国性的会议，大型国际会议，培训旅游，展览和交易会，新产品发布，奖励旅游，短期工作移民，留学和讲学交流，将货物带到市场，送货上门，离家服役，慈善援助机构或非政府组织开展国际项目，政府公务出行如外交活动等（Swarbrooke and Horner，2001）。它涵盖了所有因工作关系到外地从事与商贸事务有关的个人或集体活动（贾莲莲和朱竑，2004）。

在讨论商务旅游时，要注意到商务旅游与商务旅行（business travel）之间的区别和联系。商务旅行一般是指会议、奖励旅行、展览、公司接待与公司旅行等与公司业务较为密切的领域（Davidson and Cope，2003），而商务旅游的含义更为宽泛，除了公司性质的业务内容，还包括私人职业发展和社会活动，以及政府部门的公务旅行。

与一般的观光旅游和休闲旅游不同，商务旅游具有以下特点：商务旅游者往往是专业人士，旅程时间较短但频次较多；目的地选择由工作需要或由他人决定，很大程度上限于城镇；旅行费用由公司而非旅游者本人支付。

虽然我们强调了商务旅游与传统的愉悦旅游在旅行目的上的不同，但并不是要将二者完全隔离开来。实际上，商务旅游与愉悦旅游之间存在相互影响、重叠和一定的相互依赖。旅游供应商也在努力创造一种将商务旅游与愉悦旅游结合在一起的新产品。商务旅游如果渗透到愉悦旅游中，将有助于提高愉悦旅游的水平，增加商务旅游供应商和节事策划者的经济收益（Davidson and Cope，2003）。一种常见的现象是，在会议、展览等商务活动结束后，与会代表选择了会后愉悦旅游项目。实际上，这也提高了商务旅游者的旅游交通支出的边际效益。

在东方传统国家，由于上级政府对下级政府和社会运行具有较强的控制力，前往政治中心城市承办各种政府及机构间业务的出行是重要的旅游方式，它是一种特殊的商务旅游。另外，前往政治中心进行爱国主义教育等信仰活动，也构成了重要的旅游动机。北京作为中国的首都，每年吸引数以千万计的国内旅游者，其中相当数量的游客是由于政务原因。除了一般的旅馆，各地在北京设立的驻京办事处也是重要的商务旅游接待基地。天安门广场是世界上最大的城市广场，这里集中的各种设施和富有政治含义的吸引物，每年吸引了大量的国内旅游者，是中国最大的爱国主义教育基地。省市一级的政治中心城市，如省会、自治区首府、中央直辖市和计划单列市，同样在相当大的范围内成为其辖区内的政务旅行中心。但政务旅行与管理体制和行政生态具有较强的联系，随着政府机构的精简、政府职能的转变和会议制度的改变，政务旅行也将发生一定的变化。

作为商务旅游中比较突出的一类产品，节事（event）和会展奖励旅游（MICE），即会议（meeting）、奖励旅游（incentive）、大会（convention）、展览（exhibition），已经成为全球旅游业中发展最快的产品之一，并逐步成为商务旅游的支柱（Getz，2000）。节事会展旅游是通过举办各种节庆、聚会、会议、博览交易、文化体育、科技交流、奖励旅游等活动，吸引游客到目的地城市参与活动、交流沟通和旅游访问。本书第6章将对此作更为深入细致的阐述。

3.2.4 专项（主题）旅游与特殊兴趣旅游

观光益智、休闲娱乐度假和商务会展节事这三类旅游产品属于目前较主流的旅游方式，这三种旅游的参与人数最多，是旅行社及其他旅游企业的主打产品，产品提供和支持服务往往是标准化和程序化的，因此可将其视为常规旅游产品。与常规旅游产品相对应的其他旅游形式通称为专项（主题）旅游和特殊兴趣旅游（special interest tourism）产品，这些旅游产品具有明显的个性化和非程序化特征，参与人数较少，主要针对具有特殊兴趣的中众和小众市场。

专项（主题）旅游和特殊兴趣旅游二者的差别并不显著，而且呈动态特征，其主要依据就在于参与人数的变化。近年来，旅游者对旅游产品的兴趣和需求逐渐多样化，出现了许多新兴的专项（主题）旅游产品。专项（主题）旅游产品与前面三类旅游产品的划分并没有严格的界限。各种专项（主题）旅游产品有可能在将来随着市场需求的变化而扩大市场成为常规旅游产品，而前面的三类旅游产品也有可能由于市场的萎缩而成为专项（主题）旅游产品。当专项产品的参与者很少时，即为特殊兴趣旅游，而当参与者出现较明显增加且产品表现为一定的主题或限定于特定领域时，即可视为专项或主题旅游。

教育旅游（修学旅游）、工业旅游、生态旅游等都是较为常见的专题旅游。教育旅游指以教育和学习为主要目的的旅游活动，可以分为一般教育旅游、成人学艺旅行、中小学教育旅游和大学生旅游四类（Ritchie，Carr et al.，2003）。中小学教育旅游包括中小学学生的学校课程旅行、野外考察和到外国语言学校学习语言（Ritchie，Carr et al.，2003）。根据出游时间的不同，大学生旅游可以分为假日旅游和学期期间教育旅游。博物馆旅游也是一种典型的教育旅游。

工业旅游包括工业遗产旅游和工业观光旅游。国际上工业旅游的产生首先是从工业遗产旅游开始的。工业遗产旅游是以过去的工业遗址为基础发展的旅游活动。工业观光旅游主要有四种模式：名牌企业主题园（如德国大众公司的汽车城）、工业

说明：英国伦敦的大英博物馆每年都吸引世界各地的众多旅游者，他们在这里可以接受直观的历史文化教育。（吴必虎摄，2006）

园区观光地（如美国硅谷）、工业博览与商务旅游开发、组合开发（农业观光、海滨度假和温泉保健等组合）（李蕾蕾，2004）。企业开发工业旅游的动机主要有：推广企业形象，提高产品的市场占有率；延长产业链，获取经济效益；使游客受到教育；为社区提供休闲场所设施等。

生态旅游最早是指到未受干扰或污染的自然地区旅行的一种旅游方式。该旅游方式具有特定目标，即研究、观赏及享受当地的景致和野生动植物，以及任何现存的文化特质（包括过去与现在）（Ceballos-Lascurain，1987）。目前，自然保护区生态旅游的开发类型有观赏型、科学型、探险型、保健型、狩猎型及民俗型等六大类，开发模式有观赏型开发、参与体验型开发、研究型开发等，旅游活动项目以风光旅游和野生动植物观赏为主，主要有观光、观水、观鸟、观兽、观赏植物（包括红叶）、登山、漂流及远足旅行等（于爱水，2005）。生态旅游产品的开发与维护除了上述实体的规划建设与物理性措施，还依赖于严格的生态管理，包括对游客、当地居民以及生态旅游投资者的生态管理（吴必虎，1996）。

特殊兴趣旅游是专项旅游或主题旅游产品的一个分支，其特征表现为主题领域较为狭窄，创新性比较强，参与人数比较少。可以说，特殊兴趣旅游是旅游产品的探路者、急先锋和试验田。当前，主要的特殊兴趣旅游有科考旅游、探险旅游等。

科考旅游不仅是一种高品位的生态旅游活动，也是一种特殊的教育旅游产品。科考旅游一般发生在受人类活动影响较小的自然地区，目前开展科考旅游较多的地区主要是自然保护区、地质公园和森林公园。在科考旅游产品开发过程中，需要特别注意两个方面：一是解说系统的设计和建设，这是实现科考旅游的科学普及和环境教育功能的关键，具体内容包括指示牌、科普读物和电子出版物及导游培训；二是环境管理，在开发前要进行环境评价，并定期进行监测，分析科考旅游对环境的影响，进行游客容量管理，以确保生态环境的良性发展（马丹炜、王跃华等，2001）。

3.3 旅游产品供给

从上述旅游产品的概念、特征、分类可知，旅游者在选择、购买旅游产品，实现旅游体验的过程中，将面临一个十分复杂的产品供给体系。也许世界上最为综合的产品流程和关联系统就是旅游产品的组织与供给。我们把为人们从事旅游活动提供产品和服务的企业或组织的总和称为旅游业。很显然，旅游业是对旅游供给主体的一种概括。但是，旅游业是指旅游供给主体的全部，还是仅指其中的一部分，对这个问题至今仍然存在不同意见。由于旅游产品供给体系的复杂性，任何一个或几个产业部门与公共组织都难以独立完成其使命。联合国世界旅游组织和统计署提出了旅游卫星账户（tourism satellite account）的概念，以指导、帮助各成员国了解旅游业的组成，并对旅游业的国民经济贡献进行统计分析（Frechtling，1999）。

3.3.1 旅游业性质

与其他产业相比，旅游业（tourism industry）具有其独特性，概括来讲表现为部门综合性、边界模糊性、目标多样性等。旅游业是一个综合性的行业，旅游产品的复杂性导致了旅游业的复杂性，旅游产业由许多行业或这些行业的一部分组成，仅直接为旅游者提供产品和服务的就有住宿、餐饮、交通、游览、娱乐、购物、通信等行业。有些学者认为，按照一般的产业定义，产业指所有生产相同产品的单个企业的集合；而所谓的“旅游业”只不过是在功能和空间上有联系的几个部门，这些部门并不生产相同产品。从经济学角度讲，两种产品的“相同”是指它们的可替代性很强。但是，不同旅游企业的产品之间几乎没有可替代性。比如飞往某旅游地的航空票价上升，将导致该旅游地酒店产品需求量下降，而不是上升。从这一角度看，航空业和酒店业不生产同一产品，它们不应被归入同一产业。但是，如果从整体旅游产品或目的地旅游产品的角度来进行讨论，则旅游产品之间是具有可替代性的。到中国三亚亚龙湾还是印度尼西亚巴厘岛去旅游，二者显然具有一定的可替代性。实际上，如果将一个旅游产品视为一辆汽车，则旅游产品所包含的住宿、游览等各种服务就是组成汽车的轮胎、发动机等部件。虽然汽车轮胎和发动机之间没有可替代性（反而存在互补性），但是生产汽车轮胎的企业和生产发动机的企业都可以归入汽车产业。

旅游业的边界比较模糊，难以明确划分。例如，为旅游者提供服务产品的企业也可以为非旅游者提供服务产品。不少传统行业早已成为独立产业，随着旅游业的发展，分流出一部分转向为旅游者提供服务。此外，很多旅游产品的供给没有明确的主体。比如城市景观、风土人情是重要的旅游吸引物，但很难说它们是由哪个主体供应的。一些自然和人文遗产虽然有管理主体，但也是在自然和社会发展的漫长过程中形成的。

一般的产业目标指向非常清楚，那就是利润最大化，但是旅游业兼具公益性和私营性。旅游产品供给的主体包括私营部门和公共部门。旅游企业是旅游产品供给的主体，但是以政府为代表的公共部门也在旅游产品供给中占有非常重要的位置。在旅游产品供给主体中，企业一般以营利为目标，而政府和非政府组织往往关注社会的和谐发展和公益游憩福利的提供，而非指向直接的营利目标。

旅游业通过为人们从事旅游活动提供产品和服务，可以创造就业机会，缓解社会就业压力，促进社会和谐稳定；可以拉动内需，促进国民经济发展；可以赚取外汇，有利于国家平衡外汇支出；可以带动国民经济的其他行业，如建筑业、纺织业、食品加工业等的发展，增强国民经济的活力；可以促进各国或地区科技、经济、文化和艺术的交流，推动各国或地区人民之间的相互了解和友谊的加深。

旅游业具有明显的层次性，一些生产商直接向旅游者提供产品和服务，而另一些供应商却通过中间渠道间接向旅游者提供产品和服务，这种间接供给还有可能经过了多重中间渠道。按照企业或组织从何种渠道为旅游者提供产品或服务来划分，可以将直接为旅游者提供产品和服务的行业称为（直接）旅游相关行业，而将不直接向旅游者提供产品和服务，但向旅游相关行业提供产品和服务，从而间接与旅游相关的行业称为间接旅游相关行业（宋子千和郑向敏，2001）。

不同生产商对旅游产品供给的依赖性不同，旅游产品的直接提供者对旅游产品供给的依赖性较高，而旅游产品的间接提供者对旅游产品供给的依赖性较低。按照企业或组织对旅游的依赖性也可以对旅游业进行层次划分。如史密斯（Smith，2000）曾经将旅游业划分为两个层次：第一层次旅游业是指这样一些企业的总和，如果不存在旅游，这些企业就不会存在；第二层次旅游业则指这样一些企业的总和，如果不存在旅游，这些企业就会显著衰退。在史密斯的层次划分中，将那些虽为旅游者提供产品，但对旅游依赖不显著的行业剔除出了旅游业。其实，可以在史密斯的划分方法的基础上加上一个第三层次旅游业，即指这样一些企业的总和，旅游的存在有利于这些企业的发展，但是它们对旅游的依赖并不显著。世界旅游组织等建议的《旅游卫星账户：推荐方法框架》采用了类似的划分方法（葛宇菁，2007）。在该框架中，各种产业按照与旅游活动的关联程度，被划分为旅游特征产业、旅游相关产业和其他产业，大体上可以对应上述三个层次。总的来讲，旅游卫星账户由一组相互融合的经济账户组成，并与总体国民账户相联系。旅游卫星账户包括以下账户的一部分或更多部分：依据商品统计的旅游消费；旅游消费对供给的影响；旅游产业生产账户；旅游相关固定资本形成总额；旅游相关就业；旅游相关股票与固定资产现金流；旅游产生的货物进出口；旅游国际收支；通过商品和活动旅游对 GDP

的增加值（Frechtling，1999）。

3.3.2 旅游业体系

旅游业的范围非常广泛，涉及众多部门和行业。其中，负责目的地旅游公共事务的政府部门，以及围绕旅游活动各大要素形成的旅游接待、交通、吸引物、业务组织等部门，构成了旅游业的主要内容（Middleton，1988）。除了这些部门，还有一些行业也可以纳入旅游业的范围，如餐饮、娱乐、信息服务、金融、保险、房地产等，但是这些行业相对来说和旅游的联系度较低，可以称为旅游支持行业。朱卓仁等（Gee，Makens et al.，1997）曾经以美国标准产业分类体系为对象，统计得出有38个不同的主要产业部门为旅行者和旅游者提供产品和服务（见表3-1）。

表3-1 旅行与旅游相关产业部门

代码	产业部门	代码	产业部门
4011	铁路	5541	加油站
4111	地方与城郊中转，包括机场交通与地方公共汽车运营	5561	房车经销商
4119	其他分类中未予列入的地方旅客运输，包括观光巴士和客车租赁	5812	餐饮地，主要是饮品店，可含或不含食品服务
4121	出租汽车	5946	照相机及摄影设备商店
4131	城市间与乡村公路旅客运输	5947	礼品、创意作品、纪念品店
4142	旅客运输包车服务，不包括当地	6052	外汇兑换点
4173	公共汽车总站与服务设施	7011	宾馆、汽车旅馆、游客接待点
4431	大湖区-圣劳伦斯间海上运输	7032	运动及游憩营地
4459	观光船、水上的士、沼泽车、短途船运	7033	房车停驻场与营地
4481	深海旅客运输，不包括轮渡	7514	旅客自驾租车服务
4489	水上旅客运输	7922	剧场产品提供商
4493	其他分类中未包括的游艇码头（游港）	7929	乐队、交响乐团、其他娱乐团体
4511	航空运输，包机航空公司	7948	赛车，包括赛车场经营
4512	航空运输，固定航班	7993	投币游戏机
4521	航空运输，非持照航空公司，包括观光飞机服务	7996	娱乐公园
4581	与航空运输相关的服务	7999	其他分类未包括的娱乐与游憩服务
4724	旅游代理商	8412	博物馆与画廊
4725	旅游经营商	8422	植物园与动物园
4729	其他分类未包括的旅客运输承办服务	8941	职业运动俱乐部

资料来源：Gee，C. Y.，Makens，J. C.，Choy，D. J. L.，1997.

在旅游产品生产和流通过程中，所涉及的多个原材料供应商、生产商、分销商、零售商以及最终消费者等成员通过与上下游成员的连接，组成了网络结构。根据成员在网络中的分工不同，可以分为旅游供应商、旅游经营商、旅游代理商等。其中，旅游供应商是指旅游产品或服务的生产者，主要包括航空、水路、公路和铁路等交通运输部门，酒店或其他形式的住宿接待部门，以及为吸引游客而提供的多种吸引物如遗产地、主题公园或度假区等。旅游运营商往往批量购进各种旅游产品和服务，并将其“打包”成整体旅游产品。旅游代理商主要为广大旅游者提供方便的销售网络。旅游供应商的产品和服务可以通过旅游运营商或旅游代理商销售，也可以直接向旅游者销售。中国目前还没有形成完善的旅游经营商和旅游代理商垂直分工体系，旅行社可以近似看作旅游经营商和旅游代理商的一体化企业。

3.3.3 旅游业整合

近年来，旅游业发展中出现显著的产业整合现象，它是现代企业应对全球化竞争的必然选择，信息技术的发展则为整合提供了便利。这种整合可以分为横向整合和纵向整合两种类型。

纵向整合指的是不同层次的组织之间的联合，如旅游供应商和旅游经营商之间的整合。纵向整合又包括正向整合和逆向整合。所谓正向整合，就是旅游供应链上游企业对下游企业的整合，如航空公司收购旅行社；逆向整合则是下游企业对上游企业的整合，如许多大型旅游运营商创建自己的航空公司或兼并上游航空公司。纵向整合可以实现减少交易成本、降低交易风险、控制产品质量、增强产品开发能力等目标。很明显，纵向整合对零售行业的独立公司是很大的威胁。与传统的旅行社相比，航空公司或旅游经营商开辟自己的零售点更可能以有竞争力的价格或其他营销策略吸引市场。

旅游市场需求存在波动性和集中性特征，当需求出现上升时，就可能导致某些环节供应不足。如旅游经营商经常依赖于航空公司提供航空座位，如果没有任何约束，在市场需求上升时，航空公司就可能单方面提高价格，导致旅游经营商预先销售的产品无利可图，甚至亏本。如果旅行社能和铁路部门、航空部门、景区酒店等实现纵向整合，供应就能得到保障。旅游者对旅游产品的评价立足于整体旅游产品而不是单项旅游产品，这造成了旅游产品质量控制的难题。产业整合使得企业能够从整体利益去考虑各部分产品的质量问题。

横向整合指的是旅游供应链中同一类型的组织之间的联合，如旅游供应商之间、酒店企业之间、航空企业之间的整合。横向整合能够促进降低生产成本和采购成本、增强市场势力、增强发展能力等目标的实现。企业发生的固定成本可以通过增加数量进行均摊，从而降低产品的单位成本。横向整合还可以帮助企业获得更大的市场份额，进而通过市场定价权、行业标准等，迫使其他低效的企业退出市场，降低竞争的激烈程度。

无论是纵向整合还是横向整合，都需要采用一定的方式来实现。产业整合可以通过直接收购、兼并重组等一体化方式进行，也可以只是在不同企业之间通过协议、联盟等方式来实现。收购、兼并重组等一体化方式会产生大量的谈判费用，还可能导致管理费用和生产成本的增加；协议和联盟等方式则往往由于约束力不够，容易导致权责不清和合作解散。

集团在旅游业的角色日益显著。集团是指在多个行业都设有组织机构，以降低在单一行业如旅游业的风险的公司集团。尽管旅游行业的变化非常大，但其良好的发展前景仍吸引很多旅游行业外的公司进入。旅游行业在出现业务多样化的趋势的同时，所有权的国际化势头也更加迅猛。这个过程因全球化和区域一体化而加速。目前，旅游企业在每个国家的扩张都很活跃，扩张的势头和速度迅猛的案例每天都在更新（Holloway，2006）。

3.3.4 旅游供应链管理

旅游供应链管理（tourism supply chain management，TSCM）研究在西方学者看来是一个越来越重要的领域。因为旅游产品跟其他很多产品不一样，从生产到销售包括很多环节，是一环套一环的。现在很多研究只关注其中某一个环节，很少注重价值链、供应链和消费渠道的研究。旅游供应链网络既包括旅游产品与服务的直接供应商，也包括产品与服务的间接供应商；在旅游服务供应链中，服务流由供应商流向顾客，信息流由目标市场流向上游供应商（Zhang，Song et al.，2009）。

旅游服务供应链网络结构是指由供应链成员按照旅游产品和服务的供应方向排列起来并表明各级供应商和顾客之间关系的网络构成。在旅游服务供应链网络结构中，不同级别的供应商重要程度不同，同样级别的供应商地位也不同，分为核心企业和一般企业。国内外对旅游服务供应链网络结构的研究集中在供应链企业重要成员构成、核心企业选择等方面（舒波，2010）。

旅游目的地供应链是旅游目的地为满足游客体验需求和实现目的地可持续发展目标，而将包括各类商业服务和公共服务在内的综合服务提供给游客的、由各类组织和机构综合组成的有机网络集合体（廖凯和徐虹，2010）。在这个多对多的网状结构中，主要包括旅游目的地商业服务供应链和旅游目的地公共服务供应链。前者的主要目标是追求利润最大化，运行方式是市场经济的运行机制；后者的主要目标是社会利益最大化，运行机制是整体最优化。从理念上讲，供应链管理是一种为追求共同经济利益的最大化而共同努力的跨组织管理。

3.3.5 新技术对旅游产品供给的影响

虚拟现实（virtual reality，VR）是近两年异军突起的“黑科技”。虚拟现实技术是一种可以创建和体验虚拟世界的计算机仿真系统，它利用计算机生成一种模拟环境，是一种多源信息融合的、交互式的三维动态视景和实体行为的系统仿真，使用户沉浸到该环境中（Guttentag，2010）。从1935年斯坦利·温鲍姆首次在小说中描述VR眼镜，到如今PC头盔、VR分体机以及VR一体机的相继问世，VR自身已从虚拟走向现实。2016年称为中国VR元年，当年2月，中国·福建VR产业基地建设发展座谈会在福州召开，宣布了福建省针对VR产业的支持政策，发布了全球首个 VR 开放平台。福州市人民政府联合 VR 业界核心企业共同打造立足福建、面向全球构建世界领先的 VR 全产业生态系统，布局 VR 行业应用、企业应用及公众应用三大领域。同年 5 月 6 日，作为第十二届海峡旅游博览会配套活动之一的“旅游＋VR”高峰论坛在厦门国际会展中心举办。① 总体上，截至目前 VR 在旅游营销中的应用发展最快。艺龙发布了一大批 VR 酒店全景视频，空空旅行则提供了很多客栈的 VR 全景视频体验，汇联皆景宣布完成了全国 4 000 多家景区的全景 VR 数据采集。事实上，旅游业有大量的 VR 利用场景，比如出行前的目的地虚拟体验、VR 游乐项目体验、旅游目的地 VR 辅助的景观重现、VR 特殊线路还原、VR 数字博物馆展示、VR 酒店选房等都是已经有实际应用和发展的领域。②

增强现实技术（augmented reality，AR）是一种实时地计算摄影机影像的位置及角度并加上相应图像、视频、3D 模型的技术，这种技术的目标是在屏幕上把虚拟世界套在现实世界并进行互动（Jung T.，Namho C. and Leue M. C.，2015）。与 VR 不同，AR 是把原本在现实世界一定时空范围内很难体验到的实体信息（视觉信息、声音、味道、触觉等），通过电脑等科学技术，模拟仿真后再叠加，将虚拟的信息应用到真实世界，被人类感官所感知，从而达到超越现实的感官体验；真实的环境和虚拟的物体实时地叠加到了同一个画面或空间同时存在。有研究者描述了 AR 在旅游业中的应用现状，尤其是通过智能手机 App 提供 AR 体验产品的应用场景（Mesároš et al.，2016）。他们还开发了一款位于斯洛伐克历史悠久的奥拉瓦城堡中的增强现实游戏，即名为 Nosferatu 的 AR 游戏应用程序。

VR、AR 等新技术和旅游结合在一起，将催生崭新的旅游产品供给模式。对游客来讲，新技术能够提供新的旅游体验；对旅游企业来讲，新技术带来了新的挑战和机遇，原有产品需要改造提高，需要依托新技术创新产品和服务模式；对于政府来讲，需要改进管理，适应新的社会旅游生活方式。

□ 本章小结

旅游产品是人们进行旅游活动所需的多种吸引物、设施和服务的组合。旅游产品具有综合性、无形性、不可贮存性、无法替代性等特征。

旅游产品是一个动态开放的体系，可以用旅游产品树来描述其主要结构。通常可将旅游产品分为观光益智旅游产品、休闲娱乐度假旅游产品、商务会展节事旅游产品、专项（主题）旅游产品和特殊兴趣旅游产品等五大类型。

围绕旅游产品的供给，产生了旅游业。旅游业具有部门综合性、边界模糊性、目标多样性等特征。

---

① 汪平．当旅游遇上 VR “清新福建”奏响创新乐章．中国旅游报，2016-05-13.

② 阮晓东．VR＋旅游 引爆旅游新模式．新经济导刊，2016（12）：10-16.

按照与旅游活动的关联程度，可以将旅游产业体系划分为旅游供应商、旅游经营商、旅游代理商等。在信息技术支持下，上下游和同类型的旅游产业可以进行纵向整合或横向整合。旅游目的地各类商业服务和公共服务供应商联合组成了有机网络结构的供应链。

□ 关键术语

旅游产品（tourism products）
旅游产品生命周期（life cycle of tourism product）
观光益智旅游（sightseeing and education tourism）
遗产旅游（heritage tourism）
环城游憩带（recreational belt around cities）
特殊兴趣旅游（special interest tourism）
虚拟现实（virtual reality）
旅游产品树（tourism product tree）
自然旅游（nature-based tourism）
休闲娱乐度假旅游（leisure and holiday tourism）
商务旅游（business tourism）
旅游业（tourism industry）
旅游供应链管理（tourism supply chain management）

□ 复习题

1. 什么是旅游产品？旅游产品有哪些层次？旅游产品具有哪些特性？

2. 什么是好的旅游体验？请描述你最近一次出游的体验过程，指出你满意或不满意之处，并对如何改进提出建议。

3. 请描述旅游产品树的基本分类体系，并举例说明度假旅游与观光旅游有哪些不同。

4. 每日离开常住城市上班是不是商务旅游？为什么？请结合商务旅游的特点说明。

5. 旅游业的复杂性主要体现在哪些方面？旅游业体系涉及哪些行业？

6. 中青旅原来是以旅行社业务为主的旅游企业，之后投资浙江乌镇旅游开发。这一行为属于旅游产业的纵向整合还是横向整合？请举出1～2个其他国内外旅游产业整合案例，阐述其整合方式。

第 4 章

旅游学科

学习目标

- 了解游历发展过程与五生理论
- 了解旅游学发展简史
- 理解以游历为研究对象的旅游研究体系
- 掌握旅游系统理论
- 了解旅游学科体系与专业设置
- 了解旅游专业和职业机会

4.1 游历发展五生理论

4.1.1 游历的字源与语义

游、遊，本字皆为斿。斿，甲骨文为，金文为，篆文为，皆意为飘扬的旗帜，引领一队人。持旌旗而行的原始意义，与氏族迁徙游居、国家宗教祭祀等活动有很强的联系。游，还表达了中国古代的户外教育旅行、修学旅游的行为：过河越境访学为“游”；陆上行走求学为“遊”。

历，本字有二：一为歷，二为曆。歷，甲骨文为，上半部分代表丛林，下半部分原意为脚趾，表示行进，合在一起表示穿越丛林；金文和篆文在甲骨文基础上加上厂（石崖）意为翻山越岭穿行远途，是空间上的移动经历。古代汉语中曆、曆通用。曆是厤和日的合成，厤是歷的略写形式，表示穿越、经过；日，即时光、岁月。曆，意为时光流逝，经过一段时间、历史，是时间上的穿越阅历。汉

字简化后，将“歷”和“曆”合二为一，皆用“历”的字形，就具有了时间与空间层面的双重含义。

游和历组合在一起使用，在中国古代文献中屡见不鲜，从三国魏李康《运命论》“其所游历，诸侯莫不结驷而造门”，到唐白居易《游石门涧》“自从东晋后，无复人游历”；从北宋王安石《忆金陵三首》“想见旧时游历处，烟云渺渺水茫茫”，到南宋史达祖《喜迁莺·月波疑滴》“旧情拘未定，犹自学、当年游历”，所使用的“游历”一词的基本含义没有太大变化，都是围绕着人类在旅途与目的地的地理探索与地方体验而展开的一系列活动，游历活动（experoutination）不仅历史绵长，而且至今活力四射。

4.1.2 游历发展阶段：五生理论

有史以来，人类出于探索、体验的目的，暂时离开惯常居住、生活的地方，在旅途或目的地开展的一系列活动，称为游历现象。在不同的历史时期，人类游历的基本动机、发生的主要形式，以及产生的主要社会效应，表现出不同的特征。有的游历形式发生得很早，如出于安全、生存的目的而进行的探险与拓殖；有的发生得较晚，如出于提高生活品质和愉悦的目的而进行的娱乐、休闲和度假行为。总体上，我们把所有游历行为归纳为五类活动，它们基本上按先后顺序出现，但后来者并不会代替前者或以前者的消失为前提，许多形式是同时存在的。这些不同阶段、不同形式、不同目的、不同效应的游历活动，都围绕人类的生存、生产、生活而开展，分别表现为生拓、生易、生思、生业、生悦等五大范畴，简称为游历五生理论（five Shengs theory of experoutination）（吴必虎，2019）[①]。

生拓（colonial experoutination）是指人类有史以来为了生存空间的拓展而开展的对陌生地域的探险、探索、拓殖、征服行动，这类出行活动起源最早，延续至今，其中包括公元前334—324年亚历山大东征，进而建立地跨希腊半岛、小亚细亚、埃及、两河流域直至印度河的亚历山大帝国，这一远征活动大大扩展了欧洲人关于西亚、中亚和南亚的地理知识。同样，公元13世纪成吉思汗及其黄金家族横跨亚欧大陆的西征，不仅扩展了东亚地区对中亚、东欧、阿拉伯半岛的了解，而且在数百年时间内保障了连接亚欧各国的丝绸之路的通行无阻。15世纪初中国明朝大航海家郑和率领的船队七下西洋和15世纪末意大利人哥伦布代表西班牙国王远航新大陆的航行，则是带有强烈政治色彩或殖民目的的旅行，中国人的航行更多是软实力的宣化，而西班牙人的航行更多体现为硬力量的军事征服和殖民占领。到了19世纪和20世纪，人类的地理拓探转向了对南北两极和高海拔地域（如青藏高原）的进军。生拓作为一种发生很早，通常以军事、政治、外交等国家组织（早期为部落或族群）加

---

① 吴必虎，运用五生理论提升旅游目的地文化内涵。2019年1月23日在中国旅游产业发展年会所做的大会主旨演讲。

以实施的旅行、征服、殖民方式，直至今天仍然在以特定的新的表现方法继续其功能，如人类对海底世界和太空世界的探索仍然方兴未艾。太空旅游（space tourism）将会是未来大受欢迎的新旅游产品。

生易（trade experoutination）是指人类为了生存（如对盐的需要）、生产（获取原料）和生活（获得奢侈品）而开展的远距离贸易旅行。长期的区域间贸易形成了久负盛名的丝绸之路、茶叶之路、陶瓷之路、香料之路、琥珀之路、万里茶道、茶马古道、川黔盐道等古代交通、贸易、旅行网络。与古罗马帝国四通八达的石铺官道陆上交通为主的道路体系相比，中国古代更多依赖长江、淮河、珠江、黄河和南北方向的大运河等构成的水上交通体系进行区域间的物资与文化交流。

生思（idealistic experoutination）是指沿途和在目的地进行的上层建筑和精神活动，包括社交娱乐、宗教信仰传布、山水审美创作等活动。考古资料证明，人类出于聚会与宴飨目的而开展的旅行由来已久（王德刚，2015）。基于宗教传布、取经、朝觐等目的的旅行并形成经典游记的事迹更是屡见不鲜，中国古代有东晋法显写成的《佛国记》，唐代高僧玄奘著有《大唐西域记》，日本来华留学僧圆仁（円仁）著有《入唐求法巡礼行记》。在阿拉伯世界则有伊本·白图泰前无古人后无来者的横跨非洲、欧洲、亚洲的游历壮举。基督教世界的宗教旅行和传教记录更是汗牛充栋，如元朝时由罗马教廷派至中国的柏朗嘉宾和鲁布鲁克的游记，明朝时来到中国传教和传播西方科学技术的利玛窦的中国札记。在山水审美方面，中国魏晋南北朝时期以来的山水诗词、宋代以来的山水画，欧洲文艺复兴以来的风景画，都是以文学艺术和视觉艺术形式描述、呈现的游历记录。

虽然古代服务于旅行者的驿站、餐馆久已有之，但是形成专门为旅行者提供系统出行服务的独立部门，形成影响一个城市、一个地区乃至一个国家的经济发展的重要行业，在大众旅游出现以后才有可能。生业（industrial experoutination）的发展阶段一般以1841年英国人库克开设旅行社为标志。特别是第二次世界大战结束以后，全球建立了新的政治格局，工业化、城市化和全球化在全世界范围内渐次展开，民用航空、客运铁路、高速公路等交通运输条件和硬件设施大规模发展，为旅游者提供服务的吸引物、接待设施、公共服务设施等全面提升，大学也相继设立旅游与酒店管理（Hospitality and Tourism Management，HTM）院系，为人们提供更安全、更快捷、更舒适、更愉悦的游历体验的完整服务体系逐渐建立和完善。可以这样说，只有当游历发展（experoutination development）进入生业阶段之后，旅游学（tourism studies）作为一门应用理论学科才真正得以创建并得到持续发展。

生悦（pleasure experoutination）对应的是游历发展的最高阶段和最终目标。在旅游学的核心概念中，体验（experience）是其中较为流行的本体论术语，它强调现代旅游活动作为游历方式之一，或者说在游历发展过程中最近两个世纪才形成主流的游历形态，其核心价值在于为旅游者提供愉悦体验（pleasure experience）（谢彦君，2005）。不论古今，游历带给参与者某种程度的愉悦，因为愉悦体验属于控制旅游内感体验的结构要素之一。[①] 需要强调的是，与现代旅游供求双方共同的娱乐（entertainment）、养生（wellness）、休闲（leisure）、游憩（recreation）、度假（holiday making）、购物（shopping）等动机相比，古代旅行充满了探索新地域的艰难困苦、耗时数年于旅途的非愉悦状态，古代游历更强调的是探索（exploration，Exp_1）而非体验（experience，Exp_2），即 $Exp_1 > Exp_2$；与18世纪之前的旅行所需克服的困难、艰苦、风险和昂贵相比，与15世纪之前为数极其有限、覆盖面非常狭窄的出行者相比，现代旅游业的舒适性、安全性、快捷性和大众性要远远胜出，即 $Exp_2 > Exp_1$。每年安排一定的时间到异地体验愉悦的生活方式，已经成为后现代社会一个普遍的价值追求。工业革命之前的游历活动更倾向于艰苦的地理探索；而1841年旅游服务作为一个独立的产业部门出现，为人类提供较为愉悦的旅行体验，标志着现代旅游活动正式出现。

值得注意的是，游历社会功能演化的五个阶段的划分，主要是为了陈述、分析的便利，而非截然分开或相互替代。在不同国家、不同地区或不同历史阶段，它们出现的先后可能会有所不同，但更多的情况是它们可以同时并行存在。马斯洛需求层次理论表明，人都潜藏着从低到高五种不同层次的需求，但各种需求在不同时期表现出来的迫切程度是不同的。当物质生活处于较低水平时期，人类对生存的需求最为迫切。当生理层次、安全层次的需求得到满足之后，人类需求就会逐步向生活品质提升和自我实现方面升级转变。

同样，人类社会存在着从低到高五种不同层次的游历活动，经历了生拓、生易、生思、生业、生悦五个阶段，在不同时期表现出来的频率和覆盖人群是不同的。当物质生活处于较低水平时期，人类主要表现为拓殖与贸易的游历需求。随着物质生活水平提高和对愉悦、幸福等生活质量的追求不断升级，以及为这种生活质量提升而对旅游供给侧的服务体系的完善，人类游历的发展不断向愉悦体验和幸福感方向转变（见图4-1）。

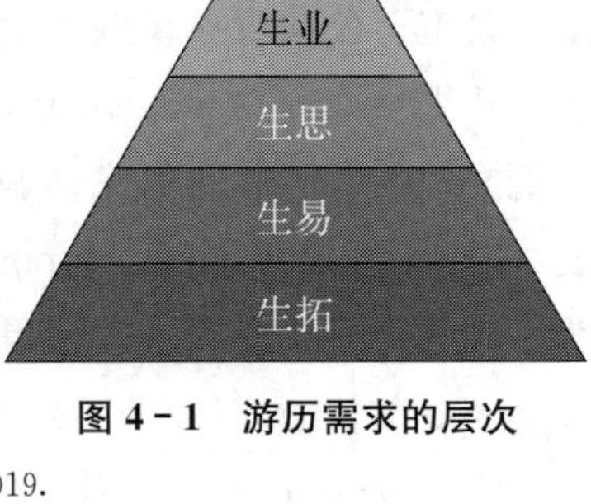

图4-1 游历需求的层次

资料来源：改编自吴必虎，2019.

① 林璧属．旅游体验要素解构：从瞬间愉悦到永恒美好．在第三届旅游行为研究学术研讨会暨鼓浪屿文化遗产、社区及旅游发展论坛上的主旨演讲，2018年11月10—11日．

4.1.3　游历知识溢出：由史地转向旅游

现代人类早期的游历发展至今已经超过10万年。游历不仅满足了人类的“五生”需要，同时也是人类获得科学知识、形成哲学思想的源泉之一，在早期的地理学、历史学、生物学、医学等学科的形成、发展过程中，游历甚至是主要的知识溢出来源。可以这么认为，在近现代实验室方法出现之前，户外游历实际上形成了人类知识获取的最主要的观察、实验和探索平台。

从古至今的游历活动产生了大量的知识溢出，涉及哲学、历史、文学、生物、天文、测绘、航海、地理科学等各个学科。德国社会哲学家赫尔曼·凯泽林摒弃西方中心主义，首创了一种超越国家、民族、文化的松散哲学，兼采众家之长，化为己用；1911年他开始环球旅行，同年岁末来到中国，通过与各民族文化的直接接触和对话，对各国哲学世界不断探索，撰写了反映其哲学思想的代表作《一个哲学家的旅行日记》。

早期的历史学与游历关系密切。被称为“历史之父”的希罗多德（Herodotus）生活于公元前5世纪的古希腊，他撰写的《历史》一书被西方认为是最早的一部历史著作。在撰写《历史》之前，他因种种原因游历过小亚细亚、希腊本土、马其顿、埃及、腓尼基、叙利亚、黑海沿岸、意大利南部和西西里等地，又被称为“旅行家之父”。中国同样产生过广泛旅行游历之后完成杰出历史著作的人物，最典型的就是司马迁。《史记·太史公自序》中写道：“二十而南游江、淮，上会稽，探禹穴，窥九嶷，浮于沅、湘；北涉汶、泗，讲业齐、鲁之都，观孔子之遗风，乡射邹、峄；戹困鄱、薛、彭城，过梁、楚以归。”司马迁一生主要有三次游历经验，包括二十壮游、三十宦游、陪帝巡游，足迹遍及九省，不仅饱览了名山大川，更拜访了大量历史人文遗迹，为日后《史记》的创作积累了宝贵素材。

现代人类学奠基人之一马林诺夫斯基（Bronislaw Malinowski），是出生于波兰的英国人类学家，他于1915—1918年前往巴布亚新几内亚的特罗布里恩群岛考察，实地参与聚落生活、使用当地语言，甚至和土著建立友谊，著成《西太平洋上的航海者》一书。他是第一位亲自在当地长期研究，并以客观的民族志材料取代过往充满研究者主观论述的人类学家，建构了以客观民族志记载田野调查研究成果的方式，被称为“民族志之父”。

进化论奠基人、英国生物学家达尔文（Charles R. Darwin）曾经乘坐贝格尔号舰历时5年环球航行，对南美洲、大洋洲、非洲等地的动植物和地质结构进行了大量的现场观察和样本采集，回到英国后花了20年时间整理研究，最终出版《物种起源》，提出生物进化论学说，这被恩格斯誉为19世纪自然科学的三大发现之一。可以想象，如果没有广泛的环球航行和沿途游历、探索、观察、思考，达尔文根本不可能发现物种进化、物竞天择的现象，也就无从创造性地提出生物进化论的学说。

中国伟大的药学家李时珍自1565年起先后到武当山、庐山、茅山、牛首山及湖广、安徽、河南、河北等地收集药物标本和处方，并拜渔人、樵夫、农民、车夫、药工、捕蛇者为师，于1590年完成《本草纲目》，首创了按药物自然属性逐级分类的纲目体系。《本草纲目》是到16世纪为止中国最系统、最完整、最科学的一部医药学著作，被誉为“东方医药巨典”。李时珍药学成就的取得也与其广泛的旅行游历息息相关。

在所有的知识溢出中，地理学的形成与发展与游历的关系最为紧密。实际上古希腊的地理学（也是全世界最早有记录的地理学）在由厄拉多塞（公元前276—前194年）首创“地理学”这一术语之前，当时的学者使用的学科名称就是“游记”“周航记”等（李铁匠，2014）。古希腊时期完成且保存至今的第一本《地理学》的作者斯特拉博也曾周游四海。斯特拉博从青年时代开始游历小亚细亚、罗马、亚美尼亚、撒丁、黑海、埃及、上尼罗河的埃塞俄比亚山区等。在中国，从游历得到地理学研究成就最为突出的要数明代旅行家、地理学家徐霞客。从地貌学的形成和发展历史来看，《徐霞客游记》无疑是世界上最早、最完整、覆盖面积最大的岩溶地貌踏勘、考察和分析报告。

在现代地理学的发展史上，德国地理学家洪堡（Alexander Humboldt）是最为重要的集大成者，被公认为近代地理学的奠基人，也是近代气象气候学、地质学、植物地理学、地球物理学的创始人之一。基于在南美洲5年的野外考察，洪堡出版了30卷本的《1799—1804年新大陆亚热带区域旅行记》。洪堡从1822年起游历意大利和英国，并就此撰写了卷帙浩繁的游记。1829年，他应沙俄政府邀请前往中亚和西伯利亚考察旅行，旅行所得著有《中央亚细亚》3卷。通过足迹遍及全球的地理考察和广泛游历，洪堡完成5卷本《宇宙：世界自然地理概述》，标志着近代地理学的最高成就。

游历对人类知识溢出的贡献，或者换一个角度说，游历发展得到的学科支持，逐渐由工业革命前的历史学和地理学为核心，转移到旅游学的研究领域。史地之学长期从精英人士的广泛游历中获得新的知识溢出，最终产生了希罗多德的《历史》、斯特拉博的《地理学》、徐霞客的《徐霞客游记》、洪堡的《宇宙：世界自然地理概述》等一系列鸿篇巨制。但是游历发展进入生业与生悦阶段之后，地理学等传统学科逐步独立，不再依赖于先驱者的旅行和游历。与此同时，另一门新的学科，即旅游研究或旅游与酒店管理的研究，逐渐从游历发展的新形式——现代大众旅游的发展中获得营养，逐步成长壮大。一方面，生业与生悦阶段的游历发展为旅游研究提供了新的现象、概念和知识溢出；另一方面，现代旅游业的健康发展也得到了越来越多的旅游研究的理论支持和人才输入。

4.2 旅游学科体系

前文述及，旅游学是自游历发展进入生业与生悦阶段之后才出现的新兴学科。

旅游作为出现较晚的一类游历活动，受制于并反映访客的出游动机、旅游需求与消费行为，而旅途所涉地区及目的地所在地区为了向访客提供由特定的吸引物、设施与服务构成的旅游产品，需要构建相互联系结成网络的旅游产业体系。旅游学就是现代语境下以人类游历活动为研究对象的一门学科。就科学分工体系的形成和发展而言，在古代，有相当多的学科如历史学、地理学、测绘与地图学、博物学（生物学）、天文和海洋学等的形成与知识溢出，得益于游历探索的发现与积累，或者说，上述诸多学科参与了游历的研究。但是 19 世纪中叶以后，只有旅游学聚焦人类游历行为的研究，其他学科则逐步淡出了游历的研究。也就是说，在现代科学体系及其分工中，只有旅游学聚焦游历的研究。

虽然旅游学目前关注比较多的是为支持新型游历活动也即旅游活动而建立的服务行业体系及其影响，但这并不是说旅游学仅仅是一门服务经济学或企业管理方面的学问，而是围绕着现代游历活动这一特定对象系统展开的跨学科、多学科的一组学问，并正朝着一门具有自己独特研究领域、具有系统理论体系和具有相对稳定的应用方向的独立学科迈进。

4.2.1　旅游学科发展综述

虽然游历的发展历史与人类诞生的历程并行不悖，但现代旅游业大规模、广域性、多部门的整体发展历史并不很长，主要出现在 1945 年第二次世界大战之后全球化时代。因此，与很多经典学科如地理学、经济学等相比，旅游学只能称为尚在幼年期的年轻学科，理论上也不够成熟，因此国际上一般将旅游学称为旅游研究（tourism studies）。考虑到中国人的习惯，常常将一种研究领域概括为某种“学”，因而本书暂且使用“旅游学”一词，实际上旅游研究尚未达到一门学科的要求。游历活动自 19 世纪进入现代旅游阶段并被视为一类学术研究对象，最早对其进行理论探讨的先驱包括 19 世纪末意大利人博迪奥（Bodio，1899）①，有关旅游的研究已逾 120 年，但较大的发展仍然集中在最近三四十年。有学者曾经指出，大多数旅游研究是在 1970 年以后进行的，其中 50%的研究是在 1980 年以后进行的（Graburn and Jafari，1991）。

旅游研究最早集中在经济学领域。1928 年，意大利的马里奥蒂（Mariotti，1928）出版了《旅游经济讲义》一书，从经济学角度对旅游现象作了系统剖析和论证，得出的结论是：旅游活动是属于经济性质的社会现象。这一观点不久后就受到了挑战。1935 年，德国学者葛里克斯曼（Glücksmann，1935）出版了《一般旅游论》一书，对旅游现象的发生渊源、基础、性质和社会影响等深层次的关系进行探索，指出旅游研究包括对旅游现象的基础、发生的原因、运行的手段、性质及其社

① 1899 年意大利人博迪奥发表了《关于意大利外国旅游者的流动及其花费》一文，目前被认为是近代旅游研究最早的论文。

会影响等问题的研究，是非常广泛的领域，需要从不同学科去研究，不能只从经济学的角度去考察。1942 年，瑞士的亨齐克等人（Hunziker et al.，1942）出版《旅游总论概要》一书，进一步认为，“旅游现象的本质是具有众多相互作用要素和方面的复合体，这个复合体是以旅游活动为中心，与国民、保健、经济、政治、社会、文化、技术等社会中各种要素和方面相互作用的产物”。在此基础上，亨齐克等人提出了旅游现象多方位、多层面的结构思想，并且认为需要多学科综合研究。尽管葛里克斯曼、亨齐克等对旅游现象的认识超出了经济学的视野，提出了多学科进行旅游研究的思想，但是他们本人的身份和马里奥蒂一样，都是经济学家，此时的旅游研究主要还是局限在经济学领域。

20 世纪 60 年代，其他学科的学者开始参与旅游现象的研究。西方作者对旅游的性质、特征和发展趋势，从旅游学作为一门社会科学的角度进行了认真的思考。由贾法利（Jafari）在 1973 年创办并在较长时间内担任主编的《旅游研究纪事》，于 1979—1993 年间曾分别以旅游社会学、旅游地理学、旅游管理学、旅游教育、旅游人类学、旅游与政治科学等为主题出版专辑。1991 年出版了《旅游社会科学》专辑，对旅游各分支学科的研究成果进行了阶段性总结。目前对仍在发展中的旅游学科的基本内容作出最完整归纳的著作应推贾法利等主编的《旅游百科全书》。该书收录的 1 000 多个词条反映了旅游学的多学科特征，综合了来自人类学、经济学、教育学、地理学、历史学、管理学、营销学、政治学、心理学等领域的旅游研究视野，涵盖了旅游专业的一般问题和基本概念，关键术语和简称，重要机构、协会和期刊，主要目的地国家或地区，旅游开发与增长的趋势与模式，以及旅游产业各个行业的类型和特征（Jafari，2000）。霍尔登（Holden，2006）在其《旅游研究与社会科学》一书中，详细探讨了旅游研究与历史地理学、社会学、心理学、经济学、政治经济学、人类学、环境科学等学科的紧密联系，同时还注意到新近出现的旅游与伦理学、女性主义研究等的联系。威廉姆斯（Williams，2004）主编的《旅游的性质与结构》一书从各个社会科学角度透视旅游活动，其中包括行为科学、人类学、经济组织、激进地理学、经济心理学、地理营销、解说商品、神圣旅程、旅游凝视、虚拟旅游、可持续性、梦幻目的地等全新的概念。

社会科学涉及诸多学科，其中社会学是一个最基础的出发点。科恩（Cohen，1985）从社区角度讨论了地方旅游发展过程中的环境与可达性战略、经济响应战略、社会与文化战略、旅游规划目标与方法等问题。对旅游的社会学思考或人类学凝思所涌现的各种思潮中，走得最远的应该是将国际旅游视为一种新的殖民主义行为的激进观点（Hall and Tucker，2004）。在这些研究者看来，出境旅游就是一种后殖民主义（postcolonialism）。继社会学家之后，人类学家也对旅游活动中人际关系及主客间不同文化背景接触导致的相互作用和影响进行了研究，在学术上出现了“旅游社会学”和“旅游人类学”的概念（申葆嘉，1997）。伯恩斯（Burns，1999）从人类学角度阐述了全球化背景下旅游现象的产生、接待和发展问题。全球化现象对旅游发展的影响是非常重要的，它对区域经济一体化、旅游需求和营销、旅游竞争力、旅游可持续性的途径等都产生了显著影响（Wahab and Cooper，2001）。

霍尔（Hall，1998）和埃利奥特（Elliott，1997）分别从政治学和公共部门管理角度，讨论了旅游的政策、权力、场所与控制等领域的特征。皮尔斯（Pearce，1996）、肖和威廉姆斯（Shaw and Williams，2002）则分别从地理学角度探讨了旅游研究的若干理论问题，涉及国际旅游、旅游动机与行为、旅游服务的生产、旅游企业、旅游就业与劳动力市场、旅游环境、大众旅游、都市旅游、乡村旅游、可持续旅游等问题的地理分析。

实际上，上述各国研究者涉及的旅游研究内容反映的仅仅是旅游学科体系中很小的一部分，在有限的篇幅内我们很难作出更多的描述，引述的目的不过是向读者证明旅游的多学科性。目前，旅游学科知识主要体现为不同分支学科知识的总和，从另一方面说，也就是旅游学尚未形成系统的、完整的理论体系，这说明旅游学还不是成熟的学科。斯塔福德（Stafford，1985）曾经断言旅游研究仍处于前范式（preparadigmatic）阶段。较长时期以来，旅游学界比较着重于应用研究而不重视理论研究，在基础理论方面的研究涉足者较少。只有综合不同分支学科知识并加以发展，形成对旅游现象的整体认识，并以一定的逻辑方式建立起理论体系，旅游研究才能真正转变为旅游学。

20世纪70年代末，出现了对旅游现象进行有组织、有目的的多学科综合研究，旅游研究达到新的阶段。为了更好地对旅游现象进行研究，从80年代开始，一些学者提出，旅游研究不仅要采用多学科研究方法（multi-disciplinary research），而且要进一步采用跨学科研究方法（interdisciplinary research）。近年来，不少学者提出要用无边界研究方法（cutting-edge research）进行旅游研究（Chambers，2007）。从旅游研究的发展历程来看，经历了一个前科学（观察并描述所见事物）-单一学科研究（早期主要是经济学方法）-多学科研究-跨学科研究的过程。当然，所谓的跨学科研究方法其实还是建立在多学科研究的基础之上的。

博士学位论文通常代表了各时期相关学科理论和学术研究的较高水平。贾法利和奥泽（Jafari and Aaser，1988）曾对北美地区的旅游研究博士论文进行综述分析，最早的一篇博士论文完成于1951年，从那时起至1987年，共找到157篇用英语写成的与旅游整体学科有关的博士学位论文。他们发现，旅游研究的博士论文自其偶然发生以来一直持续增长，但主要集中在七八十年代，1986年最多，达到15篇。主要的研究贡献来自经济学、人类学、地理学和游憩学。与休闲学及游憩学研究的博士论文相比，旅游研究的博士论文数量少得多。如果把旅游、休闲和游憩研究看成一个整体，与其他社会科学相比，完成的博士论文则更少。这从一个侧面反映了旅游研究的整体水平还是相当落后的。

中国旅游研究在1978年改革开放之后才真正开始出现并逐步形成规模，尽管其理论水平在总体上距离国际水平还有一定差距，但是近年来已经呈现出快速发展的势头。首先是旅游研究成果数量急剧上升，截至2019年1月中国学术期刊网络出版总库摘要检索含有“旅游”一词的文献有282 870篇，是1997年2 466篇的100多倍。在旅游研究质量方面，以前轻理论、重应用的局面已经有所转变，在旅游学基础理论研究领域已经初步整合。

4.2.2 以游历为核心的现代旅游研究体系

传统的学科划分按照客观世界的不同物质运动形式进行，不同学科之间的研究对象并不重叠。旅游学的研究对象显然不符合这一标准。旅游现象是一种从客源市场向目的地的空间移动现象，因此和地理学的研究对象有交叉；旅游现象是旅游者和目的地居民之间的相互作用，又是一种社会现象，因此和社会学等学科有交叉。实际上，过去很长时间以来，旅游研究主要就是由旅游管理学、旅游经济学、旅游地理学、旅游社会学等不同分支学科组成的。旅游管理学是管理学的分支学科，旅游经济学是经济学的分支学科，旅游地理学是地理学的分支学科，旅游社会学是社会学的分支学科，这种局面长期存在下去，彼此之间就会缺乏有机联系，也很难形成统一的学科理论，不利于旅游学科的健康发展。

目前，旅游学还处在多学科同时进行相对独立的研究阶段，旅游学其实还是一组学科对一个领域的共同研究。尽管存在多学科同时对旅游现象进行不同领域的研究，但是人们从来没有停止过试图将这些多学科研究纳入同一个框架的努力——建立一个相对独立的旅游学科体系框架。例如，申葆嘉和刘住（1999）把对旅游对象的研究分为基础理论、专业理论和应用理论三个层次，三个层次合并在一起构成旅游学科整体结构。

构建一个学科理论体系的关键是找到逻辑起点。黑格尔在其《逻辑学》中对逻辑起点提出了三条规定性：第一，逻辑起点应该是一个最简单、最抽象的规定，它“不以任何东西为前提”“不以任何东西为中介”。理论体系的概念推演过程就是不断丰富开端的规定性的过程。第二，逻辑起点应该揭示对象的最本质规定，亦即本体论，以此作为整个体系赖以建立的基础，而科学理论体系的“全部发展都包括在这个萌芽中”。概念的逻辑推演和展开就是充分展示、发展内蕴于开端中的内容。第三，总体来说，逻辑的起点与对象的历史上最初的东西相符合。“那在科学上最初的东西，必定会表明在历史上也是最初的东西”（转引自瞿葆奎和郑金洲，1998）。从上述三条规定性来看，现代旅游学的逻辑起点应是“游历”，更准确地说，现代旅游学的研究对象和核心内容是游历发展到较高阶段的生业和生悦。现代旅游学的研究核心是继承性的，它继承了历史上地理学等十分依赖于早期游历的研究，并将研究的主要力量配置于愉悦体验的研究。

在我们提出游历这个逻辑起点之前，学者们针对旅游学的研究对象和核心概念进行了长达百年（以1899年博迪奥的论文为起点）的探讨和争鸣。直到今天，旅游学术界仍然围绕“体验”“移动性”“原真性”等基本概念进行阐述和建构，并尚未达成一致看法。如果体验侧重人类行为、态度、感知、偏好等的观察和评估，那它可以说是心理学的研究范畴，旅游体验只是类似于音乐欣赏体验、体育运动体验的多种体验之一。移动性（mobility）是指旅游者从客源地到目的地之间的物质空间的位移，也可以聚焦于移动前后社会身份、文化差异、社会影响等方面的分析，可以说是地理学或社会学的研究范畴。原真性（authenticity）在人类学、文博学、民俗学等领域被广泛使用，旅游学借用了这一概念来分析旅游发展对弱势社区的传统文化将会产生什么样的影响。上述这些概念都可以部分地表征旅游活动的特点，却很难做到相对独立、具有一定排他性的学科领域的划定。为什么需要建立统一的旅游学科呢？我们认为，虽然很多学科如管理学、经济学、地理学、社会学等都可以研究游历现象，但是要全面地认识这一对象，任何一门既有学科都无法胜任，这就需要一门学科专门以游历作为自己的研究对象，综合运用不同学科的理论和方法对旅游现象进行整体研究。

有了游历这个逻辑起点，旅游学的研究对象可以继承性地聚焦特定人类行为即以生业、生悦阶段为核心，同时适当照应生思、生易和生拓的新型游历发展的研究，从而构筑起独立的学术研究领域，因为除了旅游学，并没有其他现代学科主要以游历为研究对象开展研究活动。另外，从社会经济发展趋势来看，随着工业化、城镇化在全球的推进，社会经济和区域发展的主要目标已经从生产建设为中心转向以生活建设为中心，服务业等第三产业的比重已经远远超过第一、第二产业，大众旅游需求已经成为全体国民的基本生活方式或已构成其生活方式的重要组成，如何满足社会大众对愉悦体验的需求，已经成为政府和学术界共同的任务，任何学科建构都不应忽视或无视这一社会发展的大趋势。

4.2.3　旅游系统

现代游历活动是一种涉及众多要素和部门的复杂的人类行为。要深入了解和真正把握游历活动的基本规律，就需要突破传统的笛卡尔式的分解方法，采用一种整体的、综合的、系统的观点对其进行观察、分析和研究。[①] 早期研究者认为，旅游活动主要由主体、中介体和客体三个方面的要素构成。主体指实施旅游活动的人，即旅游者；中介体指旅游服务业，这里所说的旅游服务业是广义的旅游业，即为人们从事旅游活动提供产品和服务的个人或组织，不仅包括企业，而且包括政府和非营利组织；客体指旅游对象，包括旅游吸引物和旅游设施。“三体说”非常简明地揭示了不同事物在旅游活动中的地位和作用，但是没有突出游历活动的本质特征，显

① 法国哲学家笛卡尔 1637 年出版的哲学名著《方法论》，对西方人的思维方式、思想观念和科学研究方法曾经产生极大影响。他认为，研究问题的方法分为怀疑、分解、排列、综合四个步骤。他的方法论对西方近代科学的发展起到了相当大的促进作用，但这一方法论对事物之间的相互作用未加重视。20 世纪 60 年代之后，人们发现有的复杂问题无法分解，必须以复杂的方法来应对，进而导致系统工程的出现，笛卡尔式的方法论才第一次被综合性的方法取代。

然其他人类活动也是由主体、媒介和客体三要素构成的。

随着人们对现代游历活动的认识逐步深化，旅游系统的观点在经历了发展之后，终于成为解释旅游活动的结构、构建旅游研究体系的重要理论武器。

随着第二次世界大战后大众旅游的迅速发展，人们对旅游现象的系统认识也越来越深入。一些西方作者对此进行概括和提炼，提出了若干旅游系统（tourism system）学说。美国得州 A & M 大学教授冈恩（Gunn）在 1972 年提出了旅游功能系统模型，30 年后又在该模型的基础上提出了一个新模型。这一系统的最大特点是突出了旅游活动中的供求关系，将系统分成供给和需求两个子系统。在供给子系统里，吸引物、促销、交通、信息和服务之间存在相互依赖的关系，它们共同作用，提供符合市场需求的旅游产品（Gunn and Var，2002）。为了促进旅游研究的整合，利珀（Leiper，1981）在前人研究的基础上构建了一个旅游系统，称为一般旅游理论，后来又做了一些修订。利珀认为，旅游是一个由五项要素构成并和外部环境进行交换的开放系统，这五项要素包括旅游者、客源地、出行途径、目的地、旅游业。这一系统的优点是明确了系统构成的主要因素，并且反映了旅游活动的空间结构，其不足之处是要素功能不太明确。米尔和莫里森（Mill and Morrison，2006）在总结其他学者成果的基础上，更全面地提出了旅游系统学说，并撰成《旅游系统》一书出版，将旅游系统分成市场、旅行、目的地、营销四个部分。该书在全球具有很大影响。

与西方学者更为重视营销在旅游系统中的作用有所不同，考虑到亚洲国家的文化传统和政治生态，吴必虎（1998）提出的旅游系统强调了政策、政府等公共管理因素的作用。他提出的旅游系统构架包括四个部分，即客源市场系统、出行系统、目的地系统和支持系统，如图 4－2 所示。

客源市场系统（origin system）主要是指旅游者及其活动等因素构成的子系统，又可以分为本地旅游与游憩、国民旅游和入境旅游。

出行系统（route system）刻画了促使或保证旅游者离开惯常环境出行、前往目的地的几个基本因素，包括运移游客的交通设施，主要由旅行社提供的旅游咨询、旅行预订和旅行服务等，由政府、旅游目的地或旅游销售商向旅游者提供的信息服务，以及旅游目的地策划和主办的意在激发潜在游客出行动机的旅游宣传、营销等子系统。

目的地系统（destination system）主要是指为已经到达出行滞留地的游客提供满足游览、娱乐、食宿、购物、享受、体验或某些特殊服务等旅游需求的多种因素的综合体，由吸引物、设施和服务三方面要素构成的旅游产品在空间上的布局和整合组成。其中，吸引物又可分为自然生态型、历史文化型、商业游憩型、节事活动型等几类。

上述客源市场系统、出行系统和目的地系统共同组成一个结构紧密的运作系统，在其外围还形成一个由政策法规、生态环境、基础设施、社区设施等因素组成的支

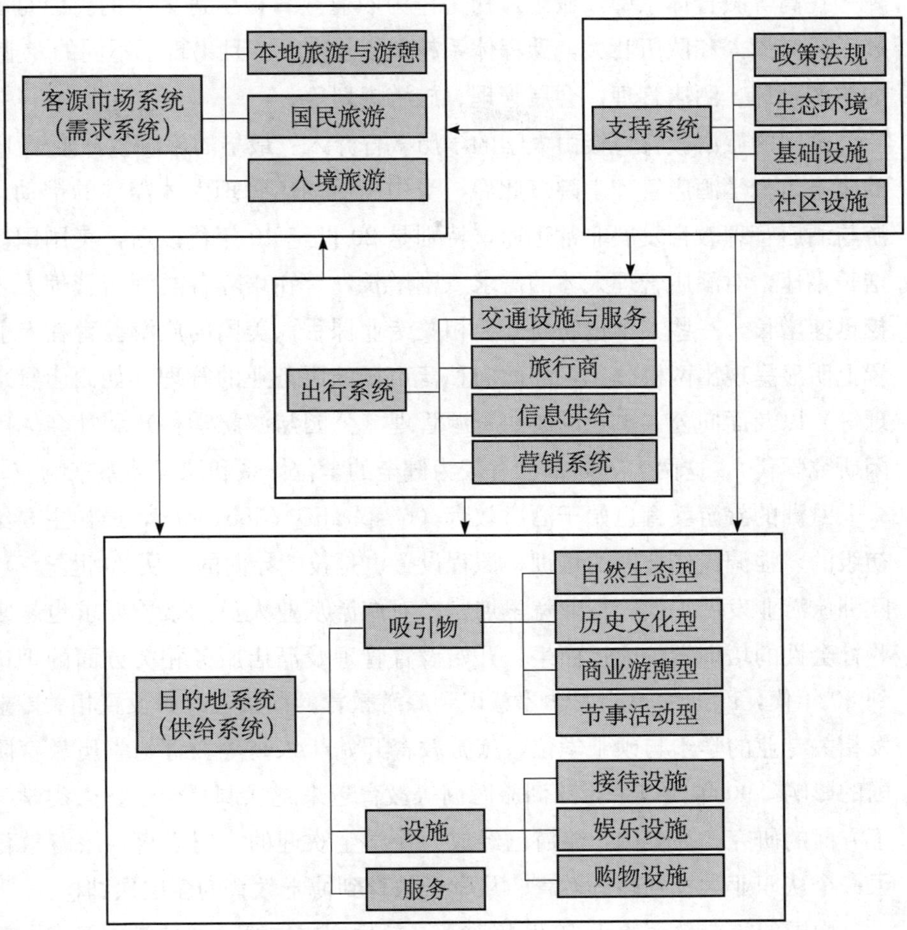

图4-2　旅游系统

资料来源：改编自吴必虎，1998.

持系统（support system）。在这一子系统中，政府处于特别重要的位置；此外，教育机构也担负着非常重要的责任。支持系统不能独立存在，而是依附于其他三个子系统，并对三个子系统同时或分别产生重要作用。

从旅游系统理论出发，认识现代游历现象，了解旅游活动的来龙去脉，掌握旅游发展的基本规律，是学习旅游学及相关学科的一个重要切入点。

4.3 旅游专业

4.3.1 旅游教育的发展历程

从国内外旅游教育的发展过程来看，旅游教育（tourism education）与人类游憩福利的提高、旅游需求的增长、区域与城市旅游产业的发展、旅游研究成果的积累密切相关。根据对全球旅游专业的发展历程的回顾，旅游作为一门独立学科并在大学设置专业，至今不过50多年的历史（Airey and Tribe，2005）。

在高等教育体系中，旅游最初是作为职业教育被引进大学的。但是随着产业发展、研究深入和队伍壮大，课程体系越来越复杂，并且出现了不同的专业方向分支，如旅游管理、酒店管理、会展管理、旅游规划等。

美国的旅游教育直接由大学的学历教育介入。最早的旅游教育始于1922年组建的康奈尔大学酒店管理学院。此后，受中高层酒店管理人才需求的推动，美国的旅游与酒店管理教育发展非常迅速，特别是20世纪40年代以后，美国国内大型酒店增长迅速，对酒店管理人才的需求急剧增长，旨在培养各类酒店管理人才的旅游院校迅速增长，一些大学也纷纷开设相关专业课程。美国的旅游教育在专业与课程设置上明显呈现出两极分化，即面向私营市场的服务业的管理（如酒店管理、餐饮管理等）以及面向公共事业的游憩资源管理（公园与游憩学科）和社会休闲管理（休闲研究学科），这两大方向都已有较为健全的学位体系和课程体系来响应。

欧洲的旅游教育也始于酒店教育（hospitality education），最初主要给学生提供初级的、强调操作技能的培训，课程设置也是技能导向的。从20世纪70年代开始，欧洲旅游业发展加快，行业竞争加剧，对旅游从业人员的素质要求也越来越高，一些社会性的培训学校应运而生，开始设置管理及酒店服务相关方面的理论课程。直到80年代，欧洲的一些大学才意识到旅游教育的前景，开始设置相关专业课程，颁发相关专业的学士与硕士学位，旅游教育开始步入高等教育与学历教育阶段。受美国的影响，90年代以来，欧洲旅游高等教育越来越强调社会学、人类学、文化影响等方面的研究。在英国，旅游已经成为受学生欢迎的一门学科，旅游教育已经形成了一个从职业学校到高等教育、从学士教育到博士教育的多层次结构。

中国的旅游教育始于1978年改革开放后，中国第一所旅游中等专业学校南京旅游学校（2001年南京旅游学校与金陵旅馆管理干部学院合署办学，改名为南京旅游职业学院）、第一所旅游管理高等院校北京联合大学旅游学院于1978年创建，中国第一所旅游高等专科学校上海旅游高等专科学校于1979年诞生（2003年并入上海师范大学旅游学院）。从1980年起，原国家旅游局先后与杭州大学（1998年并入浙江大学）、南开大学商学院等8所高等院校联合开办了旅游系或旅游专业，同年杭州大学招收了全国首届旅游专业本科生。

到2016年年末，全国共有高等旅游院校及开设旅游系（专业）的普通高等院校1 690所，在校生44.04万人；中等职业学校924所，在校学生23.2万人；两项合计，旅游院校总数2 614所，在校学生为67.2万人。① 2017年全国开设旅游管理类本科专业（主要包括旅游管理、酒店管理及会展经济与管理等3个专业）的普通高等院校608所，开设旅游管理类高职专业（主要包括旅游管理、导游、旅行社经营管理、景区开发与管理、酒店管理、休闲服务与管理及会展策划与管理等7个专业）的普通高等院校1 086所，开设旅游相关专业（主要包括高星级饭店运营与管理、

---

① 国家旅游局数据中心．2016年中国旅游业统计公报．

旅游服务与管理、旅游外语、导游服务、会展服务与管理等 5 个专业）的中等职业学校 947 所。具体来说，2017 年全国旅游相关专业（方向）博士研究生招生 336 人，硕士研究生招生 2 832 人。2017 年全国旅游管理类本科专业共招生 5.9 万人，其中开设旅游管理专业的院校 501 所，全国共招生 3.5 万人；开设酒店管理专业的院校 222 所，全国共招生 1.4 万人；开设会展经济与管理专业的院校 105 所，全国共招生 5 121 人。[①]

4.3.2 旅游专业设置

大学教育中为何要设立旅游院系？大学生为何要学习旅游及相关学科知识？世界旅游组织曾经就旅游与酒店教育的课程体系设计、知识体系与研究活动、旅游专业教育的授课方式、旅游与酒店教育供给的发展趋势等进行调查总结（Cooper，Shepherd et al.，1996）。据此我们可以简要地阐述旅游专业的设置、设计、传授和职业发展问题。

首先设置旅游专业并进行旅游研究和专业教育的理由如下：旅游是世界上规模最大的贸易活动；旅游是一个就业容量很大的雇主；旅游是很多地区的经济支柱产业；旅游职业具有复杂的技术要求，需要旅游教育来保障；旅游对人类具有经济、社会文化和环境等多方面影响（Cooper，Shepherd et al.，1996）。

由于旅游业人才需求涉及非常广泛的领域，办学机构也来自众多的学科，这就产生了旅游专业教育的课程体系的标准化与灵活性之间的矛盾。旅游学理论体系本身的不成熟也给学生、教师和行业之间对专业方向设置、课程体系设计的不同看法的整合带来了不利影响，但是旅游专业的标准化已经受到世界各国旅游教育领域的重视。英国对旅游高等教育课程体系的质量保障提出了旅游学科标志（subject benchmark for tourism）的要求，所有课程都应能提供至少如下知识体系：作为一个学科领域的旅游的概念与特征；旅游业的产品、结构与相互作用；旅游在社区和环境中的地位与作用；旅游者的性质与特征（QQA，2000）。

旅游教育的传授（delivery of education）是指如何将一门学科的知识内容和理论方法更有效地传播给学生，使学生能高效地接受和付诸应用。旅游学是一门具有较强应用性的学科，因此除了课堂教学过程，非常需要在野外工作（fieldwork）和现场访问（site visits）过程中对所学知识加以理解和掌握。案例研究（case study）和生产实习（internship）同样至关重要。在本科阶段，学生要努力使自己有更多机会接触旅游活动、旅游行业和旅游管理的实践，这方面的积累将会在很大程度上影响学习这一专业课程的效果。作为整个旅游专业的概论课程，本书仅仅起到初步引导的作用，更多知识和方法需要通过后续课程、野外工作、生产实习和案例研究等手段来获得和提高。人们普遍认识到，旅游研究与旅游教育既应该重视理论深度的

① 文化和旅游部人事司．2017 年全国旅游教育培训统计．

研究，也要重视与产业发展的应用层次的结合，因此应在理论研究、应用理论、技能培训三方面进行综合平衡。

目前，中国高等旅游教育已形成专科（含高职）、本科、研究生教育三个培养层次。根据教育部2012年颁布的《普通高等学校本科专业目录》，在哲学、经济学、法学、教育学、文学、历史学、理学、工学、农学、医学、管理学、艺术学12个学科门类中，旅游学科被置于管理学门类之中。管理学门类下设9个专业类，46种专业。作为管理学9个基本专业类之一，旅游管理第一次被提升至一级学科的地位（此前旅游管理仅作为工商管理类之下的一个专业），下设“旅游管理”“酒店管理”“会展经济与管理”3个基本专业。此外，该专业目录还增设了管理学门类下的1个“旅游管理与服务教育”特设专业、教育学门类下的1个“休闲体育”特设专业。

实际上，就目前各大学设置旅游学院、旅游学系的情况来看，所涉专业远不止管理学一个门类。仅从管理学门类来看，旅游专业所涉及的教学内容远远超出了旅游管理类的3个基本专业和1个特设专业范围，不少课程属于“工商管理类”或“公共管理类”各个专业。根据西方各国旅游研究进展情况，许多课程超出了管理学门类的范畴，越来越多的研究涉及社会科学的研究领域。随着支撑旅游业的基础性学科的创新发展和旅游实践的不断深入，需要对旅游学科的体系结构进行解构与重构，重新思考和整理旅游学的发展方向和思路，构建一个跨学科的旅游学科体系（杜江和张凌云，2004）。

从全世界范围来看，旅游管理学科作为知识体系已经形成并且相对独立。在20世纪70年代至今的旅游研究实践中，旅游知识开始出现且不断累积，截至目前已经形成了高度发达的知识体系。这些知识以“旅游”为核心，具有高度可识别性，其特殊性不断凸显。旅游学术期刊的发展是我们窥探旅游知识体系化、独立化的最好窗口。在国际上，目前以旅游研究为专题的SSCI期刊已经有14个，其中6个期刊5年影响因子已经超过3.0；而涉及旅游研究的SSCI期刊（含旅游、接待、旅行、游憩、休闲、体育）达40多个。在国内，旅游学界的权威期刊《旅游学刊》近年来的影响因子连续多年超过众多学术期刊，并被评为中国最具国际影响力学术期刊（人文社科类）；此外，其他相关期刊如《旅游科学》《旅游论坛》等也在快速成长。旅游管理作为一个相对独立且不断发展的知识体系，已经显现出一级学科的诸多特征。而我国目前的学科设置仍然将其认定为二级学科，在现行的学科生态中，旅游管理学科处于明显的不利境地，受到各种制约（保继刚和赖坤，2016）。

□ 本章小结

游历活动发展经历了生拓、生易、生思、生业和生悦五个不同阶段，且具有从低到高相继发展的层次结构。

19世纪的工业革命促进游历发展进入了生业和生悦阶段，旅游研究继地理学等传统学科之后聚焦于现代游历的研究，为旅游研究学科体系的构建奠定了基础。

游历活动是旅游学的逻辑起点，旅游系统是对旅游活动的结构化表述。目前旅游学还处在多学科同时进行相对独立研究的多学科阶段，尚未形成完整的理论体系。

旅游学科目前多数集中于旅游管理领域，主要由旅游管理、酒店管理、会展经济与管理等专业组成。但旅游管理作为一个职业领域，既涉及工商管理，也涉及公共管理，甚至涉及更广泛的社会科学领域。

□ 关键术语

游历发展（experoutination development）
旅游学（tourism studies）
旅游系统（tourism system）
出行系统（route system）
支持系统（support system）
旅游教育（tourism education）
五生理论（five Shengs theory of experoutination）
多学科研究方法（multi-disciplinary research）
客源市场系统（origin system）
目的地系统（destination system）
旅游学科（tourism discipline）

□ 复习题

1. 什么是游历五生理论？
2. 为什么说游历是旅游学科的逻辑起点？
3. 什么是旅游系统？
4. 为什么旅游研究目前主要集中在经济管理和社会科学两个主要方向？
5. 为什么旅游学在英文中被称为旅游研究（tourism studies）？

第5章 观光与度假吸引物

学习目标

- 掌握旅游资源的定义和分类
- 掌握旅游吸引物的定义和类型
- 了解观光型吸引物和度假型吸引物的主要类别

在现代旅游发展过程中，从19世纪中期到目前为止，提供给旅游者的旅游地长期以观光旅游和休闲度假旅游为主要类型，直到1945年第二次世界大战结束之后随着全球化和城市化速度加快，商务旅行才逐渐被纳入旅游行业的范畴。而观光与度假旅游活动基本上以接待地的旅游资源为基础而展开，因此，至少对于观光与休闲度假目的地来讲，旅游资源是开展旅游活动、提供旅游产品、形成旅游产业的最重要的条件之一。

旅游资源本身并不能形成吸引旅游者产生旅游动机和需求的直接产品，只是一个基础条件。经过适当的规划、开发、经营、管理和整合组织，旅游资源才可以转化为旅游吸引物，并与相应的设施与服务配套整合，最终形成旅游产品。在提供旅游产品的基础上，一个地区才会形成旅游目的地。

5.1 旅游资源与旅游吸引物

5.1.1 旅游资源

学者们对旅游资源给出了多种定义。实际上一项事物是否构成旅游资源，一个直接的评估角度就是看它是否具有吸引旅游者前来观光或度假的潜力，也就是说，旅游吸引力是判别旅游资源的最重要依据。凡是具有吸引旅游者产生出游动机与需求的潜力、经过一定的开发程序即可转化为旅游吸引物的一切事物，都可视为旅游资源（tourism resource）。由于旅游者的需求纷繁复杂，因此事物所具备的旅游吸引力的潜在大小不同，旅游资源的类型也多种多样。自然景观、人文历史对旅游者有吸引力，是旅游资源；小说、电影等文学作品的描述对旅游者产生吸引力，也是旅游资源。

旅游资源是个动态的概念。虽然旅游资源能够对旅游者产生吸引力，但并不是所有能吸引旅游者的资源都可以转化为旅游产品，现阶段还不能转换为旅游产品的事物和因素暂时就不能算作旅游资源。随着社会的进步、经济的发展和科学技术水平的提高，人们的旅游需求不断变化，旅游资源的范围随着人们认识的深入也不断突破。一些原来不可能被旅游业开发利用的事物和因素都已经转化为现实的旅游资源。比如，漫步深海、遨游太空、极地探险、登月体验已经或正准备开发为旅游产品，虽然价格昂贵，旅游者群体规模很小，但是深海、太空、南北极等都已经属于旅游资源的范畴。

1. 旅游资源分类（categories of tourism resource）

按资源的性质与成因，把旅游资源划分为自然和人文两类，是目前应用最广也最重要的一种分类系统。根据国家标准《旅游资源分类、调查与评价》，依据其性状（即现存状况、形态、特性、特征等），旅游资源可分为8个主类、31个亚类和155个基本类型。其中，前四个主类包括地文景观、水域风光、生物景观及天象与气候景观等，属于自然旅游资源；后四个主类包括遗址遗迹、建筑与设施、旅游商品和人文活动等，属于人文旅游资源。这是中国各地开展旅游资源调查、评价和研究时采用的基本分类方法，用于对旅游资源展开全面的调查和科学分析。从实际应用层面对旅游资源进行分类、调查和评价，是上述标准的中心任务（尹泽生，2003）。但是上述标准在制定过程中主要考虑的是观光旅游的情况，比较适用于观光旅游吸引物的评价，而对度假旅游和商务旅游条件考虑不够充分，因此在研究观光旅游以外的旅游产品、旅游城市发展等问题时，需要增加更多的视角。

西方学者在划分旅游与游憩资源时，较多地从资源使用者的角度考虑问题。根据资源的特性和游客的体验性质，一些学者将游憩资源分为三类：一是使用者导向型游憩资源，它以使用者需求为导向，靠近使用者集中的中心城镇，通常满足人们的日常休闲需求，如球场、动物园、一般城市公园。二是资源基础型旅游资源，它可以使游客获得融入自然的体验。资源相对于客源地的距离不确定，主要是旅游者在中长期度假中加以利用，如风景区、历史遗迹、国家公园、州立公园以及某些私人领地。三是中间型游憩资源，其特性介于上述二者之间，主要为短期（一日游或周末度假）游憩活动所使用，游客在此的体验比使用者导向型更接近自然，但又比资源基础型次一级（Clawson and Knetsch，1966）。

2. 旅游资源评价（tourism resource evaluation）

对旅游资源进行评价，就是要对旅游资源的品质高低、价值大小、体验深浅等作出判断。旅游资源评价对于旅游业的发展具有重要的意义，例如，统一人们对旅游资源的认识，确定旅游资源的规模水平，明确旅游资源的质量品质，确定旅游资源的开发重点和时序。资源评价中，每个人会有不同的视角和标准，因而对旅游发展的方向会有不同的主张。利用评价标准和定量方法得出科学的结论，有利于合理有效地开发利用旅游资源。

旅游资源的规模包括资源密度和资源容量两个方面。通过对旅游资源的规模水平、类别数量、密度和容量等的鉴定，可以明确旅游资源的构成与丰度，为进行分级规划和管理提供翔实的基础资料和判断标准，并为判定旅游资源结构、制定开发计划提供依据。通过对旅游资源的种类、组合、结构、功能和性质等进行评价，确定旅游资源的质量水平，可以评估其在旅游地开发建设中的地位。

在实际工作中，旅游资源单体评价往往不能反映旅游地的综合吸引力大小。例如，内蒙古草原环境很少有成规模的建筑遗迹或奇特的自然地貌景观，因此单体评价得分常常较低。但是，整个草原的生态景观和游牧文化特征常常令人向往。又如，黑龙江小兴安岭地区的森林地域，每一株林木单体打分比较困难，但是整个森林景观别具特色。这时，对旅游资源的整体价值进行评估就显得非常必要。人们常常从旅游资源丰富程度、旅游资源集聚程度、旅游资源在某个范围内的相对优势度等方面进行综合评估。

旅游资源是一种特殊的资源形态，结合旅游资源的特点，可以分别构建旅游资源资产评估的非经济性评估指标体系和经济性评估指标体系。旅游资源的非经济性资产评估主要是开发条件、开发潜力评价以及非经济性效益评价，为旅游资源的经济性评估提供依据；而旅游资源的经济性资产评估则是通过其产品的预期收益指标与成本指标来间接核算旅游资源的经济价值。最后运用资产评估的基本理论和原理，分析旅游资源资产的价格构成，构建旅游资源资产的评估模型（李向明，2006）。

3. 旅游资源开发模式（tourism development patterns）

按照旅游资源向旅游吸引物转化的途径不同，可将开发模式分为资源型、提升型和创造型三类。资源型开发模式是指旅游吸引物的开发主要依赖资源本身的品质，开发的任务主要集中在完善配套设施、产品包装和市场推介等方面。旅游吸引物最核心的内容则是现有的旅游资源本身。这种开发模式要求旅游资源本身品质高，如北京八达岭长城、四川九寨沟等，旅游资源本身可以直接转化为旅游吸引物。提升型开发是指旅游吸引物的开发要在旅游资源的基础上进行加工和提升，不仅要完成配套设施建设，还要对核心产品进行加工和再创造，然后才能经过包装推向市场。创造型开发是指旅游吸引物的开发要通过人工创造有吸引力的产品。一般在没有旅游资源或者旅游资源级别低的情况下采用这种开发模式，主要利用原有的空间资源和后期的资金投入，通过规划设计创造满足市场需要的旅游吸引物，大多数主题公园（theme park）属于这种开发模式的产物。

5.1.2 旅游吸引物与旅游景区

旅游吸引物（attractions）是吸引旅游者前往一个旅游目的地进行旅游活动的诱发因素。虽然旅游吸引物的概念并不直接排斥一些未开发的资源，但通常人们默认旅游吸引物是指那些已开发的用以吸引游人的事物。吸引物并不是以资源的“天然”身份出现，而是以产品面对顾客的身份出现，旅游吸引物在范畴上属于旅游产品的一部分（邵祎，2006）。利珀（Leiper，2004）在讨论吸引物系统时，也是将其置于旅游作为商品（tourism as commodity）的框架之下来阐述的。吸引物是外来概念，但即使在西方，对吸引物的研究也缺乏足够的理论深度和经验基础。

旅游吸引物能够激发旅游者的旅游动机，使旅游者产生前往该旅游地进行旅游活动的意愿。人们的旅游需要是稳定的，但并不是有旅游需要就能够随时产生旅游动机。旅游动机的产生要受到外部和内部因素的影响，而外部因素中最重要的一点就是旅游吸引物的吸引和刺激作用。旅游者接触到旅游吸引物的信息之后，受到外部引力的刺激，产生了旅游动机。旅游吸引物能够满足旅游者的旅游需要。当旅游者克服了空间距离的障碍来到旅游地游览，旅游者的精神和物质需求得到满足。

最初旅游吸引物是针对愉悦旅游而言的，但对于商务旅游来说，旅游者也可能利用愉悦性的吸引物。商务旅游者也许并不是由于愉悦原因而“被吸引”，而是由于某种事务需要而“被要求”前往目的地（宋子千，2006），但商务旅游同样存在吸引物，如大量的商业机会、知名的节事会展、便捷便宜的购物条件等。吸引物虽然包括景区、节事、社区等多种内容，但多数情况下主要是指各类旅游景区。

旅游吸引物的核心功能是吸引旅游者前来旅游地访问游览、休闲度假或参加商务会展。具体而言，旅游吸引物的功能可以从旅游者和旅游地两个方面来看，一方面，吸引物能够激发旅游者的旅游动机，满足旅游者的旅游需要；另一方面，吸引物是旅游产业发展的核心和基础，能为当地带来直接和间接经济、社会和环境效益。

在旅游产品形成过程中，吸引物起着内核的作用。旅游产品由一系列物质和无形的要素组合而成，在为旅游产品提供各种服务的旅游业链条中，吸引物处于关键地位，正是吸引物而非其他条件才促使人们在一定的动机、需求基础上作出去哪里的决策。对观光和度假旅游地来说，旅游吸引物是旅游产业发展的核心和基础。没有旅游吸引物，就没有旅游者，也就没有服务对象，旅游产业将无从发展。但必须指出，旅游吸引物或景区只是整体旅游产品的一个组成部分而非全部，不能把旅游吸引物等同于旅游产品。

1. 吸引物分类

根据吸引力范围、吸引物资源属性和产权属性及吸引物空间边界，可以对旅游吸引物或旅游地进行不同的分类。按照吸引力的范围，可以将吸引物由高到低分为国际、国内、区域、地方等不同级别。因此，从旅游吸引物能够吸引游客的空间范围来划分类别，可以体现旅游吸引物的质量和等级。国际级是指能够吸引国际旅游者的旅游吸引物，其余几个级别依次类推。

按照资源属性，可以将吸引物分为自然型、历史型、商业型和节事型四类。旅游资源是吸引物的依托基础，吸引物是在旅游资源的基础上开发出的旅游产品关键组件，因此旅游吸引物的资源属性具有决定意义。自然型和历史型旅游吸引物都是基于原有的能够吸引旅游者的资源加工而成的旅游产品。自然型吸引物是在自然资源的基础上加工创造形成的旅游产品；历史型吸引物是在历史文化资源的基础上加工创造形成的旅游产品；而商业型和节事型吸引物一般不依赖于直接的旅游资源，是按照目标市场的需求人工创造的现代旅游吸引物或再开发型吸引物。

根据旅游资源的产权性质，可以将吸引物分为公共吸引物和商业吸引物。公共吸引物是指属于国家和集体所有的旅游吸引物；商业吸引物是指属于企业或个人所有的旅游吸引物。

按照旅游吸引物的空间边界，可以将其分为封闭型和开放型两类。封闭型吸引物是指具有明确的空间范围的吸引物，包括风景名胜区、自然保护区、森林公园、地质公园、旅游度假区、主题公园、游乐园、动物园、植物园及商务会展等各类吸引物，其边界可以是管理边界，通过立法、界桩、篱墙、出入口等标示，也有的小规模吸引物以围墙或建筑物本身来划定边界。开放型吸引物主要是指空间范围无法明确划分的旅游吸引物，包括历史城镇、旅游城市、开放型历史街区和步行商业街，以及通过若干行政区或边界的风景道、运河、游径等。虽然历史城镇和城市有行政边界，但是作为旅游吸引物，其具有吸引力的空间单元并不与其行政边界完全一致，对于不同的旅游者也有不同的感知空间，因而其空间边界是不确定的。

按照产品特征，可以将旅游吸引物划分为观光型旅游吸引物和度假型旅游吸引物两大类。观光型旅游吸引物主要包括国家公园体系的风景名胜区、森林公园、地质公园、湿地公园和水利风景区等；历史遗产地段，如历史文化名城（historic city）/名村名镇和历史遗产活化；创意景区（creative attractions），如主题公园、工业遗产园等。度假型旅游吸引物主要包括经典的温泉度假地、海滨度假地、滑雪/山地度假地和乡村度假地；新兴的城市度假地和旅游度假区、主题度假酒店等。

旅游景区（scenic area）是中国特有的概念，因为在西方国家已经有国家公园等概念来代替，所以在进行英语文献综述时，很少发现有使用 scenic area 这个术语的。旅游景区是指基于各类自然或历史文化资源发展演化而成的具有明确空间范围（边界），并按照一定的法律或制度规定纳入某种系统的资源管理、经营管理与游客管理的地区。根据《旅游景区质量等级的划分与评定》（GB/T 17775—2003），旅游景区是以旅游及其相关活动为主要功能或主要功能之一的空间或地域，具体是指具有参观游览、休闲度假、康乐健身等功能，具备相应旅游服务设施并提供相应旅游服务的独立管理区。该管理区应有统一的经营管理机构和明确的地域范围。包括风景区、文博院馆、寺庙观堂、旅游度假区、自然保护区、主题公园、森林公园、地质公园、游乐园、动物园、植物园及工业、农业、经贸、科教、军事、体育、文化艺术等各类旅游景区。

由于政治、社会和文化制度的不同，资源型旅游景区的所有权、管理权和经营权常常表现为多种形式。例如，在美国主要由联邦政府内政部所属国家公园管理局（National Park Service，NPS）承担多种性质的国家公园系统的管理；对应于同样类型的区域，在相当长的时期内，中国各类旅游景区的政府管理被分别委托给了住房和城乡建设部（风景名胜区、历史文化名城、城市湿地公园）、国土资源部（国家地质公园、海洋自然保护区）、国家林业局（自然保护区、国家森林公园和国家湿地公园）、水利部（国家水利风景区）、国家文物局（重点文物保护单位、历史文化名城）、国家旅游局（A 级旅游区、国家旅游度假区）等多个部门管理。为统一行使全民所有自然资源资产所有者职责，统一行使所有国土空间用途管制和生态保护修复职责，着力解决自然资源所有者不到位、空间规划重叠等问题，实现山水林田湖草整体保护、系统修复、综合治理，2018 年通过的国务院机构改革方案作出重大调整，将国土资源部的土地利用规划的职责，国家发展和改革委员会的组织编制主体功能区规划职责，住房和城乡建设部的城乡规划管理职责，水利部的水资源调查和确权登记管理职责，农业部的草原资源调查和确权登记管理职责，国家林业局的森林、湿地等资源调查和确权登记管理职责，国家海洋局的职责，国家测绘地理信息局的职责全部进行整合，将上述涉及各类自然资源的管理职能统一归属于新成立的自然资源部。随之而来的变化就是自然旅游资源实现了统一的政府管理。

不管旅游景区的管理权属如何复杂，其面向旅游活动需要满足的服务质量标准是基本相同的。在参照国内外旅游行业相关标准的基础上，1999 年国家旅游局颁布实施了《旅游景区质量等级的划分与评定》国家标准。这一标准逐步发展成为由 A 至 AAAAA（5A）的等级体系。根据中国旅游景区协会的统计，从 1999 年到 2015 年，全国 A 级旅游景区的数量达到 7 951 家。到 2017 年 10 月，全国 5A 级旅游景区的数量突破了 250 家。据业内人士估测，全国开放的、形成一定接待规模的旅游景区数量超过 2 万家，全国平均每个县有 7～8 家旅游景区。①

中国旅游景区协会 2018 年度报告指出，经过改革开放以来的发展，数以万计的中国旅游景区中，约有 2%的景区步入精品景区行列，其中以故宫、兵马俑、丽江古城、平遥古城、黄山、九寨沟、张家界、武夷山等景区为代表的旅游区，已经进入世界一流的行列。人造景观方面，以华侨城的欢乐谷、广东长隆度假区、上海迪士尼为杰出代表。随着文化旅游投资的兴起，涌现出了一批修复和创新的小镇和综合体，例如桐乡乌镇、古北水镇、台儿庄古城等，业已建成了精品。可以说中国旅游景区的数量增长型发展阶段已经结束，求精求美求特的质量时代已经来临。

---

① 中国旅游景区协会．中国旅游景区发展报告，2018－01．http：//www.chinataa.org/details？article=2199.

2. 旅游地

一般情况下，吸引物都是具体有形的地理事物。也就是说，它们具有特定的地理位置、气候和地貌基础、人文社会特征，占用一定面积的土地或地表（并不排除非物质文化对游客的吸引，但也会落实到具体的地理空间）。前面章节已经述及，吸引物、设施与服务构成旅游产品的基本结构。以吸引物所在地段为基础，加上在其内或其附近提供的设施与服务，三者占用或共同整合形成的地理空间可以称为旅游地。旅游地并非只有吸引物本身，在吸引物之外，还会规划建设系统配套的基础设施与服务设施，使其具有较明确的旅游吸引功能、旅游服务功能和旅游组织功能，这样的一个地区才是一个旅游地。旅游地达到一定规模或数量后，就会形成较大接待能力的旅游目的地（tourism destination）。根据其与城市距离的远近，旅游目的地可以分为城市型目的地与景区型目的地两种基本类型。旅游活动具有异地性的特征，而旅游吸引物是吸引旅游者跨越空间距离来到旅游地的主导因素。

5.2 观光吸引物

在人类游历发展史上，参观游览名山胜水和历史古迹一直是主要的出游动机，观光旅游也因此成为最基本、最原始、最大众的旅游需求。作为观光的对象，风景主要是指基于自然景观的山水风光，名胜则主要是指人文历史方面的建构或其遗存。风景名胜放在一起构成了观光吸引物的一个合成对象，既包括自然遗产，也涉及文化遗产。随着人们观赏需求的扩大和兴趣的个性化，在自然与文化遗产基础上形成的景观欣赏之外，出现了因响应观赏与娱乐需求而出现的创意景区。观光旅游的一个主要特征是强调在视觉方面的审美价值，因此其物质基础集中于地貌学上的形态、水文气象上的奇观、建筑构筑物上的结构、创意设计上的审美刺激。根据观光旅游对象的属性特征，可以将观光吸引物分为国家公园体系、历史遗产地段、创意景区三种基本形式。

5.2.1 国家公园体系

2017年9月，中共中央办公厅、国务院办公厅印发了《建立国家公园体制总体方案》，正式宣告中国国家公园体系建设开启全新的程序。2018年3月全国人大通过国务院机构改革方案宣布，将国家林业局的职责、农业部的草原监督管理职责，以及国土资源部、住房和城乡建设部、水利部、农业部、国家海洋局等部门的自然保护区、风景名胜区、自然遗产、地质公园等管理职责整合，组建国家林业和草原局，由自然资源部管理。国家林业和草原局加挂国家公园管理局牌子，负责管理国家公园等各类自然保护地。目前我国正在抓紧开展国家公园体制试点工作，建立了三江源、东北虎豹、大熊猫、神农架等10个试点国家公园；按照计划，将在2020

年前基本完成国家公园体制试点工作，届时将整合设立一批国家公园，基本建立分级统一的国家公园管理体制，初步形成国家公园总体布局。这次改革，从时间维度看，使自然保护运动在生态文明建设新时代直接进入 2.0 版；从空间维度看，将所有自然保护地纳入统一管理，将解决保护地空间规划重叠的问题；在管理体制上，将从根本上解决“九龙治水”、交叉重叠等顽疾，改革的力度前所未有。这是中国国家公园发展进入新纪元的标志性事件，在自然保护领域具有里程碑式的划时代意义。

自世界上第一个国家公园——美国黄石公园于 1872 年建立，目前为止美国已建立了 384 个国家公园，总面积达 33.74 万平方公里，占美国国土面积的 3.64%。20 世纪初，随着美国有关保护环境和文化资源（包括国家公园）的一系列法律、法规、标准与指导原则、公约、命令或协议的颁布和完善，逐步形成了一整套源于这些法律法规的国家公园管理政策和管理体制。其他国家如法国、德国、日本等，也分别建立了类似于美国的国家公园体系。与西方流行的国家公园（national parks）概念相比，目前中国设立的国家公园体系明确界定了只负责“各类自然保护地”的管理，暂不包括各类文化遗产地（全国重点文物保护单位）的保护与利用。纵观各国自然保护地的管理政策，基本上都包括资源保护与游憩供给两大任务。认为国家公园只承担资源保护，无须承担游憩供给的观点和行为是片面的。

随着我国国家公园体系建设计划的公布和中央政府层面行政机构的确立，可以预见不久的将来各类自然保护地都会陆续以多种形式进入这一新的体系，承担起为国家保护自然资源、为国民提供游憩机会的双重任务。目前已有的各类自然保护地包括：244 处国家级风景名胜区（2017 年数据）、447 处国家级自然保护区（2016）、218 处国家地质公园（2018）、826 处国家森林公园（2015）、97 处国家湿地公园（2012）和 836 处国家城市湿地公园（2016），以及 658 处国家水利风景区（2014）。这些已经或即将纳入国家公园体系的自然景区，都是重要的观光旅游吸引物。

5.2.2　历史遗产地段

人类在不同历史时期创造的建筑物、构筑物及其经历悠久历史演变而保留下来的历史遗产，对旅游者具有永久性的吸引力。为了探访历史遗迹而产生出游动机的访客占有旅游市场相当大的比例。中国是一个历史悠久、文化遗产丰富的国家，历史文化观光旅游的重要性更为突出。我们可以将历史遗产比较丰富、历史文化价值比较突出的地域称为历史遗产地段，根据其空间规模、空间形态和当前使用方式的不同，历史遗产地段可以分为历史文化名城、历史文化名镇、历史文化名村、历史街区、大遗址等若干类型。2008 年国务院《历史文化名城名镇名村保护条例》正式实施，规范了历史文化名城、名镇、名村的申报与批准。

（1）历史文化名城。根据《中华人民共和国文物保护法》，历史文化名城是指“保存文物特别丰富，具有重大历史文化价值和革命意义的城市”。中国历史文化名城按照城市特点主要分为七类：古都型，以都城时代的历史遗存物、古都的风貌为特点，如北京、西安；传统风貌型，保留一个或几个历史时期积淀的有完整建筑群的城市，如平遥、韩城；风景名胜型，由建筑与山水环境的叠加显示出鲜明个性特征的城市，如桂林、苏州；地方及民族特色型，由地域特色或独自的个性特征、民族风情、地方文化构成城市风貌主体的城市，如丽江、拉萨；近现代史迹型，反映近百年来某一事件或某个阶段的建筑物或建筑群为其显著特色的城市，如上海、徐州、遵义；特殊职能型，城市中的某种职能在历史上占有极突出的地位，如"盐城"自贡、"瓷都"景德镇；一般古迹型，以分散在全城各处的文物古迹为体现历史传统主要方式的城市，如长沙、济南。[①] 历史文化名城体现了中国几千年的历史文化积淀和辉煌灿烂的华夏文明，具有极大的旅游价值和较强的旅游功能，吸引了众多国内外旅游者的目光，其在中国旅游目的地体系中具有举足轻重的地位。历史文化名城的入境旅游在国家和城市入境旅游中占有至关重要的地位。

（2）历史文化名村名镇。《中华人民共和国文物保护法》规定：保存文物特别丰富并且具有重大历史价值或者革命意义的城镇、街道、村庄，由省级政府核定公布为历史文化街区、村镇。古村落是建于民国以前，保留有较好的历史沿革，建筑环境、建筑风貌、村落选址未有大的变动，具有独特民风民俗且至今仍为人们服务的村落。存在至今的古村落大多历史悠久、宗族文化遗迹突出、区域性文化特征显著、交通格局封闭、传统文化建置受破坏性干扰较少，充分体现了传统文化指导下形成的人居生态之美（曹国新，2003）。邵秀英和任俊英（2011）将古村落的景观特征概括为历史遗存与生活者并存的聚落景观、人地和谐共存的原生态景观、显性与隐性结合的复合式景观。古村镇具有双重性质，即具有一般农村社区的特征，同时也具有旅游社区的特性，这种双重性质使得有限的村落空间成为游客与居民争先占有的场所。在农民私人空间转化为旅游公共空间的过程中，当地居民的态度取决于他们从这种转化中获得的利益。私人空间转化为景点能够延续的前提就在于空间所有者能够从这种转化中获取相应的收益（彭丽娟、徐红罡等，2011）。

（3）历史遗产活化。历史遗产是人类发展史留给现代和未来社会的宝贵财富，事关一国、一地文化传承和文明呈现，也是国民自豪感、文化自信心的重要载体。许多重要的文化遗迹分布在城市建成区内，这些遗产地就成为城市肌理必不可少的组成要素，是对城市时空变迁、历史文化发展脉络进行认知和想象的重要建成环境。历史遗产如果得不到合理的传承和科学的更新，其后果将是不可逆转和极其令人遗憾的（容晓君等，2017）。

由于时代的隔阂、专业的壁垒，文化遗产直接的展陈、未加活化的呈现，往往很难得到普通大众和非专业观众的接受和喜爱。以真实性、科学性为基础，通过深入浅出的遗产解说，精心设计的展示方式，互动参与的组织形式，丰富多样的周边衍生产品开发，文化遗产可以得到更好的呈现与传播，这一特殊的专业领域称为遗

① http：//baike. baidu. com/view/674611. htm.

产活化（heritage rejuvenation）。西安曲江池曾是汉唐时期古代帝都重要的皇家园囿，但其后沧海桑田变为一片乡野荒原。大唐芙蓉园这一文化遗址经策划设计，塑造了鲜明的唐代文化主题，从视觉、听觉、嗅觉、味觉和触觉的角度对历史文化进行旅游产品设计，使游客能够从多角度去品味和感悟唐代繁荣的文化，获得丰富的文化体验，成为历史文化遗产活化的成功典范（龙茂兴和龙珍付，2013）。香港发展局设立了文物保育专员办事处（Commissioner for Heritage Office），并于 2009 年出台了《活化历史建筑伙伴计划》。该计划试图通过与非政府组织合作，活化利用政府权属范围内的历史建筑，从而保护历史建筑，同时使建筑对于社区的使用价值最大化；在此过程中，香港政府以社会企业运行的方式为非营利性组织提供帮助。[①] 香港历史遗产的活化更新为我们提供了以下三方面值得推广和借鉴的经验：首先，相关法律和政策为历史遗产的保护提供了法定依据和政策支持，确定了历史建筑不同的保护级别以及相应的保护手段；其次，香港历史遗产的保护不是单纯的保留，而是与所处时代的经济环境、文化环境和市民诉求相结合的适应性更新和活化；最后，更新中创造的多样化的更新活化商业模式值得思考和推广，这些模式不仅解决了更新过程中的资金难题，而且保障了历史建筑的可持续再利用。

5.2.3　创意景区

除了自然生态景观与历史文化景观对人们产生观赏、游览的刺激外，还有一类出于现代人类的创意想象和科学技术营造的场景促使旅游者产生出游动机，我们把这类以创意景物和场景为基础形成的旅游吸引物称为创意景区。创意景区一般包括人工建造的主题公园、游乐公园、工业遗产旅游等类型。

主题公园是具有特定的主题、由人创造而成的舞台化的休闲娱乐活动空间（保继刚，1997）。作为一种完全人为创造的旅游吸引物，高科技发展为其盈利目标的实现创造了更广阔的空间。世界上第一个主题公园诞生于荷兰。1950 年，投资商将荷兰的 120 多个名胜古迹与现代建筑按 1∶25 的比例缩建于海牙市郊，称为“小人国”，这一全新的表达方式成为现代主题公园真正意义上的鼻祖。1955 年，美国人沃尔特·迪士尼（Walter Elias Disney）以其出色的创造力在加利福尼亚州的洛杉矶建成了迪士尼乐园，并获得巨大成功。迪士尼的成功刺激了世界各地各种主题公园的发展，到 1990 年，全世界计有 225 个大型主题公园，吸引了 3 亿多名游客，创造了 70 亿美元的收入；到 2000 年，所有数据几乎翻了一番（约西，2003）。

香港的海洋公园于 20 世纪 70 年代建成；80 年代末，深圳锦绣中华的成功迅速掀起了中国主题公园建设的高潮。中国主题公园早期是以移植和模仿为主；90 年代

① Hong Kong Development Bureau. Administration's Paper on Heritage Conservation：An Update on Key Initiatives. Hong Kong：Legislative Council. (2008-12-19) [2017-04-19]. http：//www.legco.gov.hk/yr08-09/english/panels/dev/papers/dev1219cb1-396-3-e.pdf.

说明：主题公园是观光娱乐旅游中发展最为成熟的一个产品。美国加利福尼亚州洛杉矶迪士尼乐园主入口区的创始人迪士尼先生和他创造的卡通人物米老鼠的雕塑，已经成为全球6处迪士尼乐园的标志。（吴必虎摄，2005）

中期，开始关注挖掘地方文化，并注重休闲娱乐与教育功能；进入21世纪，开始从单一主题结构向多元主题结构及综合化发展，同时兴起了新型的以高科技农业为依托的主题公园（李春生，2007）。

米尔曼（Milman，2003）通过对北美122家有代表性的主题公园总经理的调查发现，经济力量、雇员和旅游者变化的社会人口学特征对主题公园发展的影响最大，同时认为消费者可能寻求交互式冒险、幻想和神秘、电影和电视以及科幻主题，主题公园的发展与经济发展和服务质量的关系密切。梁增贤和保继刚（2012）以深圳华侨城主题公园群（深圳欢乐谷、世界之窗和锦绣中华）为例，选取2002—2008年间春节黄金周的数据，对主题公园旺季游客流季节性及其影响因素进行分析。研究表明，主题公园游客流的时间集中性较低，近程市场和重游市场比重增加的主题公园的黄金周游客流集中性逐年降低；不同类型主题公园具有不同的市场结构和气候要求，其黄金周游客流波动存在明显差异；黄金周的峰值日出现在假期的前半段，且游客流高峰持续时间较短。

以工业遗产为基础发展起来的创意景区，国内以北京的798最为著名，它从一个废旧厂区变成了时尚社区，是一个创意聚集地，展示了现代北京人的生活方式和理念，已经成为“城市活力中心”。文化创意产业与工业遗产创造性地联系在一起，为工业遗产保护、开发以及利用开辟了一种全新的方式。两者的结合既是老工业与新产业的结合，又是历史与现代的结合。根据工业遗产的性质、价值和保存情况，利用其建筑风格、文化价值、艺术价值发展文化创意产业的模式也出现多元化趋势。康嘉、杨彩云等（2012）将工业遗产创意发展的模式总结为创意LOFT模式、博物馆模式、创意产业园（基地）模式、工业旅游模式、动漫城模式和公共文化空间模式等类型。

5.3 度假吸引物

5.3.1 经典度假吸引物类型

根据第二次世界大战结束以来全球各地度假旅游发展的特点总结，城市化程度提高伴随着城市居民为主的客源市场对海滨度假、温泉度假、山地滑雪度假和乡村度假四大度假旅游产品的广泛需求，促进了上述四种度假吸引物在数量上的增长和品质上的提升。综合性的度假旅游地可能会同时拥有多种类型的度假吸引物，形成比如海滨、温泉和乡村休闲度假的产品组合；规模较小的度假城市或度假城镇则可能仅以其中一种度假产品为核心吸引物。

（1）海滨度假地。人们对海滨兴趣的转变是海滨度假兴起的内动力。最初欧洲传统海滨度假地的兴起都与皇家贵族的示范性消费有关，海滨度假长期以来是权贵上层阶级的专利。世界范围内最早的海滨度假地出现在18世纪上半叶的英国海滨城镇，随后扩展到法国、比利时、西班牙、德国和美洲大陆。从18世纪初开始，一些诗人、作家和画家对海滨的风景景观产生了兴趣，并通过作品进行赞美和宣传，具有开拓精神的旅游者开始到海滨度假，人们对海滨的兴趣逐渐浓厚起来；地质科学的发展尤其是对地质现象的兴趣增长导致人们喜欢去海滨收集贝壳和化石等（刘家明，2003）。19世纪后半期到20世纪初，欧洲和北美的海滨度假地出现了权贵消费向大众消费的转型，欧洲海滨度假地真正进入大发展时期。中国海滨度假地发展水平正在逐步与国际接轨，规划完好的综合型度假区、度假地城市化等现象在中国已经出现。以三亚亚龙湾为代表的综合型度假区已趋成熟，成为中国高档海滨度假区的成功典范（刘俊和保继刚，2007）。

（2）温泉度假地。温泉度假是世界上最古老的休闲度假旅游方式之一，虽历经几千年起伏的发展历史，目前仍是主要的度假旅游主题之一。阿里亚格和费尔南多（Arriaga and Fernando，2003）的研究表明，人类对温泉的利用可以追溯到史前，在非洲北部的阿尔及利亚、摩洛哥和突尼斯以及东部的裂谷区，若干地热丰富区被认为是人类发源地。早在罗马帝国时期，温泉的治疗作用就已受到重视，并由希腊人、土耳其人和罗马人传播到北非海岸、希腊、土耳其、德国南部、瑞士以及英国。1326年，第一个温泉疗养地“斯巴”（SPA）在比利时南部一个小镇兴起，SPA后来演化成为温泉度假区的代名词。1562年，特纳医生著书论述了巴斯（Bath）温泉和欧洲大陆各处温泉对各种病症的疗效，温泉因此受到了众多“求治者”的欢迎。中国温泉利用也有相当长的历史，西安的华清池、北京的小汤山、南京的汤山、辽宁鞍山的汤冈子等温泉地无不与历代帝王将相的光临相关。20世纪50年代开始，政府机关、专业工会、厂矿、部队等相继建立了各种温泉疗养院（所），至60年代中期的十几年中，中国温泉疗养院（所）已发展到百余所（王立民和安克士，1993）。由于当时工业基地多选址在北方，因此温泉疗养院主要建在北方工业集中地域，南方以广东和福建的温泉疗养院居多。改革开放后，随着医疗制度的改革和旅游业的发展，温泉地开始对外开放，由疗养功能向休闲度假旅游功能转变，出现了第一代温泉旅游度假区。

（3）山地度假区。目前开发的山地度假区主要分为避暑度假区和滑雪度假区两种。当然，如果考虑到山地生物世界的考察体验，也可以将山地生态旅游纳入山地生态度假的范畴。在气候炎热的国家，高海拔地区的夏季度假区比乡村度假区更有竞争力。而在西方，山地度假区这个词更多地被理解为滑雪度假区或冬季度假区（曼纽尔·鲍德-博拉等，2004）。多数人认为，滑雪运动起源于北欧的挪威、瑞典等国。在挪威首都奥斯陆以北185公里的利勒哈默尔距今4 000多年的壁画上就有古人滑雪的形象，因而那里被誉为世界滑雪的故乡。挪威人对世界滑雪运动的发展做出了突出贡献，在奥斯陆的滑雪博物馆里，陈列着1 500年前的滑雪板，是至今发现的最早的滑雪板。冬季滑雪度假是一种依托雪被资源，集参与性、趣味性、刺激性于一体的新兴的山地度假旅游产品，与其他旅游产品相比，具有参与性强、回归自然、滞留时间长、消费层次高、客源市场稳定等特点。它不仅可以增加旅游者的参与性，还可以促进旅游淡季地方经济的发展。滑雪运动与观光旅游、度假旅游相结合，可以提高度假地的利用率。目前，滑雪度假在国际上已经是一个非常经典的度假旅游产品，在发达国家高山滑雪度假非常普及。在中国，虽然滑雪度假才刚刚起步，但越来越多的人开始关注滑雪，滑雪逐渐从一项运动发展成为一个产业。

（4）乡村度假地。在19世纪中后期的英国，乡村度假因为工业革命后农场主从城里回到庄园度假而产生。因此，乡村度假从一开始就是一种贵族度假方式。现在乡村度假在世界范围内迅速发展，已经成为仅次于海滨度假的第二大度假产业。乡村度假是现代旅游发展过程中的新兴事物，却以极快的速度在各国发展。特别是在欧美一些发达国家和地区，乡村度假已具有相当的规模，并显示出极强的生命力和发展潜力。如澳大利亚葡萄酒旅游度假、波兰乡村生态旅游度假、匈牙利乡村文化旅游度假等，都是乡村度假发展的典范。法国乡村度假地得到了蓬勃发展，每年接待量超过3亿人天次（夜次），全法国拥有76 715家饭店和度假村、55 000张床位、237 558个露营地住所、41 868家可出租乡民居所、1 500个徒步旅行住所和21 466家B&B客栈。1998年，有33%的旅游者选择了乡村度假，该比例仅次于海滨度假（44%）。近年来法国乡村度假接待的人次维持在200万左右（其中国际游客约占1/4），其中50%为稳定的中高级雇员或自由职业者。据法国小旅店联合会的统计，近7年来一直采用乡村度假方式的旅游者占44%，主要采用这种度假方式的旅游者占72%，15%的旅游者一直到同一个乡村度假（Clarke，Denman et al.，2001）。

中国的乡村旅游经过近年来的迅速发展逐渐走向成熟，进入 21 世纪以来，中国乡村旅游度假得到较快发展，各大城市周边基本上都形成了以乡村旅游度假为主要功能的环城游憩带，特别是长三角、珠三角以及北京、成都等地。2018 年上半年全国乡村旅游收入达 7 700 亿元，占国内旅游总收入的 31.4%；乡村旅游接待人次 13.7 亿人次，占国内旅游总人数的 48.6%。乡村旅游市场需求旺盛，发展潜力巨大。为进一步促进乡村旅游发展提质扩容，发挥乡村旅游对促进消费、改善民生、推动高质量发展的重要带动作用，国家发展改革委会同有关部门共同研究制定了《促进乡村旅游发展提质升级行动方案（2018 年—2020 年）》。

5.3.2　城市作为新兴度假地

长期以来，城市一直被视为旅游需求的产生地，城市居民“脱离”城市寻求更加安静、舒适或美丽的度假地已成常态。但随着后工业化的发展，一些城市在完成工业化之后重新调整产业结构、培育创意产业和旅游服务，加上城市本身在交通可达性、娱乐多样性、购物可选择性等方面具有优势，城市变成深受部分旅游者青睐的新型度假地。城市休闲度假在欧洲已经流行起来，但是从旅游发展的历史来看，城市度假旅游仍然是一个新兴事物。对中国来说，旅游度假资源条件供给不足、中国文化偏好集体主义和“热闹”的氛围，促进了城市作为休闲度假综合目的地的形成。

西方著名经济研究学家威廉姆斯和肖（Williams and Shaw，1988）从分析城市在旅游业中的重要性入手，认为城市在地理上集中了各种设施和吸引物，布局于最能满足旅游者与当地居民需要的地点上，并且各个城市既有相似性，又有独特性。

城市度假是把整个城市作为度假旅游的目的地，也就是说，城市空间就是旅游者的度假空间。度假旅游者走出了旅游度假区（村），将其活动范围扩展为整个度假旅游城市。休闲度假旅游城市特指中国现阶段虽具备基础条件，但尚不成熟的度假旅游城市。这种新型的旅游活动对城市提出了新的要求，需要城市更加开放、努力完善接待及服务。度假旅游城市建设需要转变观念，城市不再是仅为城市居民服务，而是同时为城市居民和度假旅游者两个群体服务。那种把旅游者视为“外地人”的陈腐观念已不能适应城市度假旅游发展的要求。度假旅游城市不仅是当地居民生活的城市，同时也是城市度假旅游者的度假旅游目的地（吴必虎和黄潇婷，2010）。

5.3.3　度假区和主题度假酒店

国际旅游度假区（村）发展至今已有数百年历史，然而度假村的大规模发展出现在 20 世纪后半期。那些以向度假旅游者提供丰富度假经历的区域发展成为规模较大的度假胜地，称为度假村或度假区（吴必虎和俞曦，2009）。度假区（村）的兴起和发展则是旅游业发展到一定阶段的必然产物。1992 年国务院批准在全国建立了 12 个国家级旅游度假区，标志着度假旅游已经受到中国政府的关注，截至 2018 年 1

月，我国共有国家级旅游度假区26个。旅游度假区（tourism resort）的核心价值是为度假者创造出一种能够提供并提高愉快假期的幸福感的环境。英斯基普（Inskeep）认为，旅游度假地是一个相对自给自足的目的地，为满足游客娱乐、放松需求而提供可以广泛选择的旅游设施与服务。水体及与水相关的景观是世界各地“梦幻度假地”（fantasy resort）共有的特征，包括海面、游泳池、瀑布、湖泊等，并配置世界级的服务与设施（Ayala，1991）。度假区（村）主要依靠自身拥有的旅游度假资源、设施和服务吸引游客。游客一般穿城而过直达世外桃源般的度假区。一般情况下，度假区本身独立地为旅游者提供各项度假服务，满足旅游者各种度假需求，不需要与城市发生更多的联系。城市对于度假区的作用主要是物资供应和提供对外交通中转服务。旅游度假区（村）本身是一个相对封闭的度假环境，成为所谓的“飞地”，与城市环境存在距离，有些学者甚至称之为“孤岛效应”（刘爱利、刘家明等，2007）。

进入旅行者视野的国际知名度假酒店名单变得越来越长，旅游者选择去哪里度假，很可能是因为着迷于它的某个主题。主题度假酒店的概念甚至影响了一大批规划中的城市酒店。和普通酒店不同，度假酒店以接待休闲度假游客为主，多建在海滨、山川、湖泊等自然景区附近，虽远离市区但交通便利，对娱乐设施要求较完善，讲究人与自然的融合，注重给予入住者一种度假的心情与情调，达到与现实生活的短暂隔离、和自然风光亲密接触，实现自然、人文与时尚生活的完美结合。但度假酒店与城市商务酒店相比大多具有明显的季节性，给经营者带来一定的压力。

酒店的主题化是指以某一特定的主题来体现酒店的建筑风格和装饰艺术以及文化氛围，让顾客获得富有个性的文化感受，同时将服务项目融入主题，以个性化的服务取代一般化的服务，让顾客获得欢乐、知识和刺激。具体而言，酒店有以下五种创造主题的方式：以自然为主题、以历史为主题、以文化为主题、以名人为主题和以艺术为主题。以自然为主题的酒店，超越了以自然景观为背景的基础阶段，把富有特色的自然景观融入酒店，营造了一个身临其境的场所；以历史为主题的酒店，在酒店中构建了一个古代世界，以时光倒流般的心理感受作为吸引游客的主要卖点；以文化为主题的酒店，通常以历史悠久、具有浓厚的文化特色的城市为蓝本，以局部模拟的形式和微缩仿造的方法再现城市的风采；而以人们熟悉的政治或文艺界名人的经历为主题是名人文化酒店的主要特色，这些酒店多是由名人工作生活过的地方改造的；以艺术为主题的酒店，则往往将艺术领域的音乐、电影、美术、建筑特色等作为酒店的主题。主题酒店的推出在国外已有近50年的历史，在中国主题酒店的发展历史不长，分布范围目前仅局限在酒店业比较发达的广东、上海、深圳等地。[①]

① 郝荣福．度假酒店的主题化．中国房地产报，2005-04-14.

□ 本章小结

旅游资源是绝大多数旅游吸引物产生的基础，或者可以理解为生产旅游产品需要的主要原材料。旅游吸引物是促使旅游者产生出游动机的主要原因。按照资源属性，可以将吸引物分为自然型、历史型、商业型和节事型四种类型。以吸引物为核心空间，配置以特定的设施与服务，形成旅游地。旅游地达到一定规模或数量后，将会形成旅游目的地。

按照产品特征，可以将旅游吸引物划分为观光型旅游吸引物和度假型旅游吸引物两大类。

观光型旅游吸引物主要包括国家公园体系、历史遗产地段和创意景区三种类型，国家公园体系如风景名胜区、森林公园、地质公园、湿地公园和水利风景区等；历史遗产地段如历史文化名城、名镇、名村、考古遗址等；创意类观光吸引物对旅游资源的依赖性较小，通过资本投入和人工创造形成创意景区，如各种形式的主题公园、利用工业遗产空间建设的创意园等。

度假型旅游吸引物主要包括经典的温泉度假地、海滨度假地、山地度假地和乡村度假地；新兴的城市度假地和旅游度假区、主题度假酒店等。

□ 关键术语

旅游资源（tourism resource）
吸引物（attractions）
旅游景区（scenic area）
旅游地（tourism area）
国家公园（national park）
历史文化名城（historic city）
主题公园（theme park）
创意景区（creative attractions）
旅游度假区（tourism resort）

□ 复习题

1. 什么是旅游资源？
2. 什么是旅游吸引物？旅游吸引物的主要类型有哪些？
3. 观光型旅游吸引物有哪些主要类型？
4. 度假型旅游吸引物有哪些主要类型？
5. 谈谈你对新兴城市度假目的地的认识。

第 6 章 商务·会展与节事活动

学习目标

- 理解商务旅游的定义
- 了解会展、节事与旅游业的关系
- 理解会展的概念、特征与分类
- 初步了解会展业组织与管理
- 掌握旅游节事的概念、分类和特点

纵观整个人类游历发展史，生易一直位列五大社会功能之一。但是进入近现代旅游业大发展时期后，有一段时间旅游研究者却倾向于只接受“非谋生目的”的愉悦旅游，而对商务旅游是否属于旅游活动范畴颇有争议。但是随着中国城市化、全球化、国际化、信息化进程加快，各个城市之间、地区之间、与其他国家及地区之间的人员来往、信息交流、商务活动和会展、节事活动不断加强，直接或间接为商务会展和节事活动服务的交通、食宿、咨询和金融服务也不断增加。因此，无论是从实践角度还是从理论角度，都应该将人类商务旅行活动和愉悦旅游一样纳入旅游研究的范畴。事实上，联合国世界旅游组织将传统的愉悦旅游与商务旅游都纳入了官方的旅游统计定义之中。

6.1 商务旅游

长期以来，人们习惯于仅将观光、休闲度假等愉悦旅游视为旅游学研究的主要对象，并因此形成许多理论学说，如谢彦君的愉悦体验学说（谢彦君，2005）。这种情况并未因为世界旅游组织对旅游活动的定义的改进（旅游是人们为了休闲、商务或其他目的而旅行）而得到多少改变。彭陈艳等（2008）曾对旅游文献进行检索，发现很少有商务旅游方面的研究论文发表。与此现象形成强烈对比的是，随着全球化进程加快，国际商务旅行已经成为澎湃潮流。中国成为仅次于美国和日本的第三大商务旅游市场，商务旅游的住宿需求对于高端、中端和低端的旅游接待经营机构都具有重大意义。

商务旅游涉及那些因工作关系而旅行的人，是最古老的旅游形式。目前，商务旅游已经成为一个全球性产业，并且出现了全新的特殊类型，主要包括个人商务旅行、会议、展览、奖励旅游、商务接待、培训、跨区域的产品发布会、政府雇员的公务旅行、学术交流，以及大型的体育比赛、纪念或庆祝活动等。商务旅游在世界范围内增长迅速，已占据旅游业的主导地位。

彭陈艳等（2008）通过综述西方文献发现，航空公司是与商务旅游密切相关的一类供应商，也是研究关注的焦点。面对日益激烈的市场竞争，航空公司纷纷采取措施提高市场份额，如创新产品类型并提高服务质量，实行常客计划培养顾客忠诚度，制定消费者导向的营销策略等。近期的研究表明，企业减少旅行开支的压力正在施向商务旅行者，价格是影响购买的重要因素，商务旅游者已成为低价航班的主要市场。由于受到企业规模、经济效益以及购买渠道的影响，中小企业更倾向于选择廉价航班。

认识到商务旅游的迅速发展对旅行服务提出了新的要求，宋子千和宋志伟（2008）对传统的从事愉悦旅游业务的旅行社如何向商务旅游转型进行了分析。他们指出，商务旅游的迅速发展要求提供相应的旅行服务，而旅行社传统上以经营观光旅游产品为主，即使接待商务旅游者，也主要是承接散客的委托代办服务，如机票、酒店的预订，基本上没有针对会议、展览、奖励等新兴商务旅游的产品，不能适应商务旅游的发展。国外一些知名的商旅服务公司如美国运通、罗森布鲁斯等则乘虚登陆中国，抢占比传统旅游市场利润更为丰厚的商务旅游市场。旅行社行业竞争激烈是不争的事实，这种状况迫使旅行社寻找新的市场空间。突破传统产品范畴，开拓商务旅游市场，不失为一个重要的途径。团体观光旅游产品是预先组织的，按照同一标准，旅行社可以大批量复制生产、向不同消费者多次出售。但是对于商务旅游活动来说，消费者只有一些最基本的需要是相同的，其他大量与事务活动相关的需要则存在差异，产品要求照顾到个性化、差异化的需求，因而几乎每一项产品都是定制的、不可复制的，对不同客户出售的产品也是不同的。正是由于团体观光旅游产品和新兴商务旅游产品之间存在这些差异，旅行社的利润来源和产品定价权限也有所不同。对于前者，旅行社的利润来源主要在于批零差价，而对于后者，旅行社的利润来源不仅包括批零差价，还包括专业化服务。

6.2　会议与展览

会议、展览的产生和发展与社会经济文化发展密切相关。根据产生时期、举办形式、活动目的、组织方式等的不同，展览活动的发展历史大致可分为原始、古代、近代和现代四个阶段（过聚荣，2006）。值得指出的是，在第三次社会大分工后，人们交换物品的场所相对固定，此时的物物交换才具备“市场”的意义，并被认为是最古老的展览；与会议相比，展览活动的历史更为悠久，并且有更翔实的史料记载；有组织且能上升到产业高度的会议的出现仅约百年，因而会议活动应属于现代会展业阶段。

作为会展业的组成部分，协会、交易会、会议场所、会议计划与会议管理、酒店会议设施、会议与旅游局、参展商与展览设计、交通、博览服务提供商、目的地管理公司、餐饮服务等行业或部门，共同发挥着不可或缺的作用，会展是一个综合部门（Rutherford，1990）。在旅游领域，会展旅游已逐步成为商务旅游的重要支柱之一。根据国际大会及会议协会（ICCA）的估计，2000年按照注册费估算的国际协会会议全年收入达到了10.24亿美元。2001年，举办协会会议最多的前10个国家共举办了1 282次会议，而举办此类会议最多的前10个城市共举办了472次此类会议。据估计，美国每年的会议花费超过1 000亿美元，会议产业在对美国GDP贡献最大的产业中名列第22位。根据ICCA发布的2017年协会会议目的地排名，美国连续20年位居榜首，中国位列第8位。2017年，美国共举办了941个国际协会会议，其中包括195个大型协会会议。德国位居美国之后，排名第2（682个会议），排名第3～10位的国家依次是：英国（592个）、西班牙（564个）、意大利（515个）、法国（506个）、日本（414个）、中国（376个）、加拿大（360个）、荷兰（307个）。

改革开放后，随着中国社会经济尤其是国际贸易的迅猛发展，现代贸易展览会和博览会取得了长足的进步。据有关专家测算，仅就展览业而言，近20年年均增长速度达到20%。与此同时，越来越多的国际会议选择在中国召开，有力地推动了当地城市建设和会展业的发展。例如，国际商会年会、环太平洋论坛年会、亚太法官会议、国际引航员大会、APEC会议等700多个国际性会议选择在上海举行，为此上海赢得了国际会议中心的美誉。并且，会议、展览、节事活动相互促进，有些已合而为一，以统一的会展形式出现。会展经济在中国已初露端倪，并展现出巨大的发展潜力。

6.2.1 了解会展旅游

1. 会展及其特征

会展活动主要包括会议和展览两个基本组成部分，其表现包括两个方面：其一，会展业是会议与展览业（convention and exhibition industry）的简称，从名称上看二者可以区分看待；会展业是通过举办各种形式的会议、展览和展销，带来直接或间接经济效益和社会效益的一种经济现象和经济行为。其二，除了少数专门用来为

说明：广州进出口商品交易会是中国官方举办的历史最悠久、规模最大的商业贸易会。参展商正在广州琶洲国际会议展览中心紧张地搭建展位。（吴必虎摄，2007）

会议服务的会议中心，绝大部分展览场地兼有接待会议和举办展览的功能，因而大多数称为会展中心。从会展活动所发挥的功能来看，会展是人们进行信息交流、洽谈商务合作、开展市场营销以及满足人们某种精神需求的一种活动形式。对于会展的主体——企业或组织来说，会展能为生产经营和组织活动发挥桥梁、媒介和窗口的作用。

从字面上看，会展就是会议和展览的合称。从内涵来看，会展既包括一般会议、展览会等典型的集体性活动，也包括大型会议（如世界贸易组织会议）、博览会（如世博会）、展览展销活动（如广交会）、体育竞技运动（如奥运会、世界杯足球赛、亚运会）、集体性质的交易活动以及节日、纪念日等庆典活动（刘大可，2006）。因此，会展有狭义和广义之分。会展业的经营运作与信息传播、交通运输、城市建设、旅游发展等诸多行业密不可分，是一个综合性的、关联度非常高的新型服务贸易行业，由于它能够创造高额的经济附加值，提供广泛的就业机会，对社会综合经济指数增长具有显著的拉动作用，并且表现出一种经济现象的多种形态，因而可以作为一种经济现象也就是会展经济来对待。从产业属性来看，会展业和会展经济属于生产型的服务业和第三产业。

2002 年中国国家标准《国民经济行业分类》（GB/T 4754—2002）把会议和展览服务业定义为“为商品流通、促销、展示、经贸洽谈、民间交流、企业沟通、国际往来而举办的展览和会议等活动”。这一定义正式确立了会展业在中国国民经济行业分类中的地位，也从统计层面界定了会展业的范围，可以看作会展业的统计定义。

会展旅游是人们由于出席各种展览、会议活动而产生的旅游活动，属于商务旅游的一种。从活动内容来看，出席会议、展览等是会展核心活动；此外，参观访问、旅游观光、休闲度假、观看文艺节目、品尝风味小吃等活动形式则属于会展相关活动（见图6-1）。

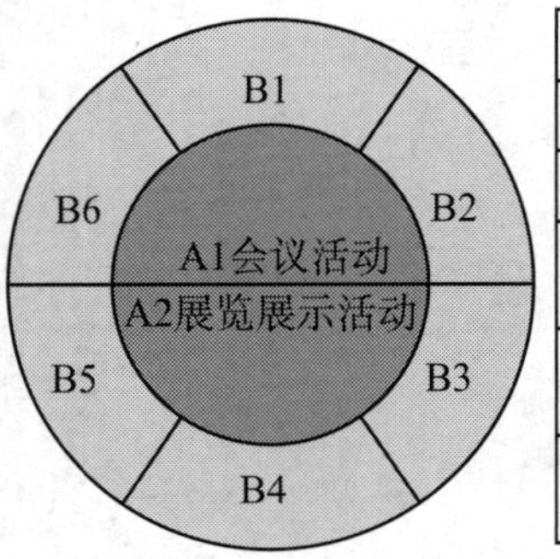

B1礼宾活动	开幕式、闭幕式、招待酒会、领导会见等
B2交流活动	技术交流、技术讲座、学术报告、经济论坛等
B3表演活动	产品展示、设备操作、技术表演、比赛活动等
B4贸易活动	贸易洽谈、商务考察、项目介绍、合同协议、意向签约仪式等
B5娱乐活动	参观访问、旅游观光、休闲度假、观看文艺节目、品尝风味小吃等
B6专题会议	专业研讨会、技术交流会、行业会议、产品发布会等

图6-1　会展核心活动和会展相关活动

在英文语境中，与中文会展旅游对应的一个术语叫作MICE，它是meetings，incentives，conventions and exhibitions的首字母缩写，中文直译为会展奖励旅游（简称“会奖旅游”）。在定义上，MICE是指包括各类专业会议、展览会与博览会、奖励旅游、大型文化体育盛事等活动在内的综合性旅游形式。MICE在西方是一个发育得比较成熟的市场，并已成长为一个规模巨大的专门产业——会奖旅游业。其中，奖励旅游（incentive tourism）也称为奖励旅行，它是各类公司、企业对作出贡献的员工提供的一种奖励或福利，其规模年均增长10%～15%。据估计，会议业为全球经济的贡献值每年大约为2 800亿美元，约占全球旅游业总产值的5%，而且每年以8%～10%的速度高速增长，这一速度大大高于全球旅游业的增长速度和全球GDP的平均增长水平，在成熟的旅游目的地，奖励旅游收入占旅游总收入的4%左右。① 作为一种奖励或福利性质的企业管理手段，奖励旅游可以提高企业的生产效率，因而为企业主所广泛采用。与MICE类似，有学者把奖励旅游（incentive travel）、会议（meeting）、个人差旅（business individual trip）、展览会（exhibition）、特殊活动（special events）和教育培训（training and education）等几种旅游市场类型的英文首字母组合起来，简称IMBEST市场（刘大可，2009）。

会展的特征可以从多个角度来观察。一般而言，它具有三个明显的特征，即概念化运作、品牌依赖，以及公共性和市场化两重属性。概念化运作，指的是会展活动的运作更多地来源于人们对概念的操作。比如，展览项目更多的是行业概念的新

---

① 陈晓，刘梦笔．会奖旅游将成杭州旅游的蓝海．今日早报，2012-07-03.

组合；会议活动的主题需要策划者智力的激荡；各项节事活动更是概念的产物。品牌依赖，指的是会展活动要靠品牌作为根基，靠卓著的信誉来赢得竞争的胜利。公共性和市场化两重属性，是指会展活动不仅可能具有公共性，即会展活动不是以营利作为其开展活动的唯一依据，还要考虑社会性、公共性利益，如成果展、公益活动等；同时，它也可能具有市场化特征，即通过会展活动的市场化运作，以获取利润为主要目标，如各种贸易展、商业活动等。

2. 会议展览分类

ICCA 认为，国际会议市场细分的标准有很多，包括会议规模、参加会议人员的种类、会议的目的等。对于会议服务商来说，细分国际会议市场的主要标准是会议的发起者。依此标准，ICCA 把国际会议分为协会会议（association meetings）和公司会议（corporation meetings）两类。其中，协会会议又可根据会议内容和与会者分为三类：科技会议、商贸会议和会员会议。从会议的形式来看，协会会议可分为大会、博览会、讨论会、董事和委员会议、颁奖仪式、庆祝会和周年纪念会、社区服务活动、研讨会、教育和电视会议、论文报告会、招待会、运动和休闲项目、政治集会、政府官员和领导的就职仪式、修学旅行、培训计划等 16 种典型形式（霍伊尔，2003 中译本）。公司会议可以分成两类，即正式会议和非正式会议。其中，正式会议的种类包括年度大会、非常大会、董事会、委员会议、常务会议、法规会议等；非正式会议包括部门会议、经理会议、情况介绍会议、进度会议和工作会议等。

从展览性质、展览内容、展览规模及展览地点等不同角度，展览会可以划分为不同的类型。如以展览内容为标准，国际博览会联盟（UFI）将展览会分成综合展览会、专业展览会、消费展览会三大类。其中，消费展览会在中国常称作展销会。以展览规模为依据，又可分为国际、国家、地区、地方展览会和独家展览会等。虽然展览会的种类多样，但其名称的构成具有明显的规律性，即由基本部分、限定部分和附加部分构成。其中，基本部分主要说明展览会的性质（博览会、展览会、交易会、展销会等）；限定部分则表明展览会的形式和内容（包括时间、地点、规模、专业等）。展览的分类需要考虑两个方面：一是展览的内容，包括展览的性质、组成、所属行业等；二是展览的形式，包括展览规模、时间、地点等（见表 6-1）。

表 6-1　展览会的常见分类

分类标准	类型划分	说明
按性质划分	贸易性质的展览会	主要目的是交流信息、洽谈贸易
	消费性质的展览会	主要目的是直接销售
	综合性展览会	具有贸易和消费两种性质
按内容划分	综合展览会	包括全行业或数个行业的展览会，也被称作横向型展览会，比如工业展、轻工业展
	专业展览会	展示某一行业甚至某一项产品的展览会，比如钟表展
	消费展览会	常称作展销会

续表

分类标准	类型划分	说明
按规模划分	国际、国家、地区、地方展览会	这里的规模是指展出者和参观者所代表的区域规模，而不是展览场地的规模
	单个公司的独家展览会	
按时间划分	定期展览会	一年四次、一年两次、两年一次等
	不定期展览会	根据展期分长期和短期
按展览场馆性质划分	室内展	在室内场馆展示常规展品的展览会，比如纺织展、电子展等
	室外展	在室外场馆展示超大、超重展品，比如航空展、矿山设备展
	巡回展	在几个地方轮流举办的展览会
	流动展	利用飞机、轮船、火车、汽车作为展场的展览会
按展览的形式划分	传统展览会	将展品在一定的时间、空间条件下通过直观展示来传递和交流信息的活动。具有真实性与广泛性、直观性与艺术性、综合性与现代性、大众性与开放性、集中性与时效性
	虚拟展览会	将参展单位的各种信息以多媒体电子文件的形式存放在互联网的某个服务器里，供各国客商从世界的各个角落查阅

资料来源：过聚荣，2006，有修改.

6.2.2 会展组织与管理

鉴于会议旅游对目的地社会经济乃至政治具有重大的影响，许多国家和地方政府成立了专门的会议管理部门，或者与旅游部门一起联合成立会议与旅游局（Convention and Visitor Bureau，CVB）。美国大多数州或城市都设立了CVB这样的旅游与会议合署办公的政府管理及推广机构。

目的地社会经济乃至政治等方面的许多因素都对会议策划者选择开会地点与场所的决策行为产生影响。奥珀曼（Oppermann，1996a）研究北美会议目的地的形象感知发现，影响会议策划人员选择会议举办地最重要的因素包括服务、成本、区位、设施等。为了吸引各类公司、机构前来本地召开各种会议、举办各类展览，许多地方及其酒店、景点、航空公司等实体企业都采取针对性很强的策略，或者通过专业的会议策划人员和机构，对会议会展市场进行促销，以塑造会议目的地的良好形象（Oppermann，1996b）。在日益激烈的市场竞争环境下，为了吸引各类会议举办者和会议策划者前来举办会议，酒店往往采取各种措施提高会议策划者对酒店的忠诚度。为此，酒店业界广泛采用忠诚度营销战略。与独立的酒店相比，会议连锁酒店一致的服务标准和训练有素的人力资源更能吸引公司会议策划者，而满意度、信任感和服务承诺是影响会议策划者忠诚度的几个重要因素。

说明：专业会议产品的形式非常丰富，其中大会主题演讲、专题讨论或全体会议、分组专题讨论会或分组论文发布是最常见的三种形式。图为专题讨论主持人主导下的小组成员交流发言。（吴必虎摄，2008）

在市场经济条件下，会展产品的经济性是第一位的。从市场供求角度来看，任何会展活动都是通过为客户提供会议展览的各种服务来获得利益。在会展服务过程中，既要使用各种设施、设备等实物用品，又要考虑会场、展馆等空间和场地，还需要交通、食宿、娱乐、旅游、金融、信贷等相关机构的有力配合。由此可见，会展服务是一种典型的综合型产品。根据科特勒的产品层次理论，会展产品也可以从核心利益、基础产品和增广产品等层次来分析。在核心产品层次，会展机构为参与者提供交易、展示的机会和会展经历，这是会展参与者在会展过程中得到的核心收益；在基础产品层次，会展机构为参与者提供场地、展位、座位、装饰、餐饮、纪念品等实物形式的产品，相应地，会展参与者得到的是享受这些实物带来的有形收益；在增广产品层次，会展机构为参与者提供娱乐、表演、休闲、旅游、住宿、交通、停车场及其他服务（包括通信、金融、保险等），还提供与各种类型和身份的来宾交流的机会，这些是会展参与者参加会展得到的引申收益。在这三个层次中，增广产品层次往往是一个会展区别于另一个会展的独特点所在，也是会展品牌特色的基本体现。

根据产品的层次结构，会展管理（convention and exhibition management）就是对会展服务的相关要素组合而成的服务包进行管理。根据服务管理理论，会展服务包由支持设备、辅助物品、显性服务和隐性服务等四个要素构成。支持设备是指在会展活动和会展服务之前，需要事先准备好实物和物质资源，包括会场、展馆、展台、座位、音像设备等。辅助物品是指会展参与者在参加会展的过程中购买和消费的物质产品，或是他们自备的物品，如展品、展示和现场材料等。显性服务是指会展提供给参与者的基本收益或本质特性的利益，也就是交易、展示的机会和会展经历。隐性服务是指会展参与者参加会展带来的心理效益和精神体会，如在会展中认识新的商务伙伴和新的朋友所带来的愉快。

从本质上看，优质的会展管理就是全面、高效地为参与者提供这四项相关的服务，从而使会展参与者得到最佳的会展体验。因此，以现代整体产品概念作为指导，会展产品的本质属性体现为上述三个层次和四个要素。对于会展业接待服务体系的任何机构，如会展组织者、目的地接待者来说，如果能抓住这三个层次和四个要素，就抓住了会展管理的基本依据。在会展策划、营销、赞助以及财务管理、现场实施管理、风险控制管理、配套管理和评估等各项管理工作中，都应完整地贯彻和落实这三个层次和四个要素（戴光全和张骁鸣，2006）。

6.3 旅游节事

6.3.1 了解节事活动

节事（FSE）是一个外来的组合概念，是节日（festival）和特殊事件（special event）的统称（戴光全和保继刚，2003）。盖茨（Getz，1997）认为，事件（event）就是指短时间内发生的一系列活动项目的总和。节事是不同于人们的日常生活而存在的“特殊”的日子。远古时期，人们就创造了各种各样的方法来纪念这种重要的日子。节事的表现形式主要有各种庆典、民俗节日、宗教节日、体育比赛、团体聚会等。研究者用节日性（festivity）来表述人类社会各种节庆传统和庆祝行为，当与旅游发生联系后，节日性就从本地社会活动成为跨文化的节日体验，强化了国际交流和相互联系（Picard and Robinson，2006）。今天，节事已发展成为枝繁叶茂的庞大体系，从社区娱乐活动到国际性的大型艺术交流，表现形式多种多样。

作为历史悠久的文明古国，中国本土起源的传统节事源远流长，但是作为一种当代的文化产业现象，将节事作为一种经济活动来组织，历史并不长。1978年改革开放以后，中国各地的经济水平和居民消费水平不断提高，休闲和娱乐消费需求兴起。随着市场经济的发展，中国各地方政府更加注重招商引资工作，借助各类节事活动提升地方知名度、打造地方品牌，节事成为进行旅游营销的良好手段。中国各类节事活动，特别是文化、艺术、体育等节事活动，在建立之初就以推介本地旅游线路和产品、树立旅游目的地形象为主要目标。1999年昆明举办的世界园艺博览会，是中国政府第一次主办的大型国际博览会类型的重大节事活动。2001年上海APEC和F1汽车拉力赛，2006年沈阳世界园艺博览会、杭州世界休闲博览会，2008年北京奥运会，2010年上海世博会、广州亚运会，都说明中国节事产业快速发展。一批知名节事活动，如青岛啤酒节、南宁国际民歌节、上海国际艺术节等影响力越来越大。很多节事活动在举办过程中尝试了新的运作模式，也有很多节事活动开始把目光投向国际，力争打造国际节事品牌，这些都表明中国节事活动向纵深化发展。

节日可以简单地定义为有主题的、传承性较强的公众庆典活动。然而，这个词语具有丰富的传统和内涵。真正的节日是完完全全为公众而产生的，是为社会群体中有价值的事物所举行的庆祝活动，而不是一种个人消费。许多节日的对象就是群体本身，节日就是要提供某些东西供人们分享，使大家团结一致、培养一种群体的自豪感。由于节日在现代商业中的突出意义，已经没有人怀疑节日本身也能成为一个产业，即节庆产业（business of holidays）。在西方，圣诞节期间的商业销售额几乎占到全年总销售额的1/4；美国4/5的销售季节是受节日驱动的（Lavin，2004）。

在现代语境中，"节"的内涵包括多个方面，如一段用来庆祝的时间，以遵守特殊的规定为标志；对一个著名人物或历史事件，或者重要作物收获的年度庆典；由一系列文化表演构成的一种文化活动；交易会；娱乐、狂欢和庆祝等活动。节庆原来是指一种有主题的公共庆典活动。在中文语境中，节庆有两种含义：各种节日庆典被界定为狭义的节庆；各种节事（节日和特殊事件）被界定为广义的节庆（见图6-2）。

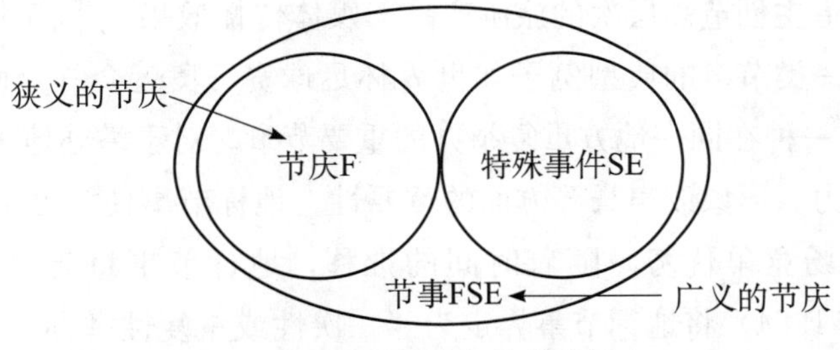

图6-2 广义与狭义的节庆概念

特殊事件也称特殊活动。盖茨认为，特殊活动可以从两个角度来定义：一是从活动组织者角度，特殊活动是在赞助人或组织者的正常计划或活动以外的一种一次性或经常发生的活动；二是从参与者的角度，特殊活动是在正常的选择范围或日常经历以外的娱乐、社会或文化体验的机会（Getz，1997）。

总的来说，特殊活动是指那些精心计划和举办的某个特定的仪式、比赛或庆典等，包括国家庆典、重大市民活动、独特的文化演出、重要的体育赛事、社团活动、贸易促销和产品推广等。

1. 节事分类

在实践中，不同主题、内容、规模、运作方式的节事活动名目繁多、种类丰富。为了从不同角度进行分析，可以采用规模大小、影响范围、活动内容、节事形式、组织者、活动性质等不同的分类标准对节事加以分类。按照节事的规模，可以分为全球性的、全国性的、区域性的和地方性的节事活动。全球性的节事如奥运会、世博会、世界杯足球赛等；全国性的节事如广交会、国内旅游交易会等；区域性的节事如丝绸之路狂欢节、长江三峡旅游节、大连服装节等；地方性的节事如各种地方性庙会、本地居民为主的民族节日等。根据主办者身份的不同，节事活动可以分为政府部门举办的活动、协会活动、社团活动和企业活动。在中国，目前节事活动的主办者主要有两类，一是政府及其部门；二是企事业单位。由不同主办者主办的节事活动的目的各不相同，对节事活动举办效果的评价标准也各不相同。根据节事的形式，可以分为综合性节事和专题性节事，前者如旅游节、艺术节、文化节等，后者如物产特产类节事（陶瓷节、啤酒节、桃花节等）。从具体组织形式来说，节事可以划分为节、会、展、演、赛等各种不同的具体组织形式。根据节事的社会性质，节事可以划分为公益性节事、营利性节事等。

从节事的影响角度对节事进行分类也是较常见的方法。例如，按照节事影响力大小，可以分为超大型节事活动、地标节事活动以及一般节事活动等。按照影响力发挥的领域，可以划分为经济类节事、政治类节事、文化类节事以及综合类节事。盖茨通过列举具体的规模和影响，给出了重大节事（mega-event）的描述性定义。他认为，重大节事的容量应超过100万观众，成本至少为5亿加拿大元（约4.88亿美元），并且其声誉应是一个“必看的”节事……从规模和重要性来看，重大节事是指能为东道主创造高层次的旅游产品、媒体传播效果、崇高声望或巨大经济效益的节事。这一类节事的典型例子如世界杯足球赛、奥运会等。而地标节事（hallmark event）是一种在同一地方重复举办的重要节事。对于举办地来说，地标节事具有传统、吸引力、形象或声誉等方面的重要性。地标节事使举办节事的社区和目的地能够赢得市场竞争优势。随着时间的推移，地标节事将与目的地融为一体。里切（Ritchie，1984）将地标节事界定为“一次性或重复性举办、节期较短的重要节事，开办目的主要在于提升认知度，使旅游目的地获得短期或长期的吸引力和收益能力。地标节事的成功与否取决于其独特性、影响力，或在短期内所起到的创造兴趣、吸引眼球的作用”。

根据节事内容，可将城市节事活动分为自然景观型、历史文化型、民俗风情型、物产餐饮型、博览会展型、运动休闲型、娱乐游憩型、综合型等八大类（余青、吴必虎等，2004）。根据对中国城市节事抽样调查数据进行分类型的节事数量统计，在八种基本类型中，以物产餐饮型、历史文化型、民俗风情型和自然景观型所占比例较大，四者合计占样本总数的74%（见图6-3）。这一结果反映了中国节事活动的举办往往是依托当地最具比较优势的资源和物产，对应了中国自然资源多样、历史文化悠久、民俗风情浓厚、物产特产富饶、饮食文化源远流长等特点。而博览会展型、运动休闲型两类所占比例较小；娱乐游憩型则更小，三者总共才占样本总数的18%。这一结果说明，目前中国在会展业、体育产业和娱乐业方面的发展仍然处于初级阶段，但可预见其增长潜力较大。

此外，也有一些综合性的分类方法。如国际节事协会（International Festivals

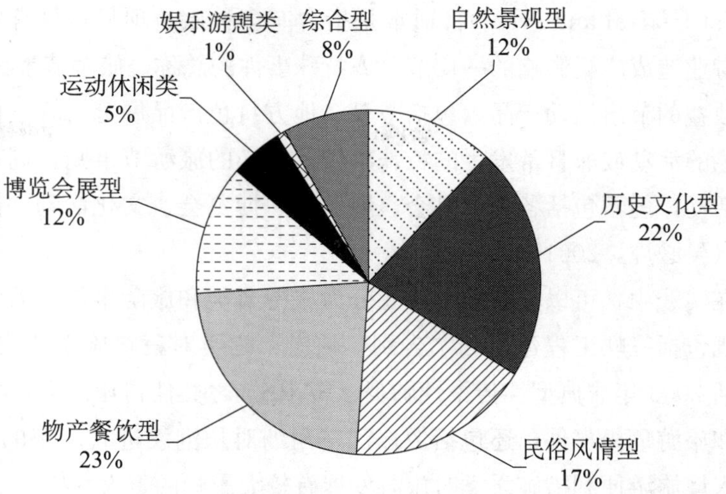

图 6-3　中国各类城市节事活动的数量分布

资料来源：余青、吴必虎等，2004.

and Events Association，IFEA）把节事分为大型节事、小型节事、艺术节事、体育节事、展览会、公园·游憩节事、城市节事、旅游局节事等几种类型。① 戈德布拉特（Goldblatt，1990）从实际操作的角度，将节事（主要是特殊事件）分为主题聚会、颁奖典礼、开幕典礼、招待宴会、节庆典仪、社会庆典、商家促销、假日庆祝、交易会、节日和公共节事、体育赛事、公司节事、各种会议等几类。英国学者罗奇（Roche，2000）从研究节事的现代性角度出发，综合节事的规模、目标观众及市场、媒体类型覆盖面等标准，把与公众关系密切的节事活动（公众节事）划分为重大节事、特殊节事、地标节事和社区节事等四类（见表 6-2）。

表 6-2　公众节事的类型和规模

节事类型	实例	目标观众/市场	媒体类型覆盖面
重大节事	世界博览会	全球	全球电视台
	奥运会		
	世界杯足球赛		
特殊节事	国际汽车大奖赛（F1）	世界/国内	国际/国内电视台
	区域性体育赛事（泛美运动会）		
地标节事	国家体育赛事（澳大利亚运动会）	国内	国家电视台
	大城市体育赛事/节日	区域	本地电视台
社区节事	乡镇节事	区域/地方	本地电视台/报刊
	地方社区节事	地方	本地报刊

资料来源：Roche，2000.

2. 旅游节事与节事旅游

当节事与旅游联系起来时，就出现了旅游节事和节事旅游的概念。旅游节事

① IFEA 官方网站，http：//www.ifea.com/about.

(tourist festival and event)，通常是指含有多种旅游项目，具有旅游吸引功能，并对旅游业造成广泛影响的一切节日或特殊事件的总称。旅游节事旨在创造吸引游客、创造效益的节事活动产品，包括节日、地方特色产品展览、轻型体育比赛等具有旅游特色的活动或非日常发生的特殊事件；狭义的旅游节事则指周期性举办的节日庆典等活动，但不包括各种交易会、展览会、博览会、文化活动、体育比赛等一次性节事（吴必虎，2001b）。

在实践中，可以将旅游节事区分为旅游节庆和旅游事件。旅游事件的范围很广泛，既包括三峡工程建设和“告别三峡游”之类对三峡旅游造成重大影响的事件，也包括2003年非典型性传染性肺炎（SARS）之类使得旅游业严重萎缩的旅游突发事件和旅游危机事件，还包括像珠江三角洲对从港澳进入广东的外国游客实行144小时入境旅游便利措施之类对旅游发展有较大影响的重大举措。

节事旅游（event tourism）是指由节庆或特殊事件作为吸引物而引发的一种旅游产品。目前，节事旅游已经成为介于愉悦旅游和商务旅游的一类综合旅游产品。不少国家和地区为了克服当地遗产型吸引物不足、季节性波动等问题，专门策划、推广狂欢性质的节事，作为吸引招徕游客的主要产品，获得了广泛成功。

随着休闲时间和可支配收入的增加，节事已经成为当代社会不可或缺的休闲活动。对地方特色和文化遗产，特别是无形文化遗产的保护，以及旅游者对文化真实性（authenticity）的追寻，将会进一步促进依托于独特民俗风情的传统节事旅游的稳健发展。

总结国内外的发展趋势，旅游节事与节事旅游具有多元化与整体化并行、市场化与专业化（产业化）结合、国际交流与合作增强等特征。目前，节事活动出现了多元化发展态势，从主题来讲，电视节、电影节、艺术节、狂欢节、休闲旅游节、民俗风情节等多样化并存；从主办者来讲，政府主办、企业主办、社团主办、社区主办的各类节事并行不悖；从内容来讲，产品销售推广、群众文化活动、大型演艺活动、文体盛事、比赛探险等不一而足。进入21世纪以后，中国节事的这种多元化发展趋势必将推动节事主题的迅速分化，进而带动节事的市场化和专业化运营。

在多元化的同时，节事发展与城市整体发展紧密相连。在城市营销、地区营销等理念下，节事活动不仅树立了城市形象，提升了城市知名度，使节事发展日益成为城市整体发展战略的一部分，而且可以活跃城市经济，带动城市更新改造，集中体现城市文化和精神内涵。因此，节事活动日益受到各个城市政府的重视，很多城市纷纷制定节事和文化产业发展规划。伴随着这种趋势，通过竞标申办的方式争夺节事举办权也将逐步流行。

随着市场经济的发展，节事作为一种文化产品，不可避免地要遵循市场规律。节事的市场化可以理解为两层含义：第一，节事筹资的多元化；第二，节事举办的公司化（专业化）。目前，在很多节事举办过程中，举办者逐渐树立了“投入-产出”概念，注重节事的赞助招商，吸引大企业、大财团和媒体的参与，通过政府主导、企业运作的思路，探索以节养节的市场化发展模式，围绕节事活动举办，逐渐形成了新的节事经济和节事产业。随着广告等传统手段竞争的日趋剧烈，人们日益意识到节事活动作为软营销所具有的广泛社会影响和传播效应，大型企业转而赞助节事活动，借此树立企业形象、改善公共关系、提高产品知名度、带动产品销售、改善社区关系。企业越来越热衷于赞助节事活动，反过来使节事赞助越来越普遍。未来，这种赞助将会从以体育、演艺类节事逐渐向其他类型节事扩展。

产业化趋势是节事市场化运作的必然结果。节事市场化运作中，节事的策划、筹资、营销、物流、现场管理、舞台布置以及影响评估等都会交给不同的专业公司和机构承担；同时，节事举办还带动了鲜花、礼仪、会务、彩车制作等各个行业的发展，这些行业聚集在一起形成了一个固定的产业，称为节事产业（festival and event industry）。节事产业是在节事活动带动下由密切相关的行业共同构成的一个综合性质的产业，是围绕节事举办整个过程，使用类似技术提供相对关联性产品的一组企业群。节事行业协会的组建、职业培训课程和职业资格证书计划的确立，标志着节事活动行业的形成。在很多国家，节事业从业者已成为一个越来越庞大的职业群体。

随着节事主题和内容的多元化，节事主题涉及展会、演出、赛事、旅游、营销等不同领域，不同主题节事的具体运作方式之间存在很大差异，客观上需要进行专业化运作。同时，节事活动在近20年的发展中因政府大包大揽的运作方式出现了很多弊端，节事活动的组织者积极求变，希望进行节事专业化管理。此外，节事相关企业如节事策划、礼仪服务、展会布置、节事管理等公司的兴起为专业化发展提供了可能，这种专业化发展的趋势将会大大提高节事举办的效率和水平。

在当前政治、经济、文化国际交流日益频繁的大环境下，节事旅游发展出现了国际化趋势。首先，节事是一种开放型的文化活动，对地方文化具有超凡的表现力，天然地对外来游客具有强大吸引力。同时，在市场经济中，节事的可持续发展不仅有赖于其文化生命力，也依赖于其良好的市场运作。在节事运作日益专业化和市场化的今天，很多地方非常重视借鉴国际经验，派人出国学习、观摩、交流，邀请国际友人参与节事活动，进行市场营销等。从全球视野来看，节事国际合作趋势日益显现。国际节事相关组织如国际节庆协会等已经在全球发展会员和建立分支机构，中国建立了国际节庆协会的分支机构。这种发展趋势不仅有利于各国不同节事及相关组织之间的交流与合作，也有利于节事从业人员的培训和资格认证，提高节事的管理和服务水平，推进整个节事行业的形成、发育和规范。

6.3.2　节事影响与管理

世界各国和各个旅游目的地对节事及节事旅游的重视源于节事广泛而深入的影响（Goeldner and Ritchie，2006）。旅游节事特别是重大旅游节事规模很大，影响也非常复杂。节事和节事旅游可能会在社会、文化、环境和经济方面造成潜在的正面或负面影响，应该从不同的利益主体角度分别对节事和节事旅游的影响进行物质的和非物质的成本与效益评估（Getz，2007）。

节事具有强大的社区营销作用，并被直接引用为一种社会交流工具（Masterman and Wood，2006）。从根本上说，旅游目的地应当根据旅游节事活动的不同特征，利用其在旺季和淡季所体现的不同优势（见表6-3），来达到调节淡旺季旅游需求差额、降低旅游季节性的目的（Getz，1997）。这也是旅游节事及节事旅游规划和策划过程中必须解决的基本问题之一。

表6-3 旅游节事在旺季和淡季的相对优势

在旺季举办节事活动的优势： ● 即使不举办节事活动，旅游目的地也具有竞争优势。 ● 大量游客的涌入便于更容易地确定节事的主题。 ● 目的地旅游业拥有接待超常规游客的相应条件和促销手段。 ● 在旅游旺季目的地的气候较佳，并易预报；气候适宜举办节庆和其他活动。 ● 在旺季，志愿者可以利用假期来帮忙。 ● 在有较多别墅的旅游景区，季节性的游客更能获得成为社区一员的认同感，因而更加愿意参与相关的节事活动。
在淡季举办节事活动的优势： ● 创造旅游需求，填补闲置设施的容量空白。 ● 可以塑造四季常新的目的地形象。 ● 在淡季娱乐机会不多的情况下，为本地居民提供娱乐活动。 ● 更加容易邀请到旺季异常忙碌的艺术家和表演者前来助阵。 ● 适合举办某些季节性很强的体育运动类节事活动。 ● 淡季多数本地社团定时碰头，其成员大多在场，此时组织节事活动的可能性最大，难度最小。 ● 由于可能创造出更多的淡季旅游需求，因而更容易获得资助。

资料来源：Getz，1997.

节事影响评估是节事及节事旅游研究的重要内容和前沿课题之一。评估过程贯穿整个节事运行的周期，即节事前评价、节事监测和节事后评估三个阶段（Bowdin，Allen et al.，2004）。作为世界上最有名的两种重大节事，世博会和奥运会对举办地的旅游和社会发展均具有重要的影响和推动作用。戴曼奇（Dimanche，1997）通过对1984年新奥尔良世博会的案例研究，证明了节事活动对举办地旅游业的发展具有广泛而深入的影响（见图6-4）。里切和史密斯（Ritchie and Smith，1991）研究了1988年加拿大卡尔加里第15届冬季奥运会的影响，表明奥运会显著提高了卡尔加里市的知名度，对城市形象具有持续的影响。

旅游节事的影响包括经济影响、环境影响及社会与文化影响。其中，经济影响包括税收的增加、旅游收入的增加等；环境影响有积极和消极两方面；社会与文化影响包括文化遗产的侵蚀、公众行为的改变等。有些学者从城市旅游、城市建设、城市文化、经济发展、制度建设、社会进步等各个方面来观察旅游节事的影响。

从影响发生的时间看，旅游节事的影响可以分为前期影响，即节事决定举办、处在筹办阶段而尚未正式举办之前的影响；即时影响，即节事举办时期（会期阶段）的现时影响；后续影响，即节事结束之后的影响，又可分为短期影响和长期影响。

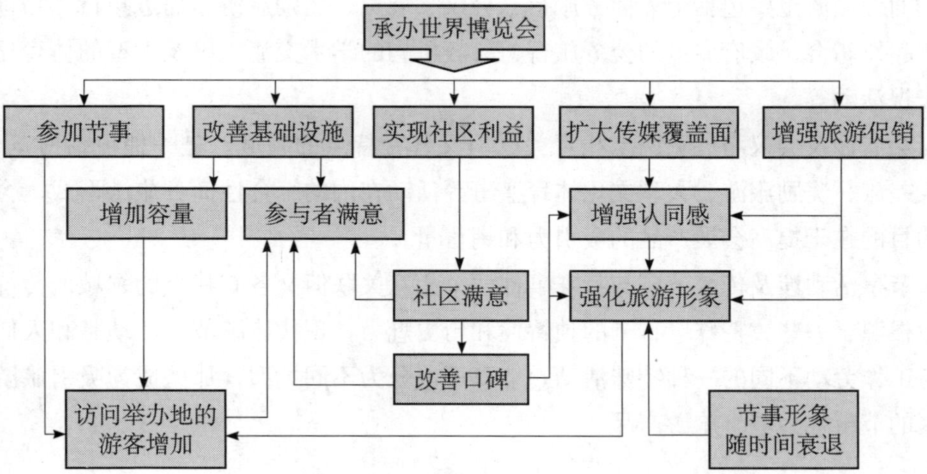

图6-4 节事对举办地旅游业的影响：新奥尔良世博会

资料来源：Dimanche，1997.

后续影响中包括节事后效应，是指重大节事活动举办之后，举办地地方发展特别是旅游业发展的一种衰退现象。从影响发生的空间范畴来看，旅游节事的影响可以分为会场（场地）影响、社区影响、地方影响、区域影响、全国影响、国际影响。从影响的效果看，旅游节事的影响可以分为积极影响和消极影响，积极影响包括：形成社区自豪感、城市改造和更新、赢得国际威望、改善形象、增强社会凝聚力；消极影响包括：失去舒适性、造成环境破坏、噪声干扰、交通拥堵（艾伦等，2002中译本）。此外，从影响的持续时间看，可以分为短期影响和长期影响；从影响的途径看，可以分为直接影响和间接影响；从影响的深度看，可以分为表面影响和深层影响；从影响的形式看，可以分为有形影响和无形影响（Dwyer，Mellor et al.，2000）。

节事管理（event management）是对节事进行系统规划、开发和营销的过程，其出发点是使节事成为旅游吸引物、旅游发展助推器、旅游形象塑造者、提升旅游目的地地位的催化剂。除了前期的节事战略研究，节事管理包括节事项目管理、控制与预算编制、危机管理与立法问题、后勤管理、节事现场运作、评估与报告等几部分内容（Bowdin，Allen et al.，2004）。旅游节事管理要注重对节事市场进行细分，包括分析和确定什么人将进行节事旅行，哪些人可能会被吸引前来参与节事；协调目的地规划和地方促销过程中各类不同节事角色的过程和事务，使节事成为具有强烈旅游导向的吸引物，并向节事参与者提供高质量的节事产品。由于节事活动的策划、筹备和举办涉及众多部门，因此多方面的协调成为节事产业至关重要的焦点（Silvers，2004）。

□ 本章小结

全球化时代，城市与区域之间的相互依赖越来越强，商务旅游已经成为一个全球性产业，商务旅游主要包括个人商务旅行、会议、展览、奖励旅游、商务接待、培训、跨区域的产品发布会、政府雇员的公务旅行、科教机构的学术交流，以及大型的体育比赛、纪念或庆祝活动等。

会展涉及会议与展览两个相互关联但又各有特点的领域，是一种包括博览会、会议、个人差旅、奖励旅游、大型文化体育盛事等活动在内的综合性商务旅游形式。会展组织管理的目的在于提高会展产品的吸引力和销售量。

节事活动涉及传统节庆与特殊事件两个相互关联但又各有特点的领域。传统节庆的吸引力根源于一些“特殊”日子的独特性和历史魅力，现代旅游节事活动是和人们的日常生活与工作劳动不同的一种特殊活动。节事可以分为不同类型，那些成为吸引旅游者的主要原因的节事称为节事旅游产品。

□ 关键术语

节庆产业（business of holidays）
地标节事（hallmark event）
节事旅游（event tourism）
会展奖励旅游（meetings，incentives，conventions and exhibitions，MICE）
协会会议（association meetings）
会议与旅游局（Convention and Visitor Bureau，CVB）
节事（festival and special event，FSE）
重大节事（mega-event）
旅游节事（tourist festival and event）
会展业（convention and exhibition industry）
奖励旅游（incentive tourism）
公司会议（corporation meetings）
会展管理（convention and exhibition management）

□ 思考题

1. 什么是商务旅游？
2. 会展业与旅游业有什么关系？试以实例加以说明。
3. 考虑一下会议城市需要具备哪些发展条件。
4. 收集数据，评估2008年北京奥运会或2010年上海世博会对举办地和中国旅游业的影响。
5. 什么是节事活动？什么是节事旅游？
6. 旅游节事一般可以从哪些角度进行分类？中国城市节事中哪些类型的节事较为发达？为什么？

第 7 章

旅游目的地与旅游城市

学习目标

- 掌握旅游目的地的定义
- 掌握城市型目的地和景区型目的地的特点
- 了解城市的旅游与游憩功能
- 了解旅游城市的类型
- 掌握旅游目的地营销的概念
- 了解目的地营销组织和目的地营销系统

7.1 旅游目的地

在旅游吸引物基础上建设起来的单个旅游地逐步发展壮大成为大型旅游地域，或者多个旅游地通过某种形式的联合，共同构成功能复杂、服务多样、组织影响较大的旅游地群，最终发展成为旅游者出行的终点地区，称为旅游目的地（tourism destination）。旅游目的地一般以城市或相对独立的大规模景区或接待区形式出现。

在上述理解的基础上，目的地还有更宽泛的解释。目的地是一个空间范围变化很大的概念，可以小到一次出行的终点站的旅游地，中等规模可以扩展到一个城市，再次扩大到一个国家，有时甚至扩大到一个洲或其一部分，如东北亚、东南亚诸多国家被视为欧美市场的一个目的地（或目的地群）。世界旅游组织认为，目的地是指人们在一次旅程中到访过的重要地方，它既可以定义为离家最远的造访地点（距离目的地），也可以是指一次旅程中停留时间最长的地方（主要目的地），还可以是指访客自己认为他们到访的地方中最重要的地方（动机目的地）（World Tourism Organization，1995）。但是在通常情况下，目的地主要是指以城市或独立大型景区

（或其他接待地）为基础形成的一次旅程的终点地区。实际上，目的地是以网络形式出现的，因为任何旅游目的地城市或目的地景区都不可能由单一、独立的节点组成，而是若干规模、功能、关系各不相同但又紧密结合的网络，共同发挥着一个目的地的吸引、服务和管理职能。根据社会网络理论，目的地各个组织间的关系能够以自组织机制进行演化和转变，在此过程中流动性和可塑性成为重要成分（Pavlovich，2003）。应该指出的是，除了吸引物本身的引力，旅游者的特征、动机等“推力”对目的地的形成也起到明显作用（Richards，2002）。

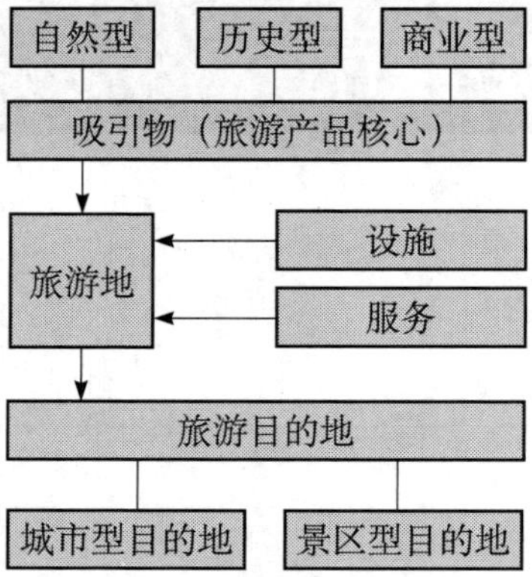

图7－1 吸引物、旅游地与目的地

吸引物及其设施与服务、旅游地、旅游目的地这一组概念具有密切联系，且具有一定的层级关系，即吸引物构成了旅游地，旅游地构成了目的地（见图7－1）。旅游吸引物是旅游地（作为一种产品）的核心，而旅游地和旅游目的地不过是吸引物及其产品要素在空间上的投影。虽然旅游地、旅游目的地都属于空间概念，但旅游地是就地域空间的功能属性而言的，旅游目的地则是针对客源地定义的。目的地还与中转地相对应，目的地城市是指旅游者将该城市视为出行的主要停留地，而不只是途经该城市。一般来讲，目的地分为城市型目的地（city-based destinations）和景区型目的地（park/resort-based destinations）两种类型。

2018年3月国务院办公厅颁布《关于促进全域旅游发展的指导意见》，指出“发展全域旅游，将一定区域作为完整旅游目的地，以旅游业为优势产业，统一规划布局、优化公共服务、推进产业融合、加强综合管理、实施系统营销，有利于不断提升旅游业现代化、集约化、品质化、国际化水平，更好满足旅游消费需求”。全域旅游是指在一定区域内，以旅游业为优势产业，通过对区域内经济社会资源尤其是旅游资源、相关产业、生态环境、公共服务、体制机制、政策法规、文明素质等进行全方位、系统化的优化提升，实现区域资源有机整合、产业融合发展、社会共建共享，以旅游业带动和促进经济社会协调发展的一种新的区域协调发展理念和模式。当前，旅游业发展已进入全民旅游和以个人游、自助游为主的新阶段。传统的以抓点方式为特征的景点旅游模式，已不能满足现代大旅游发展的需要，要求我们对旅游发展战略进行再定位。在景点旅游模式下，封闭的景点景区建设、经营与社会是割裂的，有的甚至是冲突的，造成景点景区内外“两重天”。全域旅游就是要改变这种格局，将一个区域作为功能完整的旅游目的地来建设、运作，实现景点景区内外一体化，做到人人是旅游形象、处处是旅游环境（李金早，2016）。

7.1.1 城市型目的地

城市作为主要客源地，已经为人们所熟知。但城市作为目的地，同样值得高度重视。城市在旅游业中占有重要地位，它集中了各种资源、设施和服务，区位条件良好，因而城市本身也成为旅游吸引物的重要类型之一。城市和城镇为人们提供了广泛的社会、文化和经济活动，在此过程中旅游、休闲和娱乐形成了主要的服务行业。城市环境还是最集中的会议场所、主要的游客中转门户，以及为访客提供各种服务的中心地（Hall and Page，2006）。早期，一些城市凭借自身丰富的旅游资源，成为旅游者观光游览的目的地。但是，真正意义上的城市旅游是把整个城市作为旅游吸引物，依靠城市文明的魅力、城市的总体形象来吸引旅游者。城市作为目的地，其整体吸引力如何测量，国内外研究者已经做了许多努力。例如，对于会议城市来讲，城市中心区的吸引力大小至少与5个因子相关，即不同的税基、治安状况、公共交通便捷性、舒适满意的住宿条件以及附近地区的购物引力。5个因子都得高分的城市可以称为24小时城市，而其他城市只能叫作朝九晚五城市（Petersen，2004）。

为了从整体上推进各城市旅游发展，原国家旅游局提出了相对一致的标准，来提高各个城市的旅游吸引力、服务质量和品牌影响力。对于大多数旅游城市来讲，首先应该达到中国优秀旅游城市的标准。

中国是一个历史悠久的文明古国，许多历史文化名城是中国古代政治、经济、文化的中心，或者是近代革命运动和发生重大历史事件的重要城市。在这些历史文化名城的地面和地下，保存了大量历史文物，体现了中华民族的悠久历史与灿烂文化。历史文化名城（historic city）是指具有特殊历史文化价值的传统景观城镇，是中国的专有名词。历史文化名城规模大小不一，有的整个城市或城镇都是历史保护区域，有的是在城市的传统中心区或居住区，其风貌通常也包括自然和人工的环境。

国家历史文化名城是指经国务院核准公布的保存文物特别丰富、具有重大历史价值和革命意义的城市。1982年，国务院公布24座城市为第一批国家历史文化名城；1986年和1994年，国务院又公布了第二批和第三批名城名单，国家历史文化名城增加到99座；截至2018年5月2日，国务院已将134座城市列为国家历史文化名城，并对这些城市的文化遗迹进行了重点保护。以历史文化名城为代表的历史城镇是最为常见的文化观光益智旅游地。在此基础上，还可以延伸开发其他多种旅游吸引物，如教育旅游、遗产旅游、博物馆旅游等。

为了促进城市旅游业的发展，原国家旅游局对旅游城市的建设标准进行了规范，并从城市旅游经济发展水平、旅游产业定位与规模、旅游业政策支持和资金投入、旅游业发展的政府主导机制、旅游管理体系、行业精神文明建设、生态自然环境、现代旅游功能、旅游教育培训、旅游交通、旅游景区的开发与管理、旅游促销与产品开发、旅游住宿、旅行社、旅游餐饮、旅游购物、旅游文化娱乐、旅游厕所、旅游市场秩序、旅游安全与保险等多方面制定了相应的标准，以引导城市旅游目的地服务质量的提升。根据这些标准，各城市进行全方位对照和改善，符合这些标准的城市可以申请得到中国优秀旅游城市的称号，截至2010年年末，共有337座城市分九批通过了验收。

说明：成都旅游集散中心，为访客提供信息咨询和交通集散服务。（吴必虎摄，2006）

城市型目的地需要为外来旅游者提供的公共服务中最常见的两项设施是游客中心（visitor center）和城市观光巴士（city tour bus）。游客中心常常设置于外来访客抵达城市的第一站，如机场、火车站、城市中心广场、重要旅游景区入口等地方。城市观光巴士根据城市观光线路的特色可以分为不同的产品组合，如城市历史线路、城市时尚路线、城市主要吸引物及当地特色街区环线等。城市的历史建筑、名人故居、著名事件发生地、城市自然或文化景观、城市公共设施、博物馆、艺术馆、民俗文化地段等要素，都可以纳入城市观光巴士的可停靠站点名单。

7.1.2 景区型目的地

与城市型目的地相对应，规模较大、离大中型城市人口密集地区较远，但因吸引力较强仍然能够独立吸引海内外客源的旅游地，可以形成景区型目的地。景区型目的地一般包括在保护地基础上形成的各类国家公园和在自然条件优越地区建设的商业化度假综合体两种基本类型。

保护地基础上建立的国家公园系统最早出现在美国。迄今为止，美国国家公园系统已经发展成为包括三大类地区的综合体系：第一大类以保护自然环境和生态系统为主，包括国家公园、国家禁猎区和国家纪念保护区；第二大类主要以生态旅游资源为保护对象，包括国家游憩区、国家海滨和国家湖滨等；第三大类为文化历史遗址保护区，包括近十种保护区单位，主要有国家历史公园、国家战场遗址等。为了保护国家自然公园的生态环境，同时满足不断增长的城市居民户外游憩需求，在美国全国性户外游憩资源调查的基础上，在大城市地区的边缘地带、1 小时车程能抵达的地区，选择生态环境好、游憩质量较高的地段，设立城市国家公园或国家游憩公园，为城市居民提供舒适的开放游憩空间。

有些学者和政府部门将中国的风景名胜区等同于西方的国家公园。但实际上中国的风景名胜区并未能包括国际上流行的国家公园所指的全部内容，除风景区之外，中国还有其他多种景区称号，分属于多个管理部门，如地质公园、森林公园、水利风景区、文化保护单位等。与美国等的国家公园相比，风景名胜区管理的对象和立法依据也不一样，景区内当地人口的居住情况、中央政府的财政支持力度等都很不相同。“风景名胜区”是中国自然文化遗产及其资源的一个特有概念，最早出现在 1978 年。1982 年，国务院审定公布了第一批 44 处国家重点风景名胜区。此后的 20 多年里，国务院又先后审定公布了第二至六批国家重点风景名胜区。此外，各省级人民政府还公布了一批省级和市（县）级风景名胜区。可以说，目前中国已形成以国家重点风景名胜区为核心，包括省级和市（县）级风景名胜区的较为完整的风景名胜区体系。风景名胜区内一般以地貌景观为主要吸引物，常常也有较为集中的历史文化建筑或景观，因此成为最为普遍、深受欢迎的旅游地或目的地。

随着度假旅游产品需求增加，休闲度假型景区、度假区综合体（resort complex）的数量也在迅速增长，在其基础上发展起来的商业性景区目的地即离开城市一定距离的大型度假目的地也在逐步发展。度假区主要包括海滨型、温泉型、山地型、乡村型、城市型等几种类型。

海滨度假区的发展可大致划分为三个时期：以欧洲大陆海滨城镇为代表的传统海滨度假区发展时期、海滨度假区快速城市化时期和近半个世纪以来兴起的综合度假区发展时期（刘俊和保继刚，2007）。早期海滨度假区主要集中在大城市郊区的多阳光沿海地带，依托“3S”（大海、沙滩和阳光）资源、多种多样的康体休闲设施（如滨海大道、舞厅、戏院、娱乐场所等）以及良好的区位条件，以服务大城市居民度假需求为目的。第二次世界大战后，海滨度假区逐渐向国际化发展，依托极为丰富的康体休闲活动，如冲浪运动、划船运动或乘船游览以及携带人造肺潜水等活动，吸引国外度假旅游者。休斯敦（Houston，2008）指出，旅游业是美国产业规模最大、吸纳就业人口最多、外汇收入最高的部门，海滩旅游是其中最领先的旅游目的地。中国海岸线长达 1.8 万公里，从北至南形成了众多海滨旅游度假地，尤其是海南近年发展迅速，正朝着国际旅游岛的方向前进。

20 世纪 20 年代，以温泉治疗为主导的传统温泉旅游度假区开始向温泉治疗和休闲娱乐并重发展的现代温泉旅游度假区转变。温泉旅游在世界范围内得到发展，其中尤以美国和日本的温泉旅游度假区最为闻名。温泉旅游度假区的游客则由上层阶层向中层阶层和工人阶层转变。度假区的规模也随之扩大，旅游功能日趋多样化，并发展成为多功能、综合性的大型旅游度假区。日本的温泉地可划分为疗养型、中间型和观光型三种类型。作为近程疗养地的温泉随着交通条件的改善，远距离的游

说明：马尔代夫是亚洲在国际市场上最具吸引力的热带海滨度假胜地之一。(吴必虎摄，2008)

客也能到达，逐渐由疗养型温泉地转变为观光游憩型目的地。此外，温泉度假区经常举办形式多样的“温泉节”及各种文化活动，在日本形成了独特的温泉文化（山村顺次，1995）。中国温泉旅游资源也较为丰富，其中广东珠海、北京昌平、海南三亚、台湾高雄等都有知名的温泉旅游地成功案例。

山地最常见的是作为观光旅游地被开发，但是作为度假旅游吸引物，山地也具有独特优势，尤其是在夏季避暑和冬季滑雪度假产品的创造方面具有竞争优势。山区特殊的自然旅游资源与优美的生态环境切合高节奏、高强度的现代都市人追求“回归自然、放松身心、调整健康”的生活潮流。欧洲阿尔卑斯山区从18世纪开始就是欧洲富人和贵族的度假休养地，对现代游客来说则是快慢动静皆宜的旅游胜地。聂保和奇彭尼克（Nepal and Chipeniuk，2005）认为，在发展山地旅游时，有六个山地资源特征影响到山地游憩与旅游产品的开发，即多样性、边缘性、可进入性、脆弱性、生态位以及美学特征。山地旅游涉及观光、休闲和度假等多种功能。在具备一定的积雪、坡度的条件下，那些冬季具有较丰富降雪的山地地区可以开展滑雪旅游。与其他旅游活动相比，滑雪具有滞留时间长、消费层次高、客源市场稳定等特点，它不仅可以增加旅游者的参与性，还可以促进旅游淡季地方经济的发展。滑雪旅游对资源的要求较高，其影响因素包括气候、海拔、地形、季节、技术等。发达国家的滑雪旅游已发展到产品成熟阶段，游客量出现了下降的趋势，同时由于滑雪场造成的环境问题以及全球变暖的影响，滑雪旅游产品亟待更新和多样化发展。在中国，山地旅游区正在经历从观光旅游向休闲度假旅游转变和提升的过程。

7.2　旅游城市

7.2.1　城市的旅游功能

现代城市是经济、社会（含政治、文化等）和物资三位一体的有机实体（顾朝林、柴彦威等，2002）。城市的旅游功能已经引起了人们的广泛重视。实际上，早在1933年8月国际现代建筑学会提出的《雅典宪章》中，游憩功能就已被列为城市的四大功能之一（另外三种功能是居住、生产和交通）。但是较长时期以来，中国不少城市过于强调物质生产功能，特别是第二产业的工业，城市游憩和旅游功能并未受到应有的重视，造成了较大的公共游憩空间和旅游设施及功能的欠缺。

可喜的是，1978年改革开放以来，各地通过优秀旅游城市建设，使城市的旅游功能得到开发。大部分城市各类基础设施相对完善，交通、通信、医疗、金融及生活供应等都比较便利，可以提供旅游者所需要的各方面服务，满足旅游者多种多样的旅游需求。这既表现为城市对旅游者的直接服务，又表现为城市对周围旅游区的辐射服务；既表现为对旅游需求的供给，又表现为对周围其他旅游区的旅游服务补充（王德刚，1998）。总之，依托城市自身的基础设施和资源，城市为旅游提供服务的功能逐渐受到重视。

早期有些城市凭借自身丰富的旅游资源成为旅游者观光游览的目的地，但真正意义上的城市旅游是把整个城市作为旅游吸引物，依靠城市文明的魅力、城市的总体形象来吸引旅游者。对城市旅游的研究最早可见美国学者斯坦斯菲尔德（Stansfield，1965）的著作《美国游憩研究中的城乡不平等》。作为一个重要的旅游研究领域，它的兴起源于城市旅游的快速发展。20世纪70年代末80年代初，由于西方发达国家城市普遍出现制造业长期衰退、高失业率现象，在创新城市经济的过程中，旅游业作为新型产业因其良好的产业特性（如劳动力密集、复合产业）和符合消费时代需求（休闲经济）的巨大发展潜力推动了城市中心区的复兴，城市旅游及其研究得到了世界范围内旅游和城市研究者的关注，并在90年代快速成长为一个具有显著特色的研究领域。

西方对城市旅游研究的关注主要来源于两种现实：一是如何有效解决旅游者需求的增长，特别是对历史城市旅游的需求所带来的到访率增长问题；二是很多城市特别是老工业城市将城市旅游作为城市复兴战略的政策。当前，城市旅游的理论研究成果并不丰富，主要代表人物是皮尔斯（Pearce），他总结了20世纪90年代以来城市旅游研究的主要成果，提出了城市旅游研究的一体化框架体系。这一框架体系以空间尺度（点、地区、城市、区域、国家、国际）和主题（需求、供给、开发、市场、规划、组织、实施、影响）为横、纵轴线定义成一个概念矩阵，并强调对这些因素之间横向和纵向联系的研究（Pearce，2001）。

国外对城市旅游的研究内容主要集中在城市旅游的经济理论（需求与供给），城市旅游对经济、社会、文化和环境生态的影响，城市旅游的规划和管理以及城市旅游的市场营销，“理想旅游城市”空间模型的构建，城市旅游者的行为和城市功能更新过程中旅游业的作用等方面（郑嫱婷、陆林等，2006）。城市作为国家经济、政治、文化、科技教育和信息活动中心，日益发挥出其生产、生活、流通、组织和游憩等方面的综合功能。

有学者总结了国内城市旅游的驱动机制，概括为吸引物驱动论、需求驱动论、城市发展驱动论、系统驱动论和驱动阶段论五类观点（龚伟，2006）。虽然有各种各样的驱动力促使城市旅游不断发展，但是城市旅游仍然面临诸多制约和挑战。客观因素的制约确实存在并需要不断克服：一是各个城市的引力差异很大；二是接待能力不足；三是环境容量有限；四是受制于当地居民的接受能力。即使努力开发，也还有资源、环境问题需要进一步协调和解决（刘德谦，2006）。

城市旅游产品是城市旅游业发展的基础。文化旅游是改善城市形象和提高城市知名度的有效举措；体育旅游可以促进城市旅游和经济发展，使城市的形象和声望迅速提高；会议旅游则是一种高消费模式，可以给城市带来丰厚效益。只有三者同时发展好，才能完善和充实城市旅游产品结构。现代化的城市可以对旅游者形成巨大吸引力，但是只有科学合理地确定城市旅游发展的目标，并把它和城市的现实基础、资源特色和未来发展方向结合起来，才能形成城市旅游的竞争力。杨宏伟（2007）认为城市旅游竞争力主要来自经济和文化两个方面，可以通过城市旅游形象、城市旅游产品、城市中央游憩区和环城游憩带以及大旅游圈等部分体现。其中城市旅游形象是城市吸引游客的关键因素，也是城市旅游文化的精髓。在旅游产品竞争上升为区域竞争的大趋势下，树立城市旅游整体形象是增强旅游市场开拓能力、发展旅游业的关键。

7.2.2 旅游城市的类型

关于旅游城市的分类可以有多种视角，比如按照旅游城市的规模和影响力划分为国际旅游城市、国内旅游城市等不同级别，按照旅游城市的核心资源和产品划分为自然型旅游城市和文化型旅游城市等类型。原国家旅游局曾经同世界旅游组织、北京大学旅游研究与规划中心合作，共同研究编制了《中国最佳旅游城市标准》，其中对旅游城市类型作了特色划分。2006年，按照上述标准，杭州、成都和大连被命名为“中国最佳旅游城市”。

《中国最佳旅游城市创建指南（2007修订版）》中提出了“中国专项最佳旅游城市”，这可以作为旅游城市分类或者发展方向的一种划分方案。在对旅游城市的旅游者满意度、当地居民获益度、旅游设施和服务质量、旅游资源和景观质量、基础设施和环境质量、城市旅游管理和各部门及行业间合作等项表现进行评估外，还对旅游城市提出了九个专项类别的测评，分别是观光旅游城市、绿色旅游城市、历史文化旅游城市、民族风情旅游城市、娱乐旅游城市、休闲度假旅游城市、商务会展旅游城市、美食旅游城市、购物旅游城市。

观光旅游城市具有观赏价值较高、视觉效果独特的高等级自然、历史文化观光吸引物，观光设施与服务较为完备，具有鲜明观光目的地形象，能提供较好的观光旅游信息与解说。绿色旅游城市具有优越的生态环境（高质量的大气、水体、植被等）、十分突出的环境意识、十分有效的生态保障体系与保护设施，能向游客提供丰富多样的接触大自然的生态旅游机会，生态旅游目的地的形象清晰，能向游客提供科学、易懂、多样的生态旅游信息和环境解说。历史文化旅游城市具有独特的物质文化和非物质文化遗产吸引物。民族风情旅游城市在民族文化遗产保护及其现代文明的和谐、主客关系、景观保护等方面达到较高水准，当地具有独特的、真实的少数民族物质和非物质文化吸引物，能够保障当地少数民族社区从旅游发展中获得显著（经济）利益，能向游客提供多样、易懂、尊重当地传统的少数民族文化（舞蹈、音乐、艺术、建筑、手工艺品等）的信息与解说。

娱乐旅游城市具有多年持续举办的、独特的、具有广泛影响的娱乐活动，具有形成规模的主题娱乐公园、康体娱乐街区、文化娱乐产业，娱乐服务设施与质量较好，娱乐目的地的形象清晰。休闲度假旅游城市具有优越的（休闲）度假资源（海滨、温泉、湖泊、河流、山地、乡村、特色街区等）和良好的可达性，能够为（休闲）度假游客提供较长滞留时间（数天至数周）的度假产品。

商务会展旅游城市具有综合旅游吸引力（观光、餐饮、购物、娱乐等），在交通可达性、设施和服务、商业信用、景观保护等方面达到较高水准，当地具有非常活跃、密集的商务活动，能够提供达到国际标准、种类多样的会议或展览设施与服务，具有高水平的会展组织与销售能力，能够向市场提供丰富、多样、及时的商务会展信息。美食旅游城市具有深厚的中国地方特色餐饮文化传统，能够提供特色鲜明、种类丰富、质量上乘的食品和饮品，向市场提供多语种关于饮食文化、食品饮品、烹饪技艺、餐馆建筑、菜单食谱等的信息和解说。购物旅游城市具有非常便捷的物流和旅行条件，具有活跃的、独特的购物街区和（或）购物设施群，本地特产和商品的设计、生产和包装能力强，商品具有较高市场占有率，全球商品的流通环节快捷、通畅，城市作为购物目的地的形象十分清晰，能向市场提供丰富、多样、及时的购物信息。

7.2.3 游客中心

游客中心（visitor center）是为已经抵达的访客提供基础信息服务和现场咨询的公益服务和公共营销设施。一般将游客中心分为设立于交通场站的欢迎中心、设立于旅游景区入口处的景区游客中心和设立于城市人流量较为集中地段的咨询中心等三类。随着中国旅游的迅速发展、旅游景区标准化和质量等级的评定、各地旅游城市建设的推动，中国普遍建立了景区游客中心和城市旅游信息咨询中心，旨在为旅游者提供必要的旅游信息。皮尔斯（Pearce，2004）研究发现，游客中心对于区域旅游的可持续发展具有重要作用。他提出了“四加一”模型来表现游客中心的多种功能，即促销功能、增强功能、过滤功能、替代功能，加上一个社区参与。皮尔斯强调，社区参与和认同是游客中心建设的一个不可忽视的目标。

各类国家公园、历史遗产地等旅游地的游客中心常常具有环境解说（environmental interpretation）或遗产解说（heritage interpretation）的功能。莫斯卡多和皮尔斯（Moscardo and Pearce，1986）通过对英国17处游客中心的数据分析，发现几个重要因素与环境解说具有密切关系，这些因素包括访客满足感、访客信息忆起、访客在意度以及访客习得度。其中，在意度是指旅游者对特定环境信息的重视程度；习得度是指游客对在游客中心能够学习到的知识的认可程度。他们的研究发现，不同游客之间和游客对不同的游客中心的信息忆起和满足感差别不大，但是游客的在意度与其满足感正相关，也就是说，一般游客的心理受到经验的刺激作用。

在现代旅游城市中，旅游信息咨询中心（tourism information center）的作用非常明显。旅游信息咨询中心是城市为游客（特别是散客）、市民提供诸如信息咨询、投诉、救援等服务的一种具有较强公益性的旅游设施。按照国际惯例，咨询中心与城市交通、公共厕所一起，被视作每个旅游城市的三大必备旅游设施。是否建有咨询中心，也常常被当作衡量一座旅游城市发展程度的标尺。随着中国旅游业的发展和旅游服务设施的健全，咨询中心作为以信息服务为主的专门机构，在中国的旅游信息服务体系中扮演着重要的角色。

旅游信息咨询中心通常有四种类型：政府拨款建立，纯粹公益性的；旅游局单独设立或旅游局联合其他部门设立；旅游局与其他诸如旅行社、地铁公司等营利性

说明：设在首尔的韩国国家旅游组织旁的旅游信息中心。（吴必虎摄，2006）

公司合作建立，具有半公益性质，自身有一定创收能力；旅行社建立，纯粹营利性的。咨询中心的主要功能包括：公益性服务功能，信息查询、宣传品发放、投诉受理、旅游救援、提供急救药物等；经营性服务功能，发送或出售地图、旅游纪念品销售或展示、票务服务、旅游产品和线路销售、组织市区或市郊一日游；网络信息服务，网上直销、网络组团、网络代理业务、网络广告等。

旅游信息咨询中心在旅游者和旅游城市各旅游企业之间的旅游信息需求与供给的双向循环流动过程中起着信息中介的作用，其具体的流程形式有以下几种：游客直接到咨询中心咨询，咨询中心工作人员面对面为游客提供咨询服务；旅游者通过访问咨询中心的网站，获取各项旅游信息，再与咨询中心联系，详细询问咨询中心提供的服务；当发生一些重大旅游事故时，咨询中心立即与当地的有关救援部门取得联系，与这些部门的良好合作能更好地发挥其信息服务的功能。

7.3　目的地营销

各类旅游目的地不仅存在一个如何向旅游者提供旅游吸引物和旅游服务的问题，还需要通过各种途径和方法让潜在消费者了解和信任目的地的产品和质量，这就需要目的地营销来帮助实现这一目的。旅游营销一般包括旅游企业营销和旅游目的地营销两个层面。目的地营销（destination marketing）是政府和非政府公共组织的责任。旅游公共组织为提高目的地知名度、增进客源市场对目的地的了解、增加旅游消费，需要投资进行一系列的信息传递和客户沟通活动。公共组织目的地营销的意义在于塑造旅游地形象和解决旅游中的信息不对称等问题，其实质是一种生产公共产品的行为（池雄标，2003）。旅游公共组织对当地旅游产品及相关的无形资产进行重新组合，整体包装，通过多种媒体组合，宣传城市旅游的公共形象，向潜在市场推出当地的旅游产品。旅游地的宣传促销中，公共宣传是主体，这更体现了城市旅游管理体制对旅游经济绩效的推动作用（李武武，2003）。

城市营销不同于企业的市场营销，公共性是其基本的价值取向。目前中国城市营销中还存在不少偏离公共性的问题，如城市治理停留在传统行政管理层面，城市营销意识薄弱；把城市营销等同于城市经营；城市营销过于注重外在形象的塑造，忽视城市内涵的养成；城市营销政策呈现异化迹象，一些城市营销逐渐演化成为政府追逐政绩的工具，忽视了公共利益的实现与维护（李珍刚，2006）。城市政府要克服城市营销公共性缺失的局限，就需要构建科学规范的城市营销机制。这一机制核心的价值追求应当是实现和发展公共利益。因此，城市政府需要以公共利益作为营销的出发点和归宿，对其作出制度安排。

7.3.1　目的地营销组织

旅游目的地营销是旅游目的地政府或协会代表地区内所有旅游企业作为营销主

体，以一个旅游目的地的整体形象加入旅游市场的激烈竞争。旅游地形象是一种新型的公共产品，旅游营销是一种公共产品生产行为。从这个认识出发，目的地营销组织（destination marketing organization，DMO）最直接的承担者就是各级目的地所在地的政府机构，或者其委托的代理机构。高效的目的地营销组织是目的地营销顺利实施的组织保障。由于目的地旅游产品通常由公共部门（目的地政府）和私营部门（旅游企业）共同提供，因此决定了旅游管理部门和私营部门对目的地营销共同负有责任。例如，在对英国一些老牌工业城市的旅游目的地营销组织的研究中，布拉姆韦尔和罗丁（Bramwell and Rawding，1994）发现，良好的公私部门合作伙伴关系和近年来呈现出的公司城市营销活动，是很多城市目的地营销组织发展的经验。除政府主管部门，目的地营销参与者还包括该地区所有相关的机构和人员，包括政府、企业、居民、各种正式及非正式的社会机构。营销对象是地区内所有的旅游产品和服务。营销获益者是整个旅游地区。派克（Pike，2004）认为，目的地营销组织面临两个挑战，一个挑战是如何在动态多变的潜在市场中推销具有多种特征的目的地；另一个挑战就是实践工作者和理论研究者的脱节。

旅游目的地营销的内容包括：提高旅游目的地的价值和形象，以促使潜在旅游者充分认识到该地区与众不同的优势；规划开发区域协调、配套、有吸引力的旅游产品；宣传促销整个地区的产品和服务，使目标市场将本地区作为旅游目的地；刺激来访者的消费行为，提高其在本地区的消费额。

目的地整体旅游营销包括以下典型做法：代表旅游目的地发布旅游信息；印制和发放宣传区域旅游形象的文献资料；举办各种针对国内外市场的宣传推介和公关活动；促进本地和外地的旅游企业之间的协作；设计城市旅游形象的标识、口号并培育认同意识；等等。从广义来说，目的地整体营销还应包括：配备和培训信息收集、传播人员，建设与管理城市公共标识系统，争取重大会议、赛事、展览的举办权，争取跨国公司总部设在本市，争取有利于人流、物流向本市流动的交通条件和出入境政策，等等。上述各种行为显然非单个企业或个人所能为之，必须借助政府的直接或间接介入才能完成。即使有企业对其中的部分内容进行操作，也得不到大部分收益。在这种情况下，政府利用公共财政进行整体形象营销就成为一种必然选择（池雄标，2003）。

以国家级旅游目的地为例，几乎所有的国家都不同程度地参与旅游营销。目的地利益主体之间的复杂关系及相互依赖为目的地协作营销提供了基础，公私部门组建的营销联盟是协作型目的地营销组织的具体形式。帕尔默和贝欧（Palmer and Bejou，1995）对目的地营销联盟进行了分析，发现正是因为旅游产品供给涉及众多利益主体，它们之间关系的复杂性和相互依赖性是很多地方旅游营销联盟得以创立的根本原因。多个利益主体的不同需求和它们所处环境的限制是研究地方营销联盟时必须关注的问题。韦伯斯特和伊凡诺夫（Webster and Ivanov，2007）曾以东欧一些国家为例，测量了它们在目的地营销方面所做的促销工作获得的成效。他们使用了两个相互关联的变量来测量营销绩效，一是旅游滞留天数，二是旅游者抵达人数；他们还以国家旅游组织是否在海外派出营销办公机构作为衡量国际营销的一项标准。

作为公共产品，目的地营销的成本开支理所当然应该纳入地方政府财政预算。公共财政是弥补市场失灵的财政，政府主要利用财政收支为市场提供公共服务、生产公共产品。生产公共产品如目的地营销以满足社会公众的需求是其主要任务。但是，美国的做法也许值得借鉴，从 1993 年开始，许多州不再直接由政府财政拨款进行目的地营销，而是从旅游行业收入中征收床位税，作为旅游促销经费的来源。这笔资金数量大、来源稳、专款专用，取得了很好的效果（Bonham and Mak，1996）。

说明：香港旅游发展局对目的地营销十分重视，其视觉标识是一艘红帆船。在维多利亚港的海面上，每天都会看到一艘红帆船定时驶过游客的视野。（吴必虎摄，2009）

7.3.2　目的地营销系统

旅游信息与交流技术领域研究具有很大广度和深度（Schertler，Schmid et al.，1994）。20 世纪 90 年代初，目的地信息系统（destination information system，DIS）首先受到重视。DIS 在发展过程中开始对其营销功能和管理功能进行扩展，从单纯的信息系统转向具有强大营销和管理功能的目的地营销系统（destination marketing system，DMS）。

目的地营销系统与其他旅游电子化服务模式的区别在于，它是以目的地整体形象来参与全球旅游营销竞争的。在这一模式下，受益的不是某一类企业或者某个企业，而是区域内所有的旅游企业及旅游相关机构，系统成员也主要是目的地区域内的旅游企业和机构。DMS的运营管理流程大致分为信息采集、信息审核、信息发布、主动营销与互动及在线预订等环节（徐朝霞，2007）。有研究者分析了卖家评级对于在线旅游者满意度的影响，探索了导致在线旅游者遗憾失望的因素（Tseng，2017）。信息采集是指运营主体通过各种信息渠道收集旅游目的地的信息；信息审核是对采集到的信息进行审核和筛选；信息发布是将审核通过的信息分类显示在网站各栏目中；主动营销与互动是运用多种网络营销手段为供求双方提供互动沟通的平台；在线预订为供求双方提供在线交易的平台。

随着互联网技术的飞速发展，自媒体时代已经到来，人们乐于在自媒体平台中晒生活，秀美好，分享自己的情感和体验，旅游更是人们彰显“身份”、传达感情、寻求认同的最好方式之一（张翠平，2018）。尤其是当前连续登上下载榜首的手机App“抖音短视频”（以下简称“抖音”），更是颠覆了传统意义上的营销方式。自2018年开春以来，西安的“摔碗酒”、重庆的“轻轨穿楼”、厦门的“土耳其冰淇淋”、济南的“连音社”等网红景点迅速引爆所在城市的旅游，各大网红城市借助抖音平台形成了滚雪球式的疯狂传播，旅游收入与游客量显著增长。“记录美好生活的抖音”已然成为优质旅游、美好体验的“代言人”。抖音“带火”旅游地的实质实际上是潜在游客通过抖音平台上传播的视频获得了对潜在旅游目的地的认同，从而产生了到访该旅游目的地的动机并最终成为到访该旅游目的地的真实旅游者。

7.3.3 目的地在线化

随着大众旅游时代的到来，旅游目的地在线化作为一种趋势，不断地适应新市场、新需求，不断地挖掘旅游消费新潜力，不断地激发旅游发展新活力，成为旅游目的地发展的新常态。目的地在线化包括营销在线化、运营在线化和全域场景在线化等在线化新模式。

由国家工业和信息化部、国家科学技术部、中国科学院、中国国际贸易促进委员会、湖北省人民政府主办的首届旅游目的地在线化高峰论坛暨颁奖盛典于2016年在湖北武汉举行，与会代表一致认为，旅游目的地在线化的实践过程中最为重要的是数据融合和行业标准。武当山景区通过在线整合业态资源，以及跨区域在线整合，跨行业延伸价值，统一在线运营管理，统一全网用户数据，实现武当山景区、城区旅游目的地全面在线化。武当山以高起点规划、高标准打造旅游目的地在线化，荣获此次论坛“目的地在线化创新示范奖”。

□ 本章小结

旅游地达到一定规模或数量后，将会形成旅游目的地。

旅游目的地一般分为城市型目的地和景区型目的地。历史文化名城、优秀旅游城市是主要的城市型目的地。景区型目的地一般依托风景名胜区或大型旅游度假区而形成。

绝大多数现代城市具有旅游功能，并逐渐从具有旅游功能的城市发展为专门的旅游城市。一般来说，旅游城市可以划分为观光旅游城市、绿色旅游城市、历史文化旅游城市、民族风情旅游城市、娱乐旅游城市、休闲度假旅游城市、商务会展旅游城市、美食旅游城市、购物旅游城市。

游客中心是为已经抵达的访客提供基础信息服务和现场咨询的公益设施。一般将游客中心分为设立于交通场站的欢迎中心、设立于旅游景区入口处的景区游客中心和设立于城市人流量较为集中地段的咨询中心等三类。景区游客中心和城市旅游信息咨询中心是重要的旅游信息服务机构。

旅游目的地营销是提升目的地整体竞争力的重要手段，只有通过公共组织才能实现这个目标，政府在此过程中具有领导和组织的作用。在信息技术日新月异的支持下，目的地营销系统的构建和运转成为可能。

□ 关键术语

目的地（destination）

景区型目的地（park/resort-based destinations）

环境解说（environmental interpretation）

游客中心（visitor center）

目的地营销组织（destination marketing organization，DMO）

城市型目的地（city-based destinations）

旅游信息咨询中心（tourism information center）

目的地营销（destination marketing）

目的地营销系统（destination marketing system，DMS）

□ 思考题

1. 什么是旅游目的地？
2. 如何理解城市的旅游功能？
3. 旅游城市有哪些类型？
4. 简单比较城市型目的地和景区型目的地的异同。
5. 分析游客中心在各类目的地中的地位和作用。
6. 什么是目的地营销组织？政府和企业在其中各自发挥什么作用？

第 8 章

移动性与旅游交通

学习目标

- 了解人类旅行与移动性的含义
- 了解旅游移动性的影响因素
- 认识现代大众旅行方式与旅游交通的功能
- 了解旅游交通系统和交通服务

8.1 旅行与移动性

在世界科学界公认的四大名刊《细胞》（*Cell*）、《自然》（*Nature*）、《科学》（*Science*）和《美国科学院院报》（*PNAS*）中，除《细胞》外均刊发了有关人类移动行为研究的论文。2005 年《社会网络中的地理路径选择》发表于《美国科学院院报》；继 2006 年《人类旅行分级规律》在《自然》上发表之后，2008 年《个体人类移动模式探析》刊发于《自然》；2010 年《人类移动性可预测性的极限》发表于《科学》。以上文章的发表标志着人类移动行为研究受到了国际科学界的广泛关注。

霍尔（中译本，2008）指出旅游活动越来越多地被视为一种人类暂时性的移动，并用移动性（mobility）这一术语来解释旅游活动：旅游是一种休闲或游憩生活方式的表达，以旅行或短时间改变住所为标志。波洛兹（Böröcz，1996）把这种人类移动现象称为休闲人口移动（leisure migration），并用旅行资本主义（travel-capitalism）来解释这种现象的形成原因。霍尔和威廉姆斯（Hall and Williams，2002）在《旅游与人口移动》一书中探讨了旅游与人口迁移之间的关系。正是旅游移动性加强了本地与全球的联系（Burns and Novelli，2008）。从移动性已经成为旅游研究理论中的核心概念之一可以看出，人类旅行以及作为支持旅行行为的物理条件的旅游交通（tourism transportation）在整个旅游学研究中占据重要位置。从中文字面来讲，旅游可以视为两种行为的结合，一是旅行行为，二是游憩行为：旅（行）＋游(憩)＝旅游。这里，旅是指愉悦旅行和商务旅行等各种目的的出行行为；游是指广义游憩，既包括外来访客的旅游活动，也包括本地居民的户外休闲活动。一言以蔽之，移动性与旅游交通是旅游系统中不可或缺的重要组成部分，常常起到关键作用。

8.1.1　人类旅行与移动性

1. 移动性

人类移动行为包括各种目的的地理迁移活动，很显然只有旅游者的移动才构成现代人类社会最大规模的移动现象。旅游移动性是指旅游者通过某种旅行方式和通道，实现从一个地点到达另外一个地点的空间转移过程，它既包括旅游者在旅游客源地与目的地之间的空间移动，也包括游客在目的地内部的空间移动。为人类旅游移动目的提供交通运输服务的各个部门、多种设施与服务，形成了旅游交通产业。

自古以来，人类移动性就受交通条件的深刻影响，游历和旅游发展的历史就是伴随交通发展演变的历史。交通运输业的发展是旅游业产生与发展的重要推动力量，交通运输技术每一次新的突破都会将旅游业的发展推向新的台阶。早期人类的旅游移动是伴随着马、牛、驴等畜力工具和独木舟等古代交通工具的发展而变化的。由于交通方式的限制，早期人类的移动范围非常有限。随着社会经济的进一步发展，古罗马帝国以及中国秦汉时期等均修筑了许多宽阔的道路，大大便利了人们的出行，旅游移动的规模也有了明显扩大。进入近代社会，蒸汽式火车的出现标志着近代旅游的开始，大规模的人员移动成为可能。20世纪五六十年代，喷气式飞机的应用标志着大众旅游时代的到来，特别是为大规模国际旅游活动的发展创造了条件。现代社会信息化条件下的高速交通路网的建设、商业航空运输的发展以及小汽车的普及，进一步为旅游移动的快速发展奠定了坚实的基础。

随着现代化、城市化、信息化和全球化进程的发展，现代人的移动性也在增加；同时，随着休闲时间和个人可支配收入的增加，旅游移动性在整个人类移动性中占有越来越高的比例。挪威的一项研究（Hoyer，2000）表明，在个人所有移动行为中，与旅游相关的移动占50%以上，其中，基于航空的旅游移动和基于道路的旅游移动分别占旅游移动的1/3和2/3（见图8-1）。生活方式型旅游者和生活方式型旅游业主已经成为旅游学者关注的研究对象（Cohen，2011；Sun and Xu，2017）。

2. 旅游移动的空间尺度

按照旅游移动涉及的地理范围和旅游过程，可以将旅游移动分为三种空间尺度，

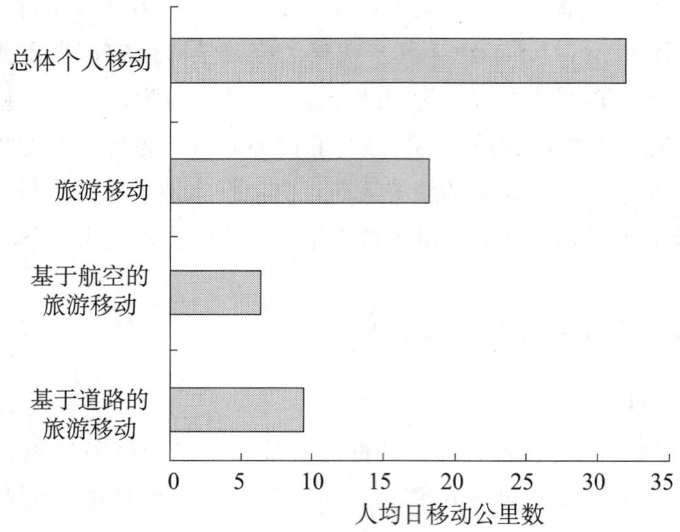

图 8-1　旅游移动在个人总体移动中的比例

资料来源：Hoyer，2000.

即 OD 对[①]间移动、旅游目的地内移动以及旅游吸引物（景区）内移动。三者分别属于大空间尺度的外部交通、中小空间尺度的交通以及旅游区内部交通。

（1）OD 对间移动。旅游活动的实现必须以旅游者从客源地至目的地之间的空间转移为前提条件，OD 对间移动亦称旅游外部交通，是指旅游者从客源地到达旅游目的地所依托的中心城市之间的交通。一般来说，其空间尺度是跨国、跨区域或者跨省市的，其交通方式主要是航空、铁路和高速公路。例如，来自美国纽约的旅游者乘坐飞机到达上海；广东省的旅游者去四川省九寨沟需从广州或深圳出发到达成都。

（2）旅游目的地内移动。旅游目的地内移动是指旅游者到达旅游目的地所在的或者所依托的旅游中心城市之后，搭乘当地交通工具所进行的中小尺度移动。在这个过程中，独立旅游景区内的移动以外的一切交通活动，都可以称为旅游目的地交通，如从当地火车站到住宿点的交通，从住宿点出发前往各大游览点或节事举办场地的交通等。其交通方式主要是公路交通、城市公交系统和水上交通，现代一些经济发达的大城市地铁交通较为发达，旅游者乘坐地铁在市内的景区景点或会展场所之间往返，也是旅游目的地交通方式之一。

（3）旅游吸引物内移动。这也就是旅游景区中的移动，是指旅游者到达旅游景区之后，在不同景点内或景点间进行的空间转移。旅游区交通的具体方式有景点内的步行区交通、索道、各种游览车（船）、飞行器（直升机、滑翔机、热气球）等；景点间交通则可有专门的旅游交通，也可借助连接不同景区间的公共交通方式。

---

① O 和 D 分别是客源地（origin）和目的地（destination）的英文首字母。OD 对是指客源地、目的地之间的耦合关系。

旅游景区交通特别是景点内交通多是专门为旅游者观赏游玩和实现空间移动而设计的，往往在实现旅游者空间移动的同时，以中途停留和移步换景的方式实现一部分旅游功能，可以说其本身也是一种旅游吸引物。此外，旅游景区交通有时也承担当地居民的部分公共交通功能。

8.1.2　移动性的影响因素

旅游者的移动性大小、移动速度、对移动方式（交通工具）的选择，受许多因素的影响，概括起来主要有经济因素、距离因素、时间因素、个人偏好因素等。

（1）收入与支付意愿。除公务旅游者，一般旅游者在进行交通工具选择时，首要考虑的是经济成本。经济因素主要有两层含义：一是旅游者的经济收入；二是旅游者愿意支付的交通费用。

旅游者自身的经济水平制约着其在旅游移动中对于交通工具的选择。在旅行社组团中，豪华团和普通团的差别在旅游交通上体现最为明显，而旅游者对于两种不同等级的团队的选择往往是根据自身的经济水平来决定的。在自助旅游当中也同样如此。在旅游者所支付的旅游费用中，交通费用是重要的一项，尤其对于长途旅行来说，交通费用往往占非常大的比重。交通费用是指旅游者为到达目的地所需支付的交通工具的费用以及在途中产生的各项费用。对于乘坐飞机、火车和长途汽车的旅游者来说，交通费用主要由所要支付的票价构成，途中的饮食费用相对票价来说较少；而对于自驾车旅游的旅游者来说，交通费用则包括汽油费、过路费、车辆维护费和途中食宿费等，如果车是租的，还要加上租车费。旅游者愿意支付的旅游费用越高，越偏向于选择快速、舒适但是费用较高的旅游交通方式，如航空旅游交通；反之，则会更多地考虑费用问题，选择其他更廉价的旅游交通方式。

（2）距离。在同样的经济因素影响下，旅游者在选择出游交通工具时还要受到距离的影响。这里的距离，不仅是指空间的远近，还包括交通便利程度引起的旅行时间的长短，时间距离是旅游者选择交通工具的重要考虑因素。当然，这也与成本有关，往往越快的方式价格越高。空间的物理距离因素起到决定性的作用。比如，在近郊的一日休闲活动，一般会选择公路交通中的公共汽车、出租车、地铁或者自驾车；跨市、省或者跨区域的短途旅游活动，铁路旅行和公路交通中的长途汽车都是比较好的选择；全国范围内的长途旅游活动，可以在铁路交通和航空交通之间进行选择；出境旅游活动一般需要通过航空交通进行中转。交通的便利程度也影响着旅游者对交通工具的选择，同样的空间距离，不同交通方式的便利程度和旅行时间会有所不同。

（3）可支配时间与时间成本。时间因素对于旅游者选择交通工具的决策的影响主要从三个角度考虑：一是旅游者闲暇时间的充裕程度；二是交通的时间成本问题；三是旅游活动所花的时间。旅游者能够用于一次旅游活动的时间的充裕程度，决定了旅游者对于交通选择的敏感性。在同样的经济水平下，时间充裕的旅游者会更注重交通方式的成本和舒适度，时间不充裕的旅游者对于交通方式的速度要求更高。所以，一般情况下，跨区域的商务旅游者会选择乘坐飞机出行，退休老人旅行时一般会选择火车硬卧或者软卧。

交通的时间成本主要指旅游者消耗在旅游交通上的时间成本。在总的可支配时间一定的情况下，耗费在途中的时间越长，可以用在目的地游览的时间就越短，旅游者的收获相应就越小。选择不同的交通方式出游所耗费的时间长短会有很大的差别，时间成本也就大相径庭。因此，旅游者在出行之前往往会考虑旅游活动的时间安排、各种交通方式对于时间安排的影响，再选择交通方式。

（4）个体偏好。由于旅游者的性别、年龄、兴趣爱好、职业、文化程度、社会地位、家庭结构等个人属性的差异，旅游者的旅游移动偏好不同，对旅游交通方式的选择也有差异。比如，儿童对新鲜事物充满热情，对新奇的交通方式充满好奇；年轻人精力充沛，更愿意体验不同的旅行方式；老年人更喜欢舒适安全的交通方式。高学历的人目的性较强，选择移动方式也有较强的自主性。旅游者的个人经验也影响其对于旅游交通方式的选择。假如他过去乘坐某种交通方式有过愉快的或者痛苦的旅途体验，那么这种经验会直接影响以后的旅游交通方式的选择，甚至起到决定性的作用。

8.2 旅行方式与旅游交通

无论是公共交通还是私人交通的发展，都会对旅游的增长和方向产生重要影响，对于大众旅游来说更是如此（Pender，2001）。交通方式（means of transport）是指旅游者从其惯常居住地旅行到访问地所使用的方式。通常，人们把这些交通方式提供者分为铁路公司、公路旅客运输公司、轮渡与游轮公司以及航空公司。随着现代旅游的发展，旅游者对于旅行方式及旅游交通的要求越来越高，但其基本的要求依然是：快速、安全、方便、舒适、经济。根据交通工具、线路和地理环境的不同，常用的现代旅行方式可分为航空交通、水上交通和陆上交通（铁路、公路）等三类。这三种旅行方式优势互补、协调发展、综合应用，才能充分保证满足旅游者对于旅游交通的需求。此外，不同的地区和民族还有自身独特的交通方式，各具特色、形态各异、功能不同的地方民间传统交通工具也是旅游交通的重要补充。总体来看，旅游与交通的研究长期以来遭到忽视，其中一个原因是旅游交通研究涉及多学科领域。近年来这方面开始得到改变，许多学科的研究者，包括地理学家、规划师、社会心理学家、营销专家、经济学家和社会学家走到一起，共同对旅游交通进行探讨、研究（Lumsdon and Page，2003）。

8.2.1 现代大众旅行方式

航空交通（air transportation）与旅游活动具有天生的紧密联系。旅游是航空交通变革的一个驱动因素，某种程度上说甚至是一个刺激因素，其中最明显的一个佐证是包机航线这种崭新的商业模式就源于旅游市场需求。另外，航空交通催生了新的目的地和新的旅游模式，如长距离短期假日产品的推出。正是基于二者如此紧密的关系，目的地战略规划中必须清楚地提出相应的航空政策和航空可进入性战略；同样，对于航空公司来讲，对于目的地商业模式的评价和理解也是非常必要的（Bieger and Wittmer，2006）。吉伦和尼梅尔（Gillen and Niemeier，2006）曾经在《航空交通管理学刊》专门组织了一期专辑，从航空公司、机场和旅行社角度广泛深入地探讨休闲交通与旅游的关系。

航空旅行是现代远程国际旅游最主要的大众旅行方式，多用于洲际、国际、大中城市间等物理距离较远的旅游活动，是国际长途旅游者的首选。根据世界旅游组织的统计，到发展中国家的入境旅游者90%以上选择航空旅行方式。组织方式主要有定期航班（scheduled flights）、非定期航班（临时航班、专线旅游航班、包机）和其他空中服务等三种。定期航班是在既定的国内或者国际航线上按照计划好的时间表提供客运服务；临时航班是对定期航班的一种补充，主要用于旅游旺季或者重大节事活动；专线旅游航班是一种将旅游热点城市组合成一条线路或连接成环线，以专门满足旅游者的交通需求；包机服务是一种不定期的航空包乘服务。

和其他方式相比，航空旅行具有自身的优点：航线直飞，两地之间的飞行距离最短；运行速度快，节约时间；能跨越地面各种自然障碍，能航行于相距遥远的各地之间，是国与国之间的重要交通工具；飞行灵活性大，航空交通可以根据季节的需要，按班期飞行，也可以不定期飞行，在旺季时加开班次，在淡季时减少或者取消班次。

但航空旅行也存在一定的不足：基本建设（机场及其附属设施等）投资较大，飞机造价很高、运载能力有限、能耗较大、运输成本高，同时，航空旅行只能提供点到点的交通服务，不能从面上展开，不能独立提供完整的旅游交通服务，必须与其他交通运输方式配合。另外，航空旅行在一定程度上受到气候条件的制约，时有班机延误、取消等情况发生，影响旅游者的行程安排。

陆上交通（land transportation）包括铁路，长途公共汽车、城市公共汽车与其他公路交通（如私家车、租赁汽车），以及其他陆上交通方式（World Tourism Organization，1995）。

铁路旅行是旅游业的重要组成部分。它依托一系列铁路设施与服务即铁路客运系统，一方面借助旅客列车和车站等交通运输设施，从事运送包括旅游者在内的旅客及其行李的社会生产；另一方面以旅游者为主要运送对象，在旅游客源地和旅游目的地之间，以及旅游目的地内各项旅游活动场所之间产生移动。

铁路旅行具有运输量大、运费低、行驶速度快、连续性强及受季节气候等自然条件的制约较小等优点。它可以一年四季、昼夜不停、风雨无阻地正常运行，一般情况下，始发、到达都比较准点，安全可靠。另外，铁路旅行的环境污染小。截至

2017年年底，我国电气化铁路总里程达8.7万公里，跃升世界第一。

铁路旅行也有自身的缺陷：灵活性较飞机和汽车差，铁路建设投资大，占用土地多，建设周期较长，受资金投入、工期、地理条件的限制比较大。目前中国每修建一公里铁路线，平原、丘陵地区需投资150多万元，山区约需400万元；一条铁路的施工期要用3.5年，有的长达10多年。

说明：中国台湾阿里山森林铁路现在已经成为旅游专用交通方式。（吴必虎摄，2004）

20世纪60年代以来，许多工业发达国家在研制高速火车方面取得很大成效。1997—2007年，中国铁路经历了6次大提速，截至2008年年底，中国时速200公里及以上线路延展里程有6 415公里，其中，时速250公里线路延展里程为1 207公里。2017年中国高铁运营里程超过2.5万公里，占全球高铁运营里程的65%。2019年，计划确保投产高铁新线3 200公里。根据国家铁路局发布的统计数据，2018年国家铁路运输旅客发送量累计达33.75亿人，同比增长9.4%。客运能力的大幅提升有力保证了旅游交通的运行，也使得铁路旅行在旅游交通中的比重大大提升，旅游者有了更多、更好的选择。

地铁交通即地下铁路交通，是比较特殊的铁路旅行方式，主要是在大城市地下修筑隧道，铺设铁轨，以电动快速列车运送大量旅客的公共交通方式，属于城市的轨道交通系统。还有一类特殊的铁路旅行方式是修建于地上或高架桥上的城市轨道交通系统，通常称为城铁或者轻轨，往往和地铁线路实现对接，构成城市内的快速交通系统。绝大多数的城市轨道交通系统都作为城市交通的骨干，用来运载市内通勤的乘客，同时也是旅游者尤其是散客在市区进行休闲旅游活动时喜爱选择的旅行方式之一。

公路旅行是旅游交通中最普遍的中短途旅行方式，其优势在于灵活性较大、速度较快，能深入到旅游景区和景点，实现门到门的运送，对自然条件适应性强，一般道路都可行驶，可直抵偏远地区、农村、牧场、山地、海滨等旅游区，能随时停留，把旅游活动从点扩大到面，在中短途旅行中非常方便；同时，除大型的高速公路，一般的公路旅游交通线路的建设投资较少，占地也较少，工期短，见效快。

但是，公路旅行也有其不足之处：运输承载能力较小，一般家用小轿车只可乘坐4人左右，商用轿车乘坐10人左右，大型旅游轿车载客量也不超过50人；长途旅游时，速度不如火车、飞机，运费较高，受气候变化影响较大等，因此只适用于中短途旅游活动。

目前，各个国家都广泛修筑了高速公路。一般公路快慢车辆混合行驶、平交道口车辆及行人横穿等，使汽车交通受到干扰，影响了汽车行驶速度和安全。高速公路就可将这些干扰基本排除，形成高效能的公路，大大便利了旅游活动的开展，提高了旅游的效率，也使得公路旅行活动更加广泛。

水上交通（waterway transportation）一般包括船运航线和轮渡、游轮及其他水上交通服务，它们具有运量大、耗能低、投资少、耗材少、占地少等特点，但也有速度慢，准时性、连续性和灵活性都不如其他运输方式，受季节、气候、水深、风浪及泥沙等自然条件影响较大等弱点。在水路旅行方式中，游轮旅游（cruise tourism）① 的发展引人瞩目。

8.2.2　旅行方式组合

旅游者从惯常环境（一般是家庭所在地）出发到某一旅游区或旅游目的地，往往需要借助不止一种旅行方式，搭乘多种交通工具，也就是说，一次出行通常需要对几种旅行方式进行组合。旅行方式组合在交通学上称为联合运输，是指由两种或者两种以上的交通方式，按照一定的规章制度或者协议，联合完成某项客运任务的一种交通形式，比如铁路-水路、铁路-公路、航空-公路等不同的交通方式联合起来共同完成旅游交通运输任务。不同的交通方式各有其优点和缺点，并非所有的旅游交通方式都能够在旅游活动中发挥作用。要保证更快、更合理地为旅游者提供旅行服务，各种旅行方式必须合理安排、统一协调，建立良好的旅游交通服务体系。

对不同旅行方式进行组合，可以提高交通的全程性、简便性、通用性。随着长线旅游范围不断扩大，由国内旅游向国际、洲际发展的趋势越来越明显。旅游过程中，旅游者可能要经历几次中转，经过交通方式的组合可以实现一票贯通全程，简

---

①　游轮旅游也译为邮轮旅游，因为最初的邮轮（客轮）承担很多邮寄托运服务。邮轮在国外已经有100多年历史。19世纪初，一些人开始登上邮轮漂洋过海，邮轮旅游开始发展，但是邮轮最重要的功能还是运载邮件和移民。航空旅行方式出现后，逐渐取代了邮轮。1985年法国的法兰西号邮轮退出大西洋航线，邮轮退出历史舞台，标志着一个伟大的航海时代的结束。现在的豪华客轮严格意义上只能算游轮。

化相关手续。一些铁路和水路交通企业还把联合运输的售票推广到距离铁路和港口较远的地方，给旅游者提供更多方便，解决了旅客中途换乘交通不确定性问题，提高了简便性。

按照不同的组合方式，一般可将交通联运分为水陆联运（包括铁路、水路联运；公路、水路联运）、铁公联运、水陆空联运等；在同一交通方式中，由于各交通企业分散与独立经营的特点，也可以组合成江海联运、江河联运、江海河联运等；此外，还存在专门的旅游联运方式。专门旅游联运是根据旅游者的游览路线、时间安排等方面的特殊要求，由旅游区域的民航、铁路、水路和公路运输部门相互联合，签订联运协议，在旅游者的出发地组织客源，统一进行联运客票出售，并及时向进行联运的企业通报旅游线路及其中转站的旅客接送情况，各联合企业在上一级旅游交通中转完成之前准备好充足的运力，安全、快捷地为旅游者提供各种交通服务。有的旅游交通企业还自己开办旅馆、餐馆，为旅游者提供交通、住宿、餐饮等“一条龙”服务。近年来，长三角地区的旅游联运发展非常迅速，联合运输企业可以一次发售铁路、水路、公路的联票，将联运地区辐射到整个长三角地区。

按照交通组合所涉及的地域概念，可以分为国内旅游交通联合运输和国际旅游交通联合运输。国内联运主要采用联合售票的方法，让旅游者在一次购买不同交通方式的多张客票的基础上，可以相应乘坐火车、汽车、飞机、轮船等交通工具，或者直接将各种交通方式的组合统一到同一张交通票据当中，旅客只需要到各中转站点乘坐相应的交通工具即可。国际旅游交通联合运输要按照国家间的有关交通协定，由两个或者两个以上国家的承运企业使用同一种运输凭证，在国家间实行相互衔接的旅客接送业务。中国开展的国际旅游交通联合运输主要有国际铁路联运、国际航空联运、国际海运联运和国际多式联运四种形式，前两种的使用频率相对更高。中国目前实施的国际交通联合运输主要是与东欧和亚洲各个邻国之间的国际铁路联运；另外，经香港中转的海运和航空联运运营状况也比较平稳。

8.2.3 旅游交通的功能

旅游者选择了旅行方式及其组合，利用若干承载工具及其相关服务，将形成旅游交通流。旅游交通设施和服务会受到需求特征的影响，也会在很大程度上影响旅游者的旅行选择，从而影响旅游业的发展。交通条件是地区旅游产业形成和发展的基础，其可进入性、网络化程度以及道路质量的优劣，对客源吸引、线路组织、环境营造以及旅游发展战略的实施等方面均有极其深远的影响。

1. 交通作为旅游产品的一部分

由于旅游产品是一种由多个要素组合而成的综合服务，交通服务在其中占有重要地位，因此不少研究者将旅游交通本身也视为旅游产品的一个不可或缺的组成部分。在观光旅游产品中，道路或河岸两侧的景色构成风景道，行进过程既是旅行过程，也是观赏过程。对于商务旅游和休闲产品来讲，交通服务或驾车过程本身也是整个产品链条上重要的一环。还有学者认为，旅游交通不仅是旅游产品的一部分，也是影响旅游者满意度的一个重要因素（Heraty，1989）。

旅游交通并非简单地实现空间移动，现代旅行方式越来越强调交通过程中的舒适和享受。旅游交通特别是地面交通和水上交通的游览功能越来越明显，使得旅游交通不再是单调乏味的过程。旅游交通的游览功能不仅体现在观赏道路两旁的风景方面，而且体现在乘坐特色交通工具上。正因为旅游交通也是旅游体验的重要组成部分，因此对旅游者满意度也有很大影响。实际上，不仅搭乘工具影响人们的旅程体验，道路选线和规划设计本身也会在很大程度上影响旅行过程中的景观欣赏和旅程体验。下面在述及旅游通道时，还将提及这个问题，特别是风景道的规划和运行。

2. 可进入性

旅游活动体现为人在空间上的移动，旅游交通所要实现的就是“进得去、散得开、出得来”，这三个方面的状况形成旅游者的可进入性（accessibility）。可进入性反映了旅游者进出旅游目的地的难易程度，包括交通的通达条件、道路的质量好坏、交通网络的完整程度、交通服务的人本关怀等。

目的地的可进入性可以大大增强吸引力。旅游交通不仅影响到旅游目的地的客流量大小，而且对旅游产品的成本、质量、吸引力等都有重要的影响，如果没有完善的交通网络系统的支撑，即使再丰富的旅游资源也难以开发转化为产品。太平洋南部的岛国斐济由332个岛屿组成，是一个旅游资源非常独特的小国，但是在20世纪70年代以前，由于交通不便，斐济一直是一个鲜有人问津的地方。从70年代开始，斐济开始建立起完善的航空和航海交通体系，各岛之间有国内飞机航线连接，也可搭乘渡轮往返，租车业务也非常发达，于是在很短时间内斐济就发展成为举世闻名的旅游胜地。四川省阿坝藏族羌族自治州的九寨沟，湖泊、瀑布、雪山、森林资源都十分独特，其藏族文化也颇具特色，但在80年代之前只有一条土石道路与外界相连，每年游人不足万人。从1983年开始，九寨沟增修了两条通往成都的旅游公路干线，景区接待游客人数迅速攀升，到1988年接待游人超过10万人次。2003年9月28日总投资为10亿元的九寨沟黄龙机场正式通航，到2006年九寨沟接待游客量达到230万人次，当地经济连续5年保持年均20%以上的增长。在观察旅游区的可进入性改善的同时，还需要研究确定旅游区的接待容量，以防止可进入性提高之后景区超载导致旅行体验质量下降，进而限制目的地的可持续发展。

随着中国经济的发展、社会生活质量的提高，在讨论可进入性问题时，一个以前不重视的无障碍可进入性问题日益受到关注。在西方，为老年人或残疾人旅游者提供必要的旅游建筑或城市游憩区的无障碍通道服务，已经有较为完善的标准和社会保障，并被提到可进入旅游（accessible tourism）的高度加以研究（Sen and Mayfield，2004）。卡温纳托和卡克维奇（Cavinato and Cuckovich，1992）曾经归纳了残疾人出行过程中需要克服的障碍，包括信息获取与计划、游程安排、交通站场可达性、地面交通、长线交通、住宿、餐饮、活动、医疗条件等。北京举办2008年奥运会之后，中国在这一领域已有较为明显的进步，但仍需作出更大的努力。

3. 游览时间

旅游者的时间成本一般情况下高于日常时期，因为他们在出行过程中为交通、住宿和其他行为支付了较高的费用。在可支配时间一定的情况下，想增加游览时间就意味着要缩短旅行路途时间。旅游者用于途中的时间和用于景区游览、市内购物、参与商务会展等的时间之比，即从客源地到目的地的旅行时间与在目的地滞留时间之比，是衡量时间距离的一个有用指标。比值越小说明该旅游线路安排的时间效率越高，旅游空间结构越合理，旅游者的满意度也将越高。单程旅行时间与滞留时间之比，称为单程行游比；来回旅行时间与滞留时间之比，称为双程行游比。实践表明，只有当行游比小于某一临界值时，游客才会作出出行决策。例如，对于观光旅游来讲，经验数值表明，双程行游比应当小于等于1.5。交通时耗与交通工具的选择有关，一般长距离的旅行乘坐飞机最节约时间，但花费更多。选择合适的交通工具及其组合，合理调节游览时间，是旅游产品开发设计的重要问题。

4. 交通收入

从目的地社区旅游收入来看，交通运输业是其中极为重要的组成部分。几乎任何旅游者在其旅行过程中都离不开交通服务。在任何国家的旅游收入中，交通运输都有突出的贡献。中国国土面积广袤，与主体客源市场欧洲、北美、澳大利亚等距离较远，无论国内旅游还是国际旅游，交通费用的比重都相当大。观察欧美游客到中国的入境旅游，其交通费用的支出（包括国家间往返交通费、在中国城市间交通费和市内交通费）往往要占其旅游费用的50%以上。在一日游产品中，英国的研究发现，与选择公共交通的游客相比，自驾游的游客人均花费更高；具体的消费额度随着团队规模和在旅游区内的时间长短而变化（Downward and Lumsdon，2004）。

8.3 旅游交通系统

旅游交通系统（tourism transportation system）主要包括交通搭乘工具、旅行通道、集散站场三个物质载体以及相应的公共及私营交通服务，有的学者认为技术进步也应视为交通系统的有机组成部分。搭乘工具即旅游者选择的运输载体，承载旅游者进行空间移动的工具，如飞机、列车、汽车、轮船等；旅行通道是支持各类搭乘工具实现空间移动的物质基础，包括空中航线、铁路轨道、公路网络、水上航道、地下铁道等；集散站场即为旅行者提供集散、上下、中转及配套服务的空间，如机场、火车站、汽车站、游港码头、地铁客站等。值得指出的是，仅有上述物质基础是不够的，完善、快捷、人性化的服务体系也是形成高效、完善的交通系统的必要条件。技术进步决定了旅行方式的竞争力、价格结构、速度、舒适水平和安全性。第二次世界大战之后洲际旅游的快速发展完全依赖于波音 707 和 747 这类客机的大容量、快速度、远距离、高舒适、低价格的飞行能力的提升。

旅游交通系统在目的地发展过程中具有重要意义。普里多（Prideaux，2000）指出，任何目的地发展计划都应考虑交通系统的影响，并主要从以下几方面进行考察：客源地与目的地之间的距离影响旅游者对交通方式的选择；交通成本的影响主要表现在交通费用、旅行时间和旅行距离上；随着距离增加，交通要素在整个旅游花费中的重要性增加；旅游者如果了解旅行过程中的一些隐性成本，就会影响他们对交通方式的选择；国际机场的可达性对国际旅游者来讲至关重要，转机的麻烦会减少人们的选择可能，尤其是对那些长距离和孤悬海上的目的地；交通基础设施建设是目的地开发的必要条件，特别是对跨省和国际旅游来讲更为重要。佩奇（Page，2005）在其《交通与旅游》一书中，分别从交通提供商、政府决策者、经理人、旅游者角度，探讨了旅游交通的使用、运行和管理。国际游客对交通设施比较关注，交通条件的好坏会影响国际游客的数量（Khadaroo and Seetanah，2007）。

需要指出的是，本书在阐述旅游交通时，更多的是从消费者的偏好选择角度，分别对旅行方式、搭乘工具、旅行通道和集散站场进行阐述，以使旅游者有选择的自由和便利。但是实际上每一种交通方式在运转时，上述要素都是紧密结合、难以割裂的。如果换一个角度，即从旅游交通供应商角度来谈这个问题，就需要从航空交通系统、铁路交通系统等完整体系来分析。以航空交通为例，需要同时考虑空域配置、航空公司与航线、机场与枢纽、机型与舱位等一系列因素（Mancini，2005）。旅游者空中旅行的质量与上述所有因素都紧密关联，任何一个环节出现问题，都会影响其满意度，甚至危及人身安全。

8.3.1　搭乘工具

搭乘工具（passenger carrier）是指承载旅客的交通工具，现代交通搭乘工具一般包括航空器、列车、汽车、轮船等。传统搭乘工具虽然已经退出大规模运输系统，但在旅游景区内仍可满足人们体验性的需求。

1. 航空器

航空器（aircraft）是指通过机身与空气的相对运动获得空气动力升空飞行的任何机器，如飞机、直升机及热气球都属于航空器。航空旅行的运载工具主要是各种航空器（客机）。20 世纪 40 年代以后，飞机成为航空器中的主角，目前飞机的使用数量已占各类航空器总数的 97%以上。

飞机作为航空器中的绝对主体，除了速度及安全性，其舱内设施的舒适、安静和便利也越来越为旅游者所关注。目前，世界主流航空公司都把头等舱和公务舱设施建设作为提高竞争力的重点。21 世纪初欧洲航空公司率先推出豪华头等舱座位，引发了全球航空公司对高端旅客的竞争。中国航空公司也引进了空客 380、波音 787

超大超豪华客机，参与争夺这场竞争的制高点，让商务旅游者也能享受国际一流的乘机服务。

每个国家的民用航空器都有国籍标志，并要取得国际民航组织的认同。中国是国际民航组织的成员，根据国际规定，于1974年选用“B”作为中国民用航空器的国籍标志。中国民航总局按飞机客座数将飞机划分小、中、大型飞机，飞机的客座数在100座以下的为小型，100～200座之间为中型，200座以上为大型。2018年，中国全行业航空运输机队规模达到3 638架，比上年增加342架。

2. 列车

铁路旅行的运载工具主要是火车，或称列车。按照列车运行速度，中国旅客列车分为高速动车组（G）、城际高速（C）、动车组（D）、直达特快旅客列车（Z）、特快旅客列车（T）、快速旅客列车（K）、普通旅客列车（四位数字车次）、旅游列车（Y）、临时旅客列车（L）、通勤列车。中国高速铁路有两层含义：技术标准的中国高铁是指中华人民共和国几次铁路大提速新建设计开行250公里/小时（含预留）及以上动车组列车且初期运营速度不低于200公里/小时的客运专线铁路；路网建设的中国高铁是指中华人民共和国境内所有设计速度达到200公里/小时及以上的新线铁路和部分经改造达标后的既有线铁路。2018年年底中国高铁运营里程超过2.9万公里，占全球高铁运营里程的2/3以上，超过其他国家总和。2019年，计划确保投产高铁新线3 200公里。

3. 汽车

公路旅行的运载工具种类较多，总体上可以分为客运汽车、出租汽车、旅游汽车和家用汽车4个大类。其中，客运汽车又可以按照其大小分为小型客车、中型客车、大型客车；按照其档次分为普通客车、中档客车、高档客车；按照其运输距离的长短分为长途客车、短途客车。出租汽车的种类主要是轿车，车顶或车侧一般标有专门的“出租”或者“TAXI”标记，一些地区还将出租汽车漆成特定的颜色，方便旅客识别。旅游汽车一般有旅游大巴和旅游中巴两种，在各国旅行社经营的团队旅行方式中，多为豪华旅游大巴。家用汽车是一般的自驾车旅游者常用的交通工具，主要是轿车、商务车和越野车。在欧美国家和地区，私人家用轿车是主要的旅游交通工具。据统计，在美国、日本和西欧一些国家，乘坐家用轿车在国内进行休闲旅游活动的旅游者约占90％。

4. 轮船

从旅行方式的角度看，水路旅行的运载工具包括普通轮船和游轮两种。但是由于现代旅客对速度越来越在意，用于日常交通的普通轮船已经较少，通常作为大陆和岛屿之间的通勤工具，或者作为河流、湖泊及港口之间的轮渡工具，中远距离的轮船交通已经日渐式微。

但是轮船旅行具有悠闲、安全、可欣赏沿岸景观等优点，将轮船作为一种水上旅行的工具得到了较大发展。船舶作为水上旅行及游憩工具，受到旅游者广泛欢迎。根据船舶驱动系统的不同，一般可将旅游功能的船体分为人工操纵的划艇、游船，以及机器（柴油发动机为主）推进的汽艇、游船、游艇、游轮等多种类型。1995 年中国制定了内河旅游船星级的划分与评定标准，其中内河旅游船是指在中国内河水域，具有 24 小时以上运行能力、以接待旅游者为主并能提供食宿和娱乐服务的客船。

游轮（cruise）是一种排水量较大、旅客承载数量较多的机动轮船，一般又分为内河游轮和海上游轮。世界主要的海上游轮可以分为大众型、高端型、豪华型和专项型 4 类。目前世界上最大的游轮公司是嘉年华、皇家加勒比和丽星，它们占据全球游轮市场 80%的份额。[①] 游轮不仅作为承载游客沿途观赏各个港口城市景色和风情的交通工具，其本身也成为游客的移动型度假区。游轮旅行对陆地上的景区起到了很重要的推广作用。在全球游轮旅游最发达、市场需求和产品供给都很突出的北美和加勒比海地区，游轮旅游受到研究者的关注，尽管游轮旅游已经呈现出全球化趋势（Wood，2000）。

说明：游轮度假在北美非常流行。面向高端市场的皇家加勒比游轮公司麾下的自由之海号游轮排水量为 16 万吨，设有 3 634 个双人间，在 2010 年 12 月之前是世界上投入使用的最大的游轮。由于吃水太深，靠岸时经常需要驳船转输游客。（李咪咪摄，2009）

5. 其他搭乘工具

除了上述大众化、高容量、现代化的搭乘工具，人们在旅行过程中还可以根据

---

① 国际邮轮协会网站，www.cruising.org.

自身偏好和所处环境采用其他多种个性化旅行工具。从休闲运动性的自行车、各种畜力拉动的骑乘工具、人工服务的轿子、轻松登高的索道，到水上承载的竹筏、独木舟等，不一而足，各有情趣。

自行车是一种依靠个人体力和机械功能的承载工具，优点是便宜、方便、环保。根据环境的不同，旅游者可以选择不同类型的自行车。在西欧一些国家，自行车旅游占有重要的一席。瑞士建立了自行车公路网，并对自行车路线难易程度进行分级。素有“千湖之国”美称的芬兰，由于地形限制和环境保护的要求，建成了全国性的自行车线路网络。在英国和新西兰，自行车旅游也有较大发展，专门为自行车旅游者开辟了自行车游憩道和配套设施（Ritchie，1998）。在中国，自行车旅游刚刚兴起，正逐步由代步工具变成休闲运动器具，成为新旅游方式的承载者。

马车是古代主要的交通工具，现代旅游中使用马车作为交通工具主要是体现其乡土气息和复古风情，满足旅游者求新求异的消费心理。马车多用于景区内的旅游活动，一般会在外观上采用比较华丽的装饰，在内部布置豪华舒适的座椅，除了作为交通工具，更重要的是带给旅游者一种新奇的旅游体验。

索道是一种用驱动机带动钢丝绳牵引客厢，在距离地面一定高度的空间运行的搭乘工具。索道主要应用于具有一定的高差、旅游者攀登难度较大、费时费力的地方，通常只建于山地旅游区，另外一种特殊情况是跨越河道或湖泊水面。索道受到青睐的原因在于：对自然地形适应性强，爬坡能力大，缩短运输距离；受气候条件的影响较小；基建费用省、能耗低；采用电力驱动，没有“三废”的排放以及噪声的污染；旅游者乘坐索道能够在空中一览景区风光。自1983年中国第一条客运索道在泰山开通以来，到2017年我国索道缆车数量已增至813条，近十年来索道缆车数量年均增长超过40条。[①] 中国的人口和地域范围远远超过日本和法国，日本有4 000多条索道，法国有5 000多条索道，相对来说，中国的索道建设还比较落后。在就索道建设作出决策时，不仅要考虑索道建设的必要性，而且要考虑索道选址的科学性，尽量避开核心景观地段和保护区域。

除了上述交通工具，还有一些特色旅行工具，如轿子、竹筏、电瓶车、三轮车、滑竿、溜索、马、骆驼、牦牛等。这些交通工具的活动范围较小，但与景区自然条件及当地民俗风情紧密结合，构成了具有地方特色的旅游项目。

8.3.2 旅行通道

旅行通道（passenger route）是指提供给各种搭乘工具在空间上实现移动的线性载体或流体空间。基于陆地物质基础的通道包括公路、铁路、游径等；基于流体空间的通道包括空中航线和水道。

---

① 中国索道协会网站，http：//www.chinaropeway.org.

说明：岛国菲律宾一种别具特色的水上交通工具螃蟹船，在船舷两侧架设竹木翅膀，以起到平衡作用，减少海浪颠簸。这种游船成为吸引国际游客的一种景观。（吴必虎摄，2008）

1. 空中航线

飞机飞行的路线在民用航空业中称为航线，航线确定了飞机飞行的具体方向、起讫和经停地点。一般而言，航线按照起讫地点的归属不同，可分为国际航线、国内航线和地区航线三大类。国际航线指飞行的路线连接两个或两个以上国家或地区的航线。在国际航线上进行的运输是国际运输，一个航班如果它的始发站、经停站、终点站中有一处在外国领土上都叫作国际运输。地区航线指在一国之内，各地区与有特殊地位的地区之间的航线。国内航线是指一个国家内部的航线，又可以分为干线、支线和地方航线三大类。

中国已经基本上完成了以北京、上海、广州三大门户复合枢纽，昆明、成都、西安、沈阳等区域枢纽，其他省会、自治区首府和直辖市之间以及较大省区内区域网络构成的航线网络布局。截至 2018 年，我国航线总数为 4 206 条；国内航线 3 420 条，其中香港地区航线 45 条，澳门地区航线 27 条，台湾地区航线 89 条；国际航线 786 条。

无论何种空中航线，都由商业化的航空公司经营，但考虑到航行安全、国土防卫、领空权控制等因素，各国政府对航空商业化的管制力度都比较大，航空公司的国有化现象也比较普遍。根据各航空公司拥有的飞机数量、年均承运旅客人数和经营收益水平，全球主要的航空公司都分布在欧美各国，其中名列前茅的包括英国航空公司（British Airways）、法国航空公司（Air France）、德国汉莎航空公司

(Lufthansa)、荷兰皇家航空公司（KLM)、美国联合航空公司（United Airlines)、美国航空公司（American Airlines)、美国西北航空公司（Northwest Airlines)、澳大利亚快达航空公司（Qantas）等。亚洲也有一些公司跻身全球十大航空公司之列，如新加坡航空公司（Singapore Airlines)、日本航空公司（Japan Airlines)。

目前，中国较大的航空公司主要有三家，分别是中国国际航空股份有限公司、中国南方航空股份有限公司和中国东方航空集团公司。

2. 铁路

在中国，铁路主要可以分为国家铁路、合资铁路和地方铁路。国家铁路是指由交通运输部管理的铁路；合资铁路指交通运输部与地方政府、企业或其他投资者共同出资建设和经营的铁路；地方铁路是地方政府独自或联合其他投资者建设和经营的铁路。目前，中国国家铁路运输已经形成了“五纵三横”的干线。“五纵”即京沪线（北京—上海)、京九线（北京—香港)、京广线（北京—广州)、焦柳线（焦作—柳州）和宝昆线（宝鸡—昆明)；“三横”是指京兰线（北京—包头—兰州)、连新线（连云港—兰州—新疆）和沪昆线（上海—昆明)。改革开放以来，中国铁路建设步伐逐步加快。2006年7月1日，世界上海拔最高、线路里程最长的高原铁路青藏铁路建成通车。到2018年年底，全国铁路营业里程达13.1万公里，其中高铁运营里程达2.9万公里，位居世界前列。

3. 公路

中国的公路按其在公路路网中的地位分为国道、省道、县道、乡道和专用公路，分别用G，S，X，Y，Z作为各自相应的标识符，标识符加数字组成公路编号。这里着重介绍国道。国道是指具有全国性政治、经济意义的主要干线公路，包括重要的国际公路，国防公路，连接首都与各省、自治区、直辖市首府的公路，连接各大经济中心、港站枢纽、商品生产基地和战略要地的公路。国道中跨省的高速公路由交通运输部批准的专门机构负责修建、养护和管理。按技术等级，中国公路分为高速公路、一级公路、二级公路、三级公路和四级公路，具体划分标准由交通运输部规定。

截至2017年年底，全国公路通车总里程达477.35万公里，是1978年的5.4倍；高速公路里程达13.6万公里，覆盖97%的20万以上人口城市及地级行政中心；国省干线公路连接了全国县级及以上行政区，农村公路通达99.99%的乡镇和99.98%的建制村；全国公路网密度达49.72公里/百平方公里。据交通运输部介绍，2018年中国新增高速公路通车里程约5 000公里，预计到“十三五”末，国家高速公路主线将基本贯通。

4. 水道

水路交通通道包括内河航运通道和海洋航运通道。中国基本形成了以长江干线、西江航运干线、京杭运河、长江三角洲和珠江三角洲航道网为骨干的干支直达、江海连通的航道网。其中，长江三角洲、珠江三角洲占据了中国航道运力的八成以上。截至2017年年底，我国港口拥有生产性码头泊位2.76万个，其中万吨级及以上泊位2 366个，分别是1978年的38倍和18倍，初步建成了以“两横一纵两网十八线”为主体的内河航道体系；全国内河航道通航里程12.70万公里。水路交通通道在旅游发展中起到了重要作用。世界内河旅游发展较具代表性的有德国的莱茵河、俄罗斯的伏尔加河、埃及的尼罗河、美国的密西西比河和中国的长江等。

从世界范围来看，海洋旅游路线已经覆盖全球。中国沿海城市接待远洋游轮主要集中在大连、天津、青岛、上海、三亚等城市。丽星游轮公司开通了香港至越南下龙湾、香港至新加坡、香港至厦门等中短线路。

乘坐水上交通工具旅行不仅是一种运输移动方式，还是重要的审美体验。从旅游体验角度说，水体是一种非常重要的旅游资源，水上航线使人犹如置身画中，这种舒适而充满诗情画意的良好旅游条件是其他旅游交通方式难以提供的，所以，一些水上交通工具被喻为“流动的景区”。

5. 游径

游径（trail）主要是指非机动道路，供人们徒步旅行之用，即在具有生态意义、文化价值、户外教育和游憩意义的线形资源基础上开设的道路系统，以供人们进行步行、自行车、骑马等旅行活动。游径的长短差别很大，有的跨越数千公里，横穿某个大陆；有的长仅数里，局限于某个景区之内。但是，它们都有较强的生态教育与休闲运动功能。游径与背包旅游（backpacker tourism）紧密相关。背包旅游者依循的道路往往成为游径自然形成的基础。由于游径主要提供的是速度较慢的行走通道，人们可以深入欣赏沿途的景观，因此游径两侧的自然景观和文化遗产需要良好的解说。

当然，一个好的游径并不是完全依靠驴友的脚印开辟出来的。游径是旅游开发者在自然景观中人为添加的景观要素，在风景区，游径是游客活动的主要场所。一个建设良好的游径网络系统不仅有助于提高客流疏导的效率，加强对旅游开发活动的管理，同时也能够提高游客的满意度（葛小东、李文军等，2002）。

8.3.3　集散站场

旅游者无论采取何种旅行方式、使用何种交通工具，一般情况下都需要在某个地点进行集散活动。承担游客和其他旅客集散功能的空间称为集散站场（passenger terminals），包括航空乘客集散的民航机场、铁路交通集散地火车站、公共汽车旅行集散地汽车站、水上运输集散地轮船码头或游港等。在现代城市中，为了实现多种交通工具的无缝衔接，常常将机场与火车站、机场与轮渡码头、火车站与地铁、火车站与公共汽车站等进行统一规划，使旅行者可以方便地进行交通方式的转换。

城市内部的交通集散功能和城市与客源地之间的交通组织功能有所不同。门户城市（gateway city）除了服务直接进入并停留于该城市的旅行者，还承担大量过境游客的集散服务功能。一般来讲，门户城市的交通换乘功能特别发达，并带动了商务旅游的发展。这类城市包括香港、曼谷、迪拜等。

1. 机场

对于大多数国际旅游者来说，航空旅行几乎成为居统治地位的旅行方式。目的地旅游服务质量可以说从游客抵达机场开始，一直到他们结束旅程离开机场返家，涉及很多方面的供给和服务。机场基础设施是旅游者与其假期目的地直接接触的第一个也是最后一个地点，是旅游者移动性的核心轴线。机场是否能够为旅游者提供高效、柔性的服务，使旅游者花最短的时间办理登机、过关、检疫、安检等必要手续，享受在机场内购买免税商品的乐趣，在机场的商业化氛围中照样体验到假期的闲暇时光，都成为影响或决定旅游者度假满意度的重要因素（Martin-Cejas, 2006）。作为旅游者进入目的地城市的第一印象区，机场需要建立面向国内外游客的旅游信息中心。2013年2月国务院发布《国民旅游休闲纲要（2013—2020年）》，对机场等交通运输部门提出“将游客运输纳入当地公共交通系统，提高旅游客运质量”的要求，其中一项服务就包括旅游信息中心的设置。

说明：泰国曼谷国际机场候机大楼布置的具有泰国文化特色的雕塑，使机场本身也具备某种吸引物功能，不少游客驻足摄影。（吴必虎摄，2008）

改革开放以来，随着中国航空交通的快速发展，机场建设也取得显著进步，特别是为2008年北京奥运会召开而建设的北京首都国际机场3号航站楼，其建成使用使中国跻身国际先进航站行列；2019年正式通航的北京大兴国际机场更是具有世界一流水平。

截至2018年，我国共有颁证运输机场235个，新建、迁建运输机场9个；新增跑道6条、停机位305个、航站楼面积133.1万平方米。2018年，民航业保持了稳中有进的良好发展态势，全行业共完成运输总周转量1 206.4亿吨公里、旅客运输量6.1亿人次、货邮运输量738.5万吨，同比分别增长11.4%，10.9%，4.6%。民航旅客周转量在综合交通运输体系中的比重达31%，同比提高1.9个百分点。首都机场旅客吞吐量突破1亿人次；成都、重庆、哈尔滨、贵阳、三亚等机场旅客吞吐量均实现历史性突破；旅客吞吐量千万级机场达到37个，同比增加5个，3 000万级机场10个。

2. 火车站

火车旅行是多数国内旅游者首选的长途旅行交通方式。作为旅游者集散服务提供商，火车站对旅游发展具有重要意义。一个城市是否有铁路经过，是否设有旅客停靠的车站，在此停靠的列车班次是否集中、停靠时间长短，和主要客源城市之间有无卧铺车厢，能否有一定的权限出售卧铺车票，等等，都是影响该地旅游发展的交通要素。

除了交通集散功能，主要旅游城市的火车站还需根据市场规模，配套旅馆、餐饮、游客中心、交通咨询、汽车租赁、休闲娱乐等设施。火车站与城市其他交通方式如机场、地铁站、公共汽车站、出租车等候区、长途汽车站等的无缝连接，是衡量火车站所在地综合交通服务水平的重要体现。在一些国际化旅游城市，火车站的解说系统需要提供多语种服务。

3. 汽车站与高速公路休息区

汽车站主要是指城际中长途公共交通的集散服务区。对于特大城市或大城市来讲，由于横穿城市十分不便，城市对外交通流量又比较大，一般在城市内部可以设立不止一个汽车站，以分别提供不同方向的长途汽车客运服务。

对于团队游客来讲，一般的汽车旅游都由旅行社指派汽车或导游，不会存在汽车站的使用需求。但是对于越来越多的自助游、背包游旅游者来讲，遍布中国城乡的公共汽车网络和集散站点成为不可或缺的交通支持。

随着中国高速公路体系的建设速度加快、覆盖面积增加，设立于高速公路中途的服务区（rest area），可提供停车休息、加油、餐饮、修车等基本服务，但在为自驾游旅行者提供游憩、娱乐、购物、信息咨询等方面，功能需要逐步完善，服务质量也需提高。目前存在的问题是，交通部门和旅游部门缺乏有效的协调，服务区提供的旅游咨询服务缺乏，与沿途旅游景区、住宿餐饮、休闲娱乐等提供商之间也需要加强联系，以便为旅行者提供最新、可靠的信息服务。

4. 码头与游港

许多旅游城市具有临河滨海的独特优势，因此积极开展了水上游览活动，令江河夜游成为旅游者的必选项目。这类例子包括上海的浦江游览、广州的珠江夜游、重庆的长江夜游、阿联酋迪拜的水上的士、英国伦敦的泰晤士河游览、法国巴黎的塞纳河游览等。而游船都需要依靠码头来提供游客集散服务。游船码头除了候船功能，还与纪念品销售、饮料供应、游客信息中心等配套设施结合。游船码头不会孤立地存在，常常与城市公共汽车网络、出租车停靠站、团队游客停车场等进行组合，从而与其他旅游吸引物之间建立起方便、紧密的联系。

对于沿海城市或旅游区，港口可以分为不同的类型，包括紧急避风港、便利港、系泊港、娱乐港（游港）、港口度假区、游艇中心（或“干港”）。除了公共游船为散客和团队游客提供水上游览项目之外，一些滨临海湾、湖泊的城市还为私人游艇的驻泊提供游港设施和泊位。旅游港的基本设施包括防护堤、水位控制池、池底冲刷设备、航海指标、系泊桩、硬面区域、岸上泊船场、入水坡道、铁架塔或起重机、海上服务处和加油站、船只存放与维修区、管理区、汽车停车场和船用拖车停车场、俱乐部、航海商店等（鲍德-博拉等，2004 中译本）。

8.3.4 交通服务

毫无疑问，人们出门旅行首先需要依托物质性的搭乘工具、旅行通道和集散站场提供的设施条件，我们称之为旅行的硬件。但需要特别指出的是，作为软件的交通服务（transport service）受到的重视不够，使旅游者常常得不到良好的体验，或者因为交通服务的质量问题，导致整个旅游产品的销售下降。交通服务包括的内容很多，但旅游者最为关心的因素主要是交通信息的提供、获取和及时更新，交通秩序、公平与效率的管理，旅行交通安全的制度与保障等。杜瓦尔（Duval，2007）在分析旅游与交通方式的关系时，分别从政府间管理环境、各国政府的交通管理政策、交通网络的特征，以及这些因素对旅游流的影响等角度，探讨、分析了旅游交通服务水平。

1. 交通信息

旅游者出行之前需要通过熟悉、方便的渠道获得交通相关信息。通过交通信息的收集、处理和选择，旅游者最终对搭乘工具、旅行通道、产品价格等作出购买决策。在动态的旅行过程中，旅游者仍然处在不间断的探路行为之中，交通标识、方向导引、服务设施布局等相关信息成为旅游者所必需的信息消费。

对于驾车旅行者来说，沿途交通指示牌的信息提供、信息选择、内容容量、驾车者信息获取效率等，都是尚需加以研究的问题。根据有关研究，在以时速 80 公里驾车时，路旁的地名指示牌如果放上 4～5 个地名，12.5%的被试会走错方向。因此，最佳方案是每块路牌上面最多提供 3 个地名。与人们的想象相反，以象形文字（示意图）形式提供的指路牌往往会引起错误的反应（Smiley，MacGregor et al.，2007）。

2. 交通管理

交通管理政策的变化会在很大程度上影响旅游交通的发展。例如，许多国家一度对航空公司的经营采取国有或半军事化管理制度。严格的航空管理和烦琐苛刻的空域管治政策在很大程度上限制了国际旅游的发展。有些国家则向外国航空公司所在国开放更多航权①，以促进旅游业的发展。

旅游交通的主要功能是满足旅游者前往目的地的需要，使其实现安全、快速、舒适的移动，同时满足旅游者休闲、观赏、猎奇等寻求愉悦的需要，而这些需要与使用一般交通工具的乘客只需要实现空间转移是不同的。研究表明，旅游目的地当地交通的供给情况和感知质量与访客的体验水平、满意度和重访率具有密切关联。海外游客对城市公共交通的使用情况可以用来评价地方交通的服务质量，其中公共交通使用的便利性要比城市交通的有效性和安全性更为重要（Thompson and Schofield，2007）。

旅行方式组合必须具备一定的条件，即统一的规章制度和统一的指挥协调。联合运输的管理须实行统一系统，规定联合运输的业务范围、期限、价格、交接制度、事故赔偿以及财务结算等问题。此外，在旅游交通联合运输当中，对于旅游者的人数，运送的地点，火车、汽车、飞机、轮船等交通方式的组合，铁路、公路、航线、港口或者码头的衔接管理等方面，都要进行统一的指挥协调，以确保顺利衔接。此外，由于人们的旅游活动具有季节性，旅游交通也表现出明显的季节性，使得旅游交通的需求在一年中的分布极不均衡，因此，旅游交通也必须处理好季节性问题。

3. 交通安全

安全是人类的基本需要之一，也是旅游活动开展的根本前提。旅游地一旦发生交通事故，不仅影响游客生命财产安全，而且影响到整个旅游地的市场形象。安全因素是旅游者选择旅游交通时最为关注的因素之一。有关人们对出门旅游安全的重视程度的调查显示，超过90%的人表示“很关注”和“比较关注”。对安全的重要性的感知，女性略高于男性（吴必虎、王晓等，2001）。虽然在所有的交通方式中，航空交通的安全系数最高，但是由于航空交通在高空飞行的特殊性，有相当一部人对航空旅行的安全性心存疑虑。

在旅行过程中，交通事故和其他游客安全事件已经引起研究者注意。旅游者在旅途中的传染性疾病、意外伤害等都可以通过科学预防和积极控制得到避免和减少。

---

① 1944年芝加哥会议提出的《国际航班国境协定》规定了5种不同的航权：第一航权是指领空飞越权（授予一个国家的定期或不定期国际航班不降停地飞越授权国领空的特权）；第二航权是指技术经停权（允许一个国家的定期或不定期国际航班在授权国的领土上降落，如加油，但不允许上下客、货）；第三航权是指卸载权（授权国允许承运人的定期国际航班在授权国的指定机场卸下来自承运人所在国的客、货）；第四航权是指装运权（授权国允许承运人的定期国际航班回程从授权国指定机场装载前往承运人所在国的客、货）；第五航权是指第三国运输权（授权国允许承运人的定期国际航班在授权国卸下来自第三国的客、货，或从授权国装载客、货飞往第三国）。第五航权对国际旅游发展至关重要。

为了减少道路上的事故，专家建议在交通工具上放映录像提醒游客注意旅途安全；租车公司应向租车者强制放映有关交通安全教育的专题片；在机场、景区和汽车租赁公司竖立广告牌，宣传交通安全和道路守则（Page and Meyer，1996）。

4. 绿色交通

现代旅行所依赖的各种交通方式大多基于燃料和动力机械的传动。而燃料特别是化石燃料的使用，对大气质量甚至是地球环境会产生负面影响，其中最突出的问题是飞机和汽车排放的废气产生的温室效应。一项针对欧洲国家居民出境旅游中旅游交通对环境的影响的研究发现，与旅游交通产生的噪声、对大气质量和自然景观的影响相比，旅游交通对气候变化产生的影响更令人关注，在设计有关政策时，应该着力于如何减少航空交通和洲际旅游产生的外在成本，减少对气候变化的影响（Peeters，Szimba et al.，2007）。如何减少能耗及温室效应，已经成为可持续旅游的一个重要课题。从交通管理战略角度讲，创造性地鼓励旅游者更多地使用公共交通系统而非自驾车或租赁车前往目的地，将会明显减少交通能源的消耗和温室气体的排放（Kelly，Haider et al.，2007）。在英国曼彻斯特地区，为了鼓励市民更多地使用公共交通（而非自驾车）到城郊国家公园去休闲，特地设计了一种公交联票，方便换乘不同的交通工具，以实现可持续发展（Lumsdon，Downward et al.，2006）。

为了走出旅游与交通的可持续性的困境，贝肯（Becken，2006）提出了今后研究的5个建议方向：发展环境影响减小而使用效益最大的交通系统；社会潮流与人们出游行为的研究；现有交通政策与气候变化对旅游的影响；未来面向旅游者的零排放交通技术的创新；更综合的旅游与交通研究。

5. 共享交通

共享交通（shared transportation）是指基于物联网、网上支付等信息技术构建的共享型交通服务体系。共享交通实际上是共享经济领域发展最快的行业。近年来，共享经济成为全球最热商业模式，高铁、网购、扫码支付、共享单车被称为“中国新四大发明”。共享交通因为具有降低旅游交通服务的价格门槛和时间成本，同时减少交通产生的污染和能耗等优点，受到市场的广泛欢迎。

共享汽车交通是共享交通体系中发展最为迅速的领域，其中又以共享出租汽车发展最为迅速。全球范围内规模最大的共享出租汽车就是优步（Uber）和滴滴出行。2009年由加利福尼亚大学洛杉矶分校辍学学生特拉维斯·卡兰尼克（Travis Kalanick）和好友加勒特·坎普（Garrett Camp）创立的优步，在全球范围内覆盖了70多个国家的400余座城市。[①] 滴滴出行是涵盖出租车、专车、滴滴快车、顺风车、代驾及大巴等多项业务在内的一站式出行平台，2015年9月9日由“滴滴打车”更名而来。滴滴出行同样遇到了各种各样的问题与挑战，但毋庸置疑的是“滴

---

① 资料来自Uber官网公开发布的信息。

滴出行”App改变了传统打车方式，引导了现代化出行方式。利用移动互联网特点，将线上与线下相融合，从打车初始阶段到下车使用线上支付车费，画出一个乘客与司机紧密相连的O2O（online to offline，线上至线下）闭环，最大限度优化乘客打车体验，改变传统出租车司机等客方式，让司机根据乘客目的地按意愿“接单”，节约司机与乘客沟通成本，降低空驶率，最大化节省司乘双方资源与时间。

真正的共享汽车指许多人合用一辆汽车，即开车人对车辆只有使用权，而没有所有权，有点类似于在租车行里短时间包车。它手续简便，打个电话或通过网上就可以预约订车。汽车共享一般是通过某个公司来协调车辆，并负责车辆的保险和停放等问题。这种方式不仅可以省钱，而且有助于缓解交通堵塞，减少空气污染，降低对能量的依赖性，发展前景极为广阔。共享汽车目前尚处于萌芽和起步阶段，面临着牌照、路权和停车的严峻考验，行业本身也有待不断探索和完善。但不管怎样，共享汽车大大增加了交通的便利性，价格上也比乘坐出租车便宜不少，以电动汽车为主，而且可以规避限行的困扰，未来有很大的市场。

□ 本章小结

旅游者的移动构成现代人类社会最大规模的移动现象。旅游交通技术上的变化一直以来对人类游历及其移动性具有深刻影响。

旅游者对于旅游交通的选择受经济、距离、时间、个人偏好等因素的影响。

根据交通工具、线路和地理环境的不同，常用的现代旅行方式可分为航空、铁路、公路、水路等四种，四者优势互补、协调发展。

在统一协调、综合运输思想指导下，建立了交通搭乘工具、旅行通道、集散站场三类物质载体以及相应的公私交通服务在内的旅游交通服务体系。

在旅游交通服务体系内，信息提供、交通管理、行程安全和绿色交通等软件交通服务同样重要。

□ 关键术语

移动性（mobility）
旅游交通（tourism transportation）
陆上交通（land transportation）
游轮旅游（cruise tourism）
旅游交通系统（tourism transportation system）
旅行通道（passenger route）
集散站场（passenger terminals）
共享交通（shared transportation）
休闲人口移动（leisure migration）
航空交通（air transportation）
水上交通（waterway transportation）
可进入性（accessibility）
搭乘工具（passenger carrier）
游径（trail）
交通服务（transport service）

□ 复习题

1. 什么是移动性？用实例说明旅游移动性与交通发展的关系。

2. 常用的旅游交通方式有哪些？旅游者在选择不同交通方式时，要考虑到哪些影响因素？请结合自身实际进行说明。

3. 哪些因素组成了旅游交通系统？以其中一种交通方式为例，解释这些因素是如何紧密结合构成旅游交通服务产品的。

4. 居住在英国伦敦的怀特（White）先生是一位在高校从事艺术教学工作的教师，准备在夏季带一家人（妻子，三个小孩，分别为3岁、5岁和14岁）来中国华东地区游玩两周，初步计划游览上海、杭州、苏州、南京等城市，并且对苏州的周庄古镇非常感兴趣。请你根据实际情况综合旅游者选择交通方式的具体因素，为其设计旅游线路，详细说明旅游交通方式的选择，最好准备2～3个备选方案。

第 9 章

旅游中介服务

学习目标

- 了解旅游中介服务的概念
- 掌握旅游产品的分销渠道、旅游经营商和旅游代理商的分工
- 了解团队包价旅游及质量控制
- 了解商务旅游中介服务
- 了解信息技术对旅游中介服务的影响

人们进行旅游活动，需要多方面的产品和服务。最初，人们都是直接向生产企业购买所需的产品和服务。这些生产企业，如酒店、航空公司、车船公司、吸引物（景区）等，可以统称为旅游供应商。人们所需的产品和服务各不相同，旅游供应商又大多位于异地，这使得人们直接进行购买很不方便，也使得旅游供应商在销售方面存在困难，并且在产品和市场之间缺乏足够的协调。为了分别满足需求者和供给者的需要，逐渐出现了为旅游供应商和旅游者提供整合业务的中介服务。各类提供这类中介服务产品的企业称为旅游中间商（travel intermediary）。根据旅游中介服务的内容和经营方式的不同，旅游中间商又分为旅游经营商（tour operator）和旅游代理商（travel agent）。除了经营商、代理商两种最主要的中介服务提供商，诸如空运经纪人（air broker）、混装组织商（consolidator）、网络旅行预订平台等也促进了旅行业和旅游业的发展（Pender，2001）。与大多数工业部门不同，旅游业的分销难以依靠传统的从生产到市场的分销体系，如批发、仓储、运输、零售和其他活动，而旅游产品，无论是整体产品还是局部产品，都是在目的地同时生产和消费的，它更加依赖于目的地营销商、委托人、旅游经营商和旅游代理商（Buhalis and Laws，2001）。从这个角度来看，旅游中间商是旅游分销的主要承担者。

9.1 旅游中间商

9.1.1 中介的产生与发展

在西方，旅游中介服务产生的历史可以追溯到5世纪，当时在威尼斯已有为到巴勒斯坦朝圣的宗教徒办理船票预约的业务。17世纪，英国驿站马车业出现了登记乘客预约名单的账簿。但真正意义上的旅游中介服务直到1841年托马斯·库克第一次组织商业化大众旅游活动才产生。这次活动被后人公认为人类历史上第一次包价旅游。一些研究者认为，托马斯·库克旅行社的问世标志着近代旅游业的诞生，而托马斯·库克本人也被一些研究者誉为世界旅游业的创始人（Brendon，1991）。

1840年，世界列强用武力打开了中国闭关锁国的大门。20世纪初，英国通济隆（即托马斯·库克旅行社）、美国运通等旅游公司进入中国，为来华旅游者办理各种旅游业务，以及为出国考察和求学的中国人代办旅行业务。1923年，上海商业储蓄银行创办旅行部，1927年旅行部独立出来成立中国旅行社，这是中国最早的一家旅行社，标志着中国近代旅游业的产生（卢玲，2007）。1954年，中国国际旅行社总社在北京正式成立。

旅游需求的变化、经济全球化以及行业竞争的加剧，都影响着旅游中介服务的发展趋势。随着社会经济和旅游业的不断发展，旅游需求出现了许多新的变化，这些变化包括旅游者出游次数越来越多，旅游动机多样化，休闲度假占有更大比重，更加强调旅途中的享受等。这些市场需求的变化对旅游中间商的发展具有重要影响。一个结果是特种旅游产品、一地深度游产品、豪华游产品等新的产品类型受到更多的青睐。另一个结果则是旅游者对旅游中间商的依赖程度降低，传统的包价旅游产品在旅游中间商业务中所占的比重越来越低，而半包价、小包价或“机票＋酒店”式旅游产品、单项委托业务以及为旅游者量身打造的旅游产品占据越来越大的比重。

经济全球化的影响使得企业之间的交流更加频繁，企业人士的差旅活动增多，这为旅游中间商开拓商务旅游市场提供了良好的条件。在欧美国家，差旅管理、组织奖励旅游和会议旅游等成为旅游中间商最主要的业务。历史悠久、现已重组的托马斯·库克股份有限公司、美国运通公司、日本交通公社集团公司（JTB Corporation）等不仅控制了本国旅游市场的很大份额，而且在世界范围内发展业务，国际旅游发展助长了这一趋势。外资旅游中间商的加入将使本已进入微利时代的中国旅游中间商行业竞争加剧，部分旅游中间商可能被挤出市场，但是从另一个角度看，对于国内旅游中间商来说，外资旅游中间商的进入可能是一个学习、发展和提高的契机。

市场竞争加剧还会促进旅游中间商行业的进一步分工，包括水平分工和垂直分工。今后可能出现更多的从传统旅游中间商分化出来的，以产品开发、导游接待服务、市场调查、代办出入境手续等为主要业务的专业化企业，以及只经营某一类型旅游中间商产品的专业化企业。根据2009年国务院通过的《旅行社管理条例》，旅行社是指从事招徕、组织、接待旅游者活动，为旅游者提供相关的旅游服务，开展国内旅游业务、入境旅游业务和出境旅游业务的企业法人。旅行社是中国旅游中间商的主要成分，它不同于欧美国家的旅游经营商或旅游代理商，从业务内容来看，可以粗略地看作不成熟的旅游经营商和不成熟的旅游代理商的一体化组织，还没有像欧美国家旅游中间商行业那样形成垂直分工体系。造成上述现象的原因，和中国旅行社行业发展还不成熟、企业规模较小有关，和旅行社相关管理制度也有关系，特别是旅行社市场准入、门市设立和旅行社质量保障金等制度限制了旅游代理商的发展。不过，从根本上说，市场规模和市场秩序是中国旅行社没有形成垂直分工体系最为重要的影响因素。

9.1.2 旅游经营商

第二次世界大战以后，旅游中间商行业规模急剧扩大，一部分旅游中间商专门从事旅游产品组织业务，即将旅游活动所需产品和服务组织在一起形成包价旅游产品，使得旅游经营商实现了一定的行业规模。他们依赖旅游代理商销售自己的产品，又促进了后者的发展，最终形成了旅游经营商和旅游代理商的分工。欧美国家之所以形成旅游经营商和旅游代理商两大类别，市场规模急剧扩大是主要原因。分工可以取得规模优势，但是增加了交易成本。当市场规模达到一定程度时，分工的规模优势就显现出来了。一部分旅游中间商专门从事产品组织业务，另一部分专门从事销售代理业务，比所有旅游中间商同时从事两种业务更加有利，分工就形成了。旅游经营商是指从上游供应企业批量购入交通、接待等产品和服务，并将其组织成整体产品提供给旅游者的机构；而旅游代理商是向人们提供旅游所需产品和服务的信息、接受咨询及代理销售的机构。在托马斯·库克旅行社诞生之后近一个世纪里，旅游中间商的主要业务都是票务代理，主要是销售轮船和铁路服务而不是组织旅游产品。在这一时期，旅游经营商和旅游代理商的分工还处于萌芽状态。20世纪五六十年代，欧美国家旅游中间商行业完成了行业内的垂直分工。

旅游经营商是包价旅游的生产者，并以10%左右的佣金委托旅游代理商进行全面销售。包价旅游得名于全包旅游（inclusive tours）。全包旅游以一个固定的价格销售给消费者，其中包含的产品包括食宿、交通、地接以及导游或陪同服务（Horner，1996）。旅游经营商具有两种重要的功能：一是组织销售功能；二是生产创造功能。旅游经营商将分散的产品和服务组织起来，形成更为完整的产品提供给旅游者，便利了旅游者的购买，扩大了旅游供应商的销售。这就是组织销售功能。旅游经营商在对旅游供应商的产品和服务进行组织和包装的过程中，包含了自己的创意和劳动，形成了新的复合产品，而且旅游经营商为便利旅游者完成旅游活动，还提供各种附加服务，如陪同、导游服务等，以及承担旅游者委托的其他业务，如代办出境、入境和签证手续等。旅游经营商的出现促进了旅游相关行业的发展，加强了行业之间的联系和协调，使得旅游业作为一个整体概念开始出现。有些研究者甚至因此认为，只有在旅游经营商产生之后，旅游业才真正产生（王洪滨，2004）。

旅游经营商的收入来源主要是批零差价，其背后的基础则是规模经济。在旅游经营商产生之前，旅游者要自己搜索、甄别各种旅游信息，并和众多旅游企业进行交易；而旅游企业也必须开展各种广告、促销活动，并和大量旅游者进行交易。旅游活动的异地性更是增加了上述活动的难度。这种分散的旅游活动成本很高，只有少数人负担得起，旅游业的发展因此非常缓慢。旅游经营商的产生使得旅游活动成为有组织的行为，从而形成了成本节约、专业化以及使用更有效的技术等优势，通过规模经济大大促进了旅游业的发展。当然，旅游经营商的产生等于在旅游活动中增加了一个中间环节，因此会相应地增加交易成本。在旅游市场规模较小时，规模经济并不明显，规模经济带来的收益不足以抵销增加的交易成本，因此旅游经营商不会产生。当旅游市场规模达到一定程度后，规模经济更多地体现出来，单位产品分摊的交易成本减少了，旅游经营商才可能取得存在的条件。这就是旅游经营商在一开始并没有出现，当旅游活动发展到一定阶段后才出现的原因。

和旅游代理商相比，旅游经营商受信息技术的冲击较小。但是和旅游代理商一样，在信息技术发展的影响下，传统旅游经营商在业务内容和经营形式方面都将发生一些变化。旅游经营商将更多地采用信息技术，并且更加重视专业化服务；旅游经营商的获利来源不再主要是批发零售差价，而是提供专业化服务的报酬。

9.1.3 旅游代理商

旅游代理商是指通过代理销售其他旅游供应商如航空公司、酒店与度假区、旅游景区、汽车租赁公司，包括旅游经营商在内的其他供应商的产品的获佣中间商（commissioned intermediary）。旅游代理商多设在交通便利、人流集中的地方，甚至深入社区，为人们购买旅游产品提供方便的地理位置。传统上，旅游代理商的收入来源主要是销售佣金，提供信息和接受咨询是代理销售的辅助服务，一般不收取费用。旅游代理商不仅为旅游经营商代理包价旅游产品，也为旅游供应商代理单项旅游产品，如交通、住宿等。事实上，票务代理特别是机票销售佣金长期是旅游代理商收入的主要来源。有些代理商为了使自己的产品和服务更加专业化，可能会主动限制自己的服务范围。

关于旅游代理商发展成为一个行业，不能简单地用提供销售服务来解释。旅游代理商可以代理销售不同企业的产品，这比由各个企业建立自己的销售机构成本更低，并且可以帮助旅游者进行比较和选择，一次性完成购买。旅游代理商大多规模比较小，从业人员也较少，这样有利于节约经营成本。在欧美国家，旅游代理商这类小型企业对于解决就业问题起了很大的作用。代理商的发展程度和分布状况，是一个国家旅游市场发育和服务质量水准的重要体现。美国在20世纪70年代代理商数量仅为6 700家，1983年增加到23 059家，1993年达32 446家。但是不同代理商之间的销售额差别越来越大，到了90年代，近一半的总销售额集中在少数大型代理商手中（Gee，Makens et al.，1997）。

旅游代理商有时也称为旅游零售商（tour retailer）。旅游代理商直接向旅游者销售，这使它符合“零售商”的含义。但是，旅游代理商和普通的零售商又有区别，旅游代理商不“贮存”产品，不对顾客转卖旅游产品，只有当顾客决定购买旅游产品时，旅游代理商才代替顾客与经营商洽谈。从这方面来看，旅游代理商的说法比旅游零售商更能体现这一行业的特点。

9.1.4 信息技术对中间商的影响

信息技术的发展对于旅游中间商的发展也具有非常重要的影响。电子商务的发展促进了电子旅游中间商（e-commerce intermediary）的产生，它们是基于互联网提供信息中介服务的新型旅游中间商，具有信息提供、检索、咨询、促销、评估、交易等功能。电子服务商可以为顾客提供虚拟交易市场，符合条件的产品可以在虚拟市场内展示和销售，消费者则可以在站点内任意选择并进行预订。与传统的旅游中间商一样，电子旅游中间商也是连接旅游供应商和旅游者的桥梁与纽带，同样发挥着帮助旅游者进行购买决策和满足需求、降低旅游供需方达成交易的成本费用等作用。但电子旅游中间商和传统的旅游中间商相比，存在前提、交易主体、交易内容、沟通形式等都有很大不同。电子旅游中间商提供旅游者与旅游供应商直接沟通的媒介和平台，使旅游者拥有更多主动提出需求、参与旅游产品设计的可能性。电子商务的发展使传统的旅游中间商受到了挑战，同时促进了旅游中间商的信息化改造和效率提高，还使市场上出现了以电子旅游中间商为代表的新型中间商。电子商务的开展促使市场交易成本降低，在不同情况下，成本降低的程度有所不同（巫宁和杨路明，2004）。信息技术的发展使得旅游供应商可以便利地进行直接销售，旅游者可以容易地进行信息搜索和在线预订，大大冲击了传统旅游中间商的生存基础。

在线旅行社（online travel agency，OTA）的出现将原来传统的旅行社销售模式放到网络平台上，更广泛地传递了线路信息，互动式的交流更方便了客人的咨询和订购。随着用户群体从PC端向智能手持设备大量转移，以及旅游用户预订习惯的转变，移动互联时代下的在线旅游市场极大改善了用户的消费体验，移动互联在OTA模式中占据了重要位置。经过多年发展，全球OTA企业已经形成较为成熟的商业模式，各大巨头跑马圈地，格局初现。目前，全球知名度较高的OTA企业有缤客（Booking）、亿客行（Expedia）、猫途鹰（TripAdvisor）、携程、途牛、HomeAway、Kayak、Orbitz、MakeMyTrip等。从市值来看，截至2018年3月15日，缤客市值遥遥领先，达到1 056亿美元，与其他竞争对手拉开了差距；携程经过近年来的国际化布局，市值大幅提升，居第二位，达到250亿美元。携程是一个在线票务服务公司，创立于1999年，总部设在中国上海。携程旅行网拥有国内外六十余万家会员酒店可供预订，是中国领先的酒店预订服务中心。2003年12月，携程旅行网在美国纳斯达克成功上市。在2017年“中国互联网企业100强”榜单上，携程排名第九位。2018年3月21日，携程发布定制师认证体系，国内首张定制师上岗证出炉。2018年10月，《财富》未来公司50强排行榜发布，携程排名第四。[①]

9.2 普通旅行社与包价旅游

相对于专门为商务旅游者服务的提供商和电子旅行服务商来说，为愉悦旅游者服务的中间商可以称为传统的普通旅行社，目前它仍然是中国旅游中间商的主体。本节所称普通旅行社主要是指经营团队包价旅游的服务机构。传统上，旅行社主要经营团队包价旅游产品。包价旅游产品是将旅游活动所需的全部或大部分商品和服务组织在一起，成为一个整体，并以一个价格进行销售的产品。从理论上说，包价旅游产品也可以针对散客市场，不过在旅行社的实际发展过程中，包价旅游产品更多的是和团队旅游联系在一起的。

从旅游中间商的发展历史可以知道，包价旅游产品的兴起是在20世纪50年代，当时航空技术的进步促进了大众旅游的发展，为包价旅游产品提供了市场基础；反过来，包价旅游产品又促进了大众旅游的发展（李宏，2001）。

9.2.1 包价旅游与团队旅游

包价旅游（package tour）和旅游市场的发育程度有关。在旅游市场发育初期，旅游市场消费能力较低，消费者选择以较低价格换取无差异产品，团队旅游因此得以组织。旅行社通过批量购买单项旅游产品，然后综合成包价旅游产品，节约了旅游活动的费用。从经济学上说，包价旅游产品产生了规模经济，这是散客旅游所不具备的。

团队旅游（group tourism）是指旅游者在整个旅程或旅程一部分时间内一起出行，并以团体价格一次性支付绝大多数旅程花费的旅游方式。旅游团是团队包价旅游的直接购买者。团队包价旅游产品具有综合性、组合性、无形性、异地性、不可贮存性、产消同时性等特征。为满足旅游者的综合性需要，包价旅游产品也必然是综合性的。团队包价旅游产品是一种组合型产品，旅行社将旅游供应商的不同产品组合在一起，并没有改变这些产品的基本效用，如住宿还是住宿，交通还是交通。团队包价旅游产品主要不是以物质形态表现出来的劳动产品，而是以多种服务表现出来的无形产品。团队包价旅游产品包含人们进行旅游活动所需的多数产品和服务，其生产和消费必然是跨地域的。旅行社提供的主要是服务，旅游供应商提供的也主

---

① 2018《财富》未来50强：21家中国公司上榜 微博第二．财富中文网．

要是服务，这些服务性产品是无法贮存的。与一般实物产品不同，团队包价旅游产品的生产只有当旅游者开始消费时才开始，随着旅游者消费结束而停止，具有产消同时性。

在最初的包价旅游产品中，通常将旅游活动所需的绝大部分商品和服务都包括在内，但随着旅游活动的发展，特别是顺应旅游需求的变化，越来越多的包价旅游产品只将旅游活动所需的一部分产品和服务包括在内。为了予以区别，前者称为"全包价"旅游产品，后者称为"半包价"或"小包价"旅游产品。当旅游市场发育非常成熟以后，旅游市场消费能力提高，价格弹性降低，个性化和多样化需求就体现出来了，这时候就会出现更多的散客旅游，以及针对散客旅游量身定制的旅游产品。当包价范围越来越小时，包价旅游产品和团队旅游的关系也越来越疏远。如果一个团队只是乘坐同一趟航班和入住同一家酒店，但是各自开展其他旅游活动，很难说他们进行的是团队旅游。

说明：导游是包价旅游直接的服务提供者，对产品质量具有关键影响。日本的导游要求穿着制服，服务流程规定清楚，设施及服务强调细节。（吴必虎摄，2006）

虽然受到旅游需求变化的冲击，但是团队旅游产品在短期内并不会消失。这是因为团队旅游具有的规模优势在未来仍将存在；可以将旅游者从出行的麻烦中解脱出来，专注于旅游活动给身心带来的愉悦；可以起到促进人际交流的作用，特别是经过有目的的组织后，能够发挥的作用更加明显；团队旅游也更具安全感。正是由于上述原因，在长距离旅游活动中，团队旅游在短期内依然将是主流。当然，团队旅游并不一定通过传统的旅行社进行，而可以通过网络社区、俱乐部等进行（宋子千，2008a）。

9.2.2 包价旅游产品的开发

（1）产品供给外部性。旅行社产品在很大程度上依赖于企业外部的供给。由于旅游活动的异地性，在旅行社经营中存在组团社和地接社的分工。组团社是位于客源地组织旅游产品并进行销售的旅行社；地接社是在目的地提供接待服务的旅行社。组团社的包价旅游产品除了本身提供的服务，一般还包括旅游供应商直接提供的产品和服务、地接社在目的地提供的接待服务以及目的地旅游供应商通过地接社提供的产品和服务。这些外部供给主要是以服务的形式提供的，组团社很难对其生产过程以及质量进行监控。由于和顾客直接构成交易关系的是组团社，一旦供应商或地接社提供的产品或服务出了问题，常常是组团社承担质量风险。实际上常见的地接社接待质量较差、组团社拖欠费用等问题，是旅行社产品质量长期难以提高的重要原因。

（2）新产品开发。普通旅行社产品开发通常要求遵循市场导向、市场细分和专业特色等原则。随着旅游市场个性化需求的发展，无差异产品不再那么受欢迎。在这种情况下，旅行社进行产品开发时，需要在旅游市场中区分出特定的目标群体，并对其进行更深入的了解。旅行社可以开发更多的半包价、小包价以及定制化旅游产品。旅行社的产品开发不仅要发现市场需求，而且必须基于自身独特的专业技能。

团队包价旅游产品的开发方法包括旅游线路的开发和旅游服务的创新两个层次。开发一条新的线路，不仅开发本身需要较大的成本，在推向市场以后，经营风险也比较大。因此，在旅游线路的开发中，旅行社一般都会争取有关目的地的支持。旅游服务的创新包括住宿、餐饮、交通等方面的服务创新和旅行社自身服务的创新。旅行社自身服务创新的空间很大，是旅行社进行产品开发的重要方式。一是产品主题的创新；二是服务内容的创新；三是产品组织的创新。此外，旅行社之间也可以联合起来进行产品开发，共同开创新的市场。

（3）价格与质量。团队包价旅游产品作为一种中介服务，其价格主要由综合服务费、住宿费、长途交通费、专项附加费等构成。对于顾客的特殊要求，旅行社可在一般产品价格之外加收特殊服务费或减免部分费用。团队包价旅游产品的价格具有整体性、波动性、季节性等特点。整体性是指虽然团队包价旅游产品组合了不同旅游供应商的产品，但它们是和旅行社自身提供的服务一起作为一个整体向顾客出售的。波动性是指易受上游产品价格的影响，说明旅行社的价格自主性相对较差。和其他行业一样，旅行社实施的产品价格策略也可以分为以成本为中心的定价策略、以需求为中心的定价策略和以竞争为中心的定价策略等。

从实践来看，在20世纪90年代以前，中国旅行社市场比较宽松，因此旅行社多采取成本加成或目标利润定价方法。但90年代以后，市场竞争越来越激烈，出现了恶性价格竞争现象。中国旅游需求总体说来还处于初级阶段，旅游者对价格的关心超过对质量的关注，因此价格就成为旅行社赢得市场的主要手段，从而导致旅行社市场价格竞争愈演愈烈。在价格竞争非常激烈的情况下，很多旅行社报出了极低的产品价格，甚至出现了所谓的“零团费”和“负团费”。当产品报价很低时，旅行社为了获得利润大力压缩成本，导致产品质量大幅下滑。为了解决上述产品质量问题，如何建立良好的中介服务品牌，受到研究者和业界的关注。比较常用的手段是连锁经营和特许经营，旅行社对加盟企业的产品质量必须作出严格的规定并加强相应的监督管理（朱蕴波，2003）。

9.3 商务旅游的服务商

商务旅游的服务商是指为人们从事商务旅行和旅游活动提供服务的机构。虽然商务旅游是一种古老的旅游活动，但在工业化和城市化之后才得以迅速发展。20世纪90年代初，世界商务旅行年收入猛增至3 780亿美元，其后连年稳居世界旅游业总收入的25%。和愉悦旅游特别是观光旅游相比，商务旅游活动具有价格敏感性弱、逗留时间长、人均消费力强、重游率高等特点，这使得经营商务旅游业务比经营团队包价旅游更有利可图。在旅游需求个性化和多样化的冲击下，团队包价旅游市场竞争非常激烈，因此，商务旅游市场成为旅游中间商争相进入的经营领域。目前，世界上很多大型旅游中间商都以商务旅游服务为主要收入来源。

9.3.1 商务旅游的服务内容

商务散客服务、公司差旅管理等是常见的商务旅游的服务内容。也有一些学者认为，商务旅行和旅游包括更广泛的内容，甚至包括人们的上班通勤活动（Swarbrooke and Horner，2001）。这里只讨论狭义的商务旅行和旅游产品及其服务提供商。商务旅游是个人或集体以从事商务以及相关活动为目的而移动和在某地停留的一种旅游方式，有一般商务旅行、公务旅行、会议旅行、展览旅行、节事旅游、奖励旅游、购物旅游等多种表现形式。与传统愉悦旅游不同，商务旅游对目的地区位条件和基础设施要求更高，消费结构集中且价格刚性显著，具有规模大、停留期长、计划性强、季节性弱、重游率高等特点。

传统的旅游中介服务主要是面向愉悦旅游市场，在旅游中间商体系内设立一个专门为商务旅游者服务的分部或商务专员，但是随着商务旅游的发展，越来越多的商务旅游中间商独立出来成立自己的公司。通常情况下，商务旅游中间商（business tourism intermediary）通过通信方式与客户保持联系，但是对于公务差旅特别集中的大客户，可能会在客户公司内部派驻人员提供商务旅行服务（Buhalis and Laws，2001）。

商务散客服务是指为商务旅游散客提供的各种预订和委托代办服务，如酒店、机票预订，行李托运等。这是比较传统的商务旅游服务，和针对观光旅游散客的服务没有差别。传统的旅游中间商多提供此类业务，通过向顾客收取代办费获得收入。由于服务功能相对比较简单，酒店、机票等通过网络手段可以方便地实现在线交易，传统旅游中间商提供的商务散客服务受到电子旅游服务商的极大冲击。

公司差旅管理（corporate travel management）是指当一家企业（或其他组织）的出差费用达到一定规模时，旅游服务商通过对企业（或其他组织）的差旅活动进行整体考察分析，提供咨询意见，然后共同改进流程，并且通过利用服务商所拥有的资源使企业（或其他组织）差旅成本最小化，实现对差旅成本的控制，并提供差旅全程服务的管理活动（谭刚，2006）。在很多国家放松了航空管制后，公司差旅部门纷纷成立，专门为公司差旅提供各种管理服务的公司也应运而生（Poynter，1990）。差旅管理是旅游中间商的重要产品，对于很多企业（或其他组织）来说，差旅费用是人力资源成本之外的第二大可控成本，因此引入专业化差旅管理已经成为很多大型企业或组织的必要手段。如在全球差旅管理市场排名第一的美国运通公司为全球500强企业的70%以及数以千计的中型企业提供商务旅行、公司卡和集团采购卡服务。

和团队包价旅游相比，差旅管理服务具有如下特点：差旅管理服务针对的是工商企业或其他组织，而不是个人；差旅管理服务不仅包括行程安排、接待与保障，而且包括经费预算、管理咨询和制度设计，后者甚至是差旅管理服务的核心；差旅管理服务不仅要创造良好的旅行环境，而且要满足商务活动的顺利进行，并在此前提下将差旅成本控制在最低限度。差旅管理在一定程度上相当于企业（或其他组织）差旅事务的“外包”。专业化差旅管理可以为企业（或其他组织）节约大量差旅成本，这构成了差旅管理服务商的主要收入来源。

差旅管理服务商和传统旅游中间商在经营管理上也存在很多差异。在商务旅游发展的初期，主流客户仍是商务散客，传统旅游中间商无须进行特别的安排，等客上门是成本收益比较下的最佳选择。但是对于差旅管理服务，其目标客户是企业或组织，提供有效服务的前提是服务商必须和目标客户建立起长期、稳定的合作关系。服务商必须从目标客户的实际情况出发，提供有针对性的产品建议，并和客户充分协商，最终确定产品内容。

团队包价旅游产品以旅游吸引物为核心，而差旅管理服务以商务活动的顺利进行为前提，服务商必须转变传统的以旅游吸引物为核心的思想，将绝大部分精力放在商务活动的服务上。对于商务旅游活动来说，客户只有一些最基本的需要是相同的，和商务活动相关的大量需要是存在差异的，差旅管理服务产品要照顾到客户的个性化、差异化需求，因而几乎每一项产品都是定制的、不可复制的，对不同客户出售的产品也是不同的。在制定公司差旅服务计划时，需要通过调查分析等手段，对商务旅行政策及成本进行细致的考察，所涉及的内容包括旅行类型、旅行成本、旅行政策、管理与安排、部门关系、卖主关系、支付与偿付方法、报告与自动办公等（Runzheimer International，2000）。

9.3.2　奖励旅游

本书第 6 章阐述了节事与会展活动。节事会展活动的开展和产品的形成同样需要旅游中介服务作为支撑。参加会议、展览、节事是旅游活动的重要目的之一，为人们的会展旅游活动提供便利则是会展旅游服务的主要内容。对于会展旅游而言，人们在从事商务活动之余一般还会进行愉悦活动。传统的会展旅游服务主要着重于旅行日程的安排，而新型会展旅游服务商不仅提供旅行服务，而且提供专业的会展服务，实际上是会议商和旅游服务商的结合。

奖励旅游（incentive tourism）在目的地活动安排上与愉悦旅游几乎没有差别。但是愉悦旅游的参与者是自费，而奖励旅游是公司出钱；愉悦旅游与工作没有关系，但奖励旅游与本职工作有密切联系。正是奖励旅游与工作关系的紧密性，决定了它是一种商务旅游而非普通的愉悦旅游（Davidson and Cope，2003）。

虽然人们也将奖励旅游视为商务旅游的一种，但它与以公司活动为主导的商务旅游产品有所不同，即旅游者是受到公司激励的管理层或优秀员工。它是工商企业或其他组织为激发工作人员的积极性、增强归属感以及搞好与有关部门、团体和个人的公共关系而组织的奖励性旅游活动。奖励旅游活动大多经过精心策划，尽可能地融入了企业理念和管理目标，因此奖励旅游所安排的旅程从某种意义上讲也是企业的一次市场宣传。目前，国际上奖励旅游非常普遍，在我国奖励旅游也逐渐得到发展（董媛，2006）。

对于旅游中间商来说，奖励旅游是一个极具发展潜力的市场。国际上有一些专门从事奖励旅游服务的机构，大型旅游中间商一般也设立了相关的部门。奖励旅游服务不是简单地改变目标客户，而需要旅游中间商在经营理念、产品开发和市场营销等方面进行相应的调整，成为专业的奖励旅游服务商。和团队包价旅游不同，奖励旅游产品不是预先确定的，需要奖励旅游服务商为特定的客户量身定制。对于奖励旅游市场的开发，通常的广告宣传和价格策略等手段是次要的，奖励旅游服务商更需要坚持“一对一”和“互动”的营销观念，深入了解目标客户的企业文化、计划预算和个性化需求，提出有针对性的产品方案。在正式接受委托以后，奖励旅游服务商往往还需要就行程安排、主题活动等与委托单位进行多次沟通，包括邀请委托单位有关人员进行实地考察。主题活动是最能体现奖励旅游活动性质、反映企业文化、宣传企业形象、让参与人员获得最深刻体验的内容。在奖励旅游产品开发中，奖励旅游服务商必须做好主题活动的策划，使主题活动与企业目标相融合，富有创意，具有高文化品位和高度参与性。

□ 本章小结

旅游中间商是在旅游供应商和旅游者之间提供中介服务产品的企业，一般分为旅游经营商和旅游代理商两类。旅游经营商将分散的产品和服务组织起来，形成更为完整的产品提供给旅游者或批发给代理商，在此过程中提供了各种附加服务。旅游代理商主要承担销售功能，为人们购买旅游产品提供方便。

团队包价旅游产品是传统旅行社的主要产品，具有综合性、组合性、无形性、异地性、不可贮存性、产消同时性等特征。这类产品因市场对低价的追逐容易导致恶性竞争现象。

商务旅游服务商主要为人们提供商务散客服务、公司差旅管理、会展旅游服务、奖励旅游等商务旅行和旅游中介服务。

□ 关键术语

旅游中间商（travel intermediary）
旅游代理商（travel agent）
分销渠道（distribution channel）
团队旅游（group tourism）
商务旅游中间商（business tourism intermediary）
奖励旅游（incentive tourism）
旅游经营商（tour operators）
电子旅游中间商（e-commerce intermediary）
包价旅游（package tour）
价格策略（pricing policy）
公司差旅管理（corporate travel management）

□ 复习题

1. 为什么会产生旅游经营商和旅游代理商的产业分工？
2. 为什么中国的旅行社还没有形成较为完善的旅游经营商？
3. 如果你要出游，你愿意选择团队包价旅游吗？为什么？
4. 商务旅游服务商和普通旅行社有什么区别？
5. 信息技术的发展对旅游中间商有什么影响？

第10章

旅游接待服务

学习目标

- 了解旅游接待业的概念和功能
- 熟悉酒店的等级划分和评定标准
- 了解旅游接待设施与服务的分类
- 掌握无限服务型、有限服务型酒店的特点
- 了解旅游接待业经营管理的特征和内容

10.1 接待业界定

接待设施（accommodation）是指任何为旅行者长期或短期提供投宿接待服务的设施。接待服务来源于英文 hospitality 一词。所有参与以食宿为基本内容的接待服务的商业机构，有时也包括一部分非营利机构，构成了一个体系复杂的产业，称为接待业（hospitality industry）或食宿业（lodging industry）。现代对于接待业的理解多指住宿业和餐饮业的结合，因为大多数的住宿接待设施都提供餐饮服务，所以接待业在很大程度上等同于酒店业。在中文语境里，由于历史原因，hotel 一词的对应汉语有多种说法，并且常常混用，如酒店、饭店、宾馆、旅馆等。本书在叙述过程中也会使用多种表述方式。

贝克和海顿（Baker and Huyton，2001）将接待服务定义为："一种确定服务关系的商业协议，旨在为客人或消费者提供物有所值的环境、舒适、便利、社会交流以及住宿与娱乐的体验"。库珀等（Cooper，Shepherd et al.，1996）总结了许多专家对接待服务的定义，认为无论从何种角度对其进行界定，都包含下列内容：接待服务是一系列有形和无形特征与利益的综合；它包括服务提供商和消费者或客人之

间的满意的互动过程；通过食物、饮品与住宿服务为客人提供安全、心理或生理上的舒适体验；既可以营利方式也可以非营利方式出现。

10.1.1 接待业简史

中国是世界上最早出现旅馆的国家之一，早在3 000多年前的殷商就出现了官办的驿站，这是中国历史上最古老的官办住宿设施。中国现代酒店虽然起步晚，但是发展态势迅猛。目前，中国旅游酒店的数量和硬件水平总体上已不落后于发达国家，但在软件上还有很大差距。从全球范围来看，旅游接待业的发展进程大体上可以分为古代客栈期、权贵酒店期、商业酒店期和现代酒店期（李天元和王连义，1991）。四个时期的划分在各个国家的起止阶段并不一致，但总体上是古代延续时间很长，越到近现代，变化越快越多，分期时间也迅速变短。

（1）古代客栈期（18世纪之前）。商业性接待业最早可能出现在中东两河流域。农业生产出现剩余之后，出现了粮食和其他产品的贸易活动，旅店业出现以便为商人提供餐饮和住宿（Knowles，1998）。在中国古代，由政府或私人提供的驿站或客栈分别称作客舍（周代）、群郗（汉代）、邸店（南北朝）、同文馆或大同馆（宋）。在西方，客栈作为一种住宿设施真正流行是在15—18世纪。18世纪世界许多地方的客栈不仅是过路人寄宿的地方，还是当地的社会、政治与商业活动的中心。一般来说，客栈等简单的住宿设施还不是完整意义上的酒店，只是酒店的雏形。

（2）权贵酒店期（18世纪末至19世纪中叶）。18世纪后期，专为上层统治阶级服务的豪华酒店出现，在欧洲大陆出现了许多以“酒店”命名的住宿设施。酒店与其说是为了向旅行者提供食宿，不如说是为了让他们获得奢侈的享受。一般认为，欧洲第一个真正可称为酒店的住宿设施是在德国的巴登巴登（Baden-Baden）建立的巴典国别墅（Der Badischer Hof）。20世纪初，美国也出现了一些豪华酒店，其中瑞士籍酒店业主恺撒·里兹（César Ritz）开办的酒店可以说是豪华酒店时代最具代表性的，其著名的经营格言“客人永远不会错”被酒店企业家代代相传。

（3）商业酒店期（19世纪末至20世纪50年代）。“现代连锁酒店之父”美国人斯塔特勒（Ellsworth Milton Statler）凭借自己多年从事酒店业的经验和对市场的敏锐观察，立志要建造一种“在一般公众能负担的价格之内提供必要的舒适与方便、优质的服务与清洁卫生”的酒店。这个愿望在1908年终于得以实现，从而开创了现代连锁酒店的先河。斯塔特勒提出的“酒店经营第一是地点，第二是地点，第三还是地点”（Anonymous，1964）至今仍具有影响力。商业酒店期使酒店业最终成为以一般平民为服务对象的产业，它从各个方面奠定了现代酒店业的基础。20世纪30年代，中西式酒店将输入中国的欧美酒店业经营观念和方法与中国酒店经营环境的实际相结合，成为中国近代酒店业中引人注目的部分，为中国酒店业进入现代酒店期奠定了良好的基础。

（4）现代酒店期（20世纪50年代以后）。第二次世界大战后，出现了国际性的大众化旅游。这种社会需求的变化促使酒店业进入现代酒店期。酒店业发达的地区遍布全世界。亚洲地区的酒店业从 60 年代起步发展至今，在规模、等级、服务水准、管理水平等方面毫不逊色于欧美的酒店业。每年评选出的世界十大最佳酒店中，亚洲地区的酒店往往占半数以上并名列前茅。亚洲地区的酒店集团公司不仅在亚洲地区投资或管理酒店，而且已扩展到欧美地区。中国现代酒店业的发展历史不长，但速度惊人。自 1978 年改革开放以来，中国大力发展旅游业，为现代酒店业的兴起和发展创造了前所未有的良好机遇。在行业规模扩大、设施质量提升的同时，中国酒店业的经营观念也发生了质的变化，经营管理水平得到了迅速提高。

说明：由传统建筑改建为接待设施的遗产旅馆深受游人欢迎。美国佛罗里达州迈阿密市装饰艺术区（Art Deco Historic District）早期西班牙殖民者留下来的住所，就成为当地颇具特色的旅馆。酒店大堂具有浓郁的西班牙风格。（李咪咪摄，2009）

10.1.2　接待业的功能

接待业是旅游业的重要组成部分。接待业主要承担旅游活动中的住宿接待功能，以及与住宿过程相配套的餐饮、娱乐、商务支持等功能。有研究者倾向于除了将基本的住宿功能作为接待业主体功能，还将餐馆与快餐业、签约餐饮业（contract catering industry）、酿造业、休闲业（leisure industry）等纳入广义的接待业范畴（Knowles，1998）。迪特默（Dittmer，2002）也认为，接待服务意指为旅行者提供食物、饮料、住宿等行为，因此接待业覆盖的范围应该包括餐饮部门、住宿部门、旅行服务与旅游吸引物部门。现代旅游接待业不仅具有住宿、餐饮、休闲娱乐、会议集会、商务服务、交通支持、购物服务等主要功能，还有其他社会、个人功能（Lashley and Morrison，2001），但住宿功能是接待业最基本的功能。

餐饮功能是与住宿密切相关的基本服务内容。旅游接待业具有向旅游者提供饮食及相关服务的功能。在各种星级酒店中，其餐饮功能通常是借助不同风味和档次的餐厅和酒吧来实现的，这种功能的存在主要是为了满足来自世界各地、具有不同消费习惯的旅游者的饮食需求，有时也可以达到使旅游者为美食而流连忘返的目的，对于旅游活动具有非常大的促进作用。

现代旅游接待业一般也具有交通服务的功能。通常客人会要求酒店提供市内交通服务或者机场接送服务，而且在大型展会或者节事期间，客人一般都有固定的交通需求，酒店会提供相应的机场接送服务和前往展馆或者节事举办地的穿梭交通（shuttle bus）服务。

休闲娱乐功能在酒店业中的地位不断增强。一些世界著名的娱乐目的地如澳门、拉斯维加斯等城市酒店内的娱乐设施甚至成为酒店吸引客人的主要产品。随着旅游业的发展，旅游接待业的休闲娱乐功能越来越突出。由于生活水平的提高，旅游者对文化、娱乐、康体、休闲的要求越来越高，因此，现代酒店为了给旅游者提供更加完美的住宿体验，一般都配有休闲娱乐设施。这也是高星级酒店星级评定所要求的标准和内容之一。随着旅游接待业的发展，出现了大量度假型酒店，其休闲娱乐功能更为突出。

会议集会功能是多数商务酒店的主要功能之一，能够为旅游者提供集会、文化交流和信息传播等活动的场所和相关服务，特别是会议型酒店的出现更是强化了旅游接待业的集会功能。商务旅游者是现代旅游者群体中非常重要的组成部分，他们对于酒店的会议设施和会议服务要求较高。另外，现代酒店还可以承接大型宴会活动，直接为宴会的参与者提供交流的平台。

对于商务酒店来讲，商务服务功能构成其主要竞争力。商务服务功能是指为商务旅游者提供其进行商务活动所必需的各种设施设备和服务。针对这一功能，一些商务型酒店专门配备了商务楼层，客房内配有较为完善的商务设施设备，在楼层中有专为商务交流活动服务的行政酒廊，有的酒店还提供贴身管家或者商务秘书服务。虽然现代旅游目的地专业化购物场所越来越发达，但是酒店内的购物服务功能仍然具有自己的特定客户群。现代酒店根据客源结构和消费档次，成立不同规模的购物中心，售卖一些旅游纪念品、生活日用品或者高档消费品。但是和普通购物点不同的是，酒店提供的商品必须充分考虑所接待旅游者的购买需求。

10.1.3 酒店等级及标准

对酒店进行分等定级，往往是基于标准化、营销、消费者保护、增加收益和质量控制等目的（Gee，1994）。接待业中既有星级酒店，也有非星级酒店（有时称为社会旅馆）。一般而言，酒店的星级越高，向顾客提供的住宿设施设备越豪华，服务水平越高。为了促进接待业的发展，保护旅游者的利益，便于酒店之间的比较，国际上曾先后对酒店等级（hotel classification）做过一些评定。目前，世界上最为通用的等级标准是星级制，即用★号表示酒店等级，★号越多，星级越高，表示质量越好，价格也就越高。欧洲大部分地区和中国都采用这种方法进行酒店等级的划分，即按照酒店的建筑设备、规模、服务质量、管理水平，形成比较统一的等级标准，将酒店分为一星到五星 5 个等级。

对酒店进行星级评定时，通常评估以下内容：建筑结构、家具装修、日常维护、客房管理、综合服务、餐饮服务等。其中，建筑结构是指酒店外部建筑质量与水准、景观化的地表、内部公共空间、客房等；家具装修是指地板和墙体粉饰、窗帘布饰、照明灯饰、器皿用具、室内家具等（Gee，1994）。许多国家采用不同的酒店星级标准体系，但基本上以 5 个等级来划分，并多数以星形及其数量来表示酒店的等级高低、服务质量好坏和销售价格高低（见表 10-1）。

表 10-1　酒店业部分星级标准体系

项目	法国米其林指南	美国汽车旅行指南	美国汽车协会	以色列官方	英国官方	英国汽车协会	爱尔兰官方	西班牙官方
标准类型/自由度	百年老店米其林严谨标准	美孚公司严谨标准适当查检	美国汽车协会严谨标准	强制加入	自愿加入	自愿加入	强制加入	强制加入
基本标准	结构与运营要求、质量	设施、维护、服务、餐饮	设施、维护、服务	建筑特征、服务质量	结构与运营要求、质量	定量与定性要求	结构与营运要求、质量	根据各地官方要求
标牌符号	5屋 4屋 3屋 2屋 1屋	5星 4星 3星 2星 1星	5钻 4钻 3钻 2钻 1钻	5星豪华 5星 4星 3星 2星 1星	5冠 4冠 3冠 2冠 1冠 入册	5星3玫 4星2玫 3星1玫 2星 1星	A星 A B星 B C星	5星 4星 3星 2星 1星
授牌机构	米其林公司	美孚公司	美国汽车协会	以色列旅游部	国家旅委委托地方旅委	英国汽车协会	爱尔兰旅游局	当地政府
监督类型	匿名查访	年度评估、高星级酒店入住检查、游客意见	年度评估、高星级酒店入住检查	每 1～4 年匿名查访一次	问卷调查、查访	年度查访、对酒店经理咨询	年度入住查访	未加管理，各地政策不同
资助机构	米其林公司	美孚公司	美国汽车协会	政府	酒店及政府	英国汽车协会	酒店	政府
覆盖对象	部分酒店	部分酒店及汽车旅馆	部分酒店及汽车旅馆	全部酒店	全部接待设施	酒店	全部酒店	全部专业化接待服务设施

资料来源：Gee，1994.

中国现行的酒店星级的划分与评定标准为2011年开始实施的《中国旅游饭店星级的划分与评定标准》（GB/T 14308—2010）。2012年第一季度原国家旅游局统计系统内填报经营记录的12 136家星级酒店中，以三星级（占46.3%）、二星级（28.9%）和四星级（占18.2%）酒店为主体。

10.2 旅游接待分类

由于面向不同的市场需要，旅游者的目的和价格偏好不同，投资人对酒店接待设施的创新要求不同，旅游接待设施分成不同的种类。拉廷（Lattin，1977）根据美国的情况，把酒店分成商业或短住酒店、度假胜地酒店、住宅或长住酒店以及汽车旅馆四种类型。一般来说，根据接待设施及其提供的服务的覆盖面，当然也包括对接待设施的品质和特色的考量，接待设施可分为无限服务型酒店（full service hotels）、有限服务型酒店（limited service hotels）和辅助接待设施三大类别。无限服务型酒店一般设施齐全，提供的服务范围广泛，也是传统的酒店业中类型较为丰富的一大类酒店。有限服务型酒店是相对于无限服务型酒店而言的，通常以商务客人为主要服务对象，提供的服务有限，但旅行者特别需要的服务反而得到更多强化。除了通常所说的酒店，还有一些辅助的旅游接待企业也承担了旅游接待功能，如露宿营地、产权酒店、农家乐住宿、活动预制住宅等。

出于旅游统计的需要，世界旅游组织提出，将旅游接待设施分为集体旅游接待设施（collective tourism establishments）和私人旅游接待设施（private tourism accommodations）两大基本类型，其下又进一步划分为酒店及类似设施、专门接待设施、私人租赁接待设施、私人非租赁接待设施等更多类型（见表10-2）。

表10-2 世界旅游组织接待设施分类

<table>
<tr><th>主要类型</th><th>次级类型</th><th>单位组群</th><th>设施举例</th></tr>
<tr><td rowspan="9">集体旅游接待设施</td><td rowspan="2">酒店及类似设施</td><td>酒店</td><td>宾馆、汽车旅馆、路边客栈、海滩宾馆、公寓酒店等</td></tr>
<tr><td>类似酒店设施</td><td>提供房间和餐饮服务的住宅、游客住所等</td></tr>
<tr><td rowspan="4">专门接待设施</td><td>保健接待设施</td><td>水疗度假村、地热度假村、山地休养地、康复屋、健康农场</td></tr>
<tr><td>假期训练营地</td><td>农业、考古、生态工作营地，儿童夏令营，童子军营地，骑术与航海术学校，运动中心等</td></tr>
<tr><td>旅客运输工具</td><td>游轮客舱、火车卧铺、长途汽车卧铺等</td></tr>
<tr><td>会议中心</td><td>只为会议参加者提供食宿服务</td></tr>
<tr><td rowspan="3">其他集体接待设施</td><td>度假住宅</td><td>为游客提供娱乐中心、小卖部、信息服务的公寓、单体住宅、联排住宅型建筑物</td></tr>
<tr><td>游客营地</td><td>为帐篷、拖车、房车提供集体设施如娱乐中心、餐馆和咨询中心</td></tr>
<tr><td>其他集体住宿</td><td>社会旅游接待设施，如青年旅舍、旅游者宿舍、团体接待设施、老年人度假屋、工人度假村、游港航海者寄宿设施</td></tr>
</table>

续表

主要类型	次级类型	单位组群	设施举例
私人旅游接待设施	私人租赁接待设施	家庭内租赁房间	家庭自用房屋内腾出空房提供给旅游者
		私人或专业机构外租的住宅	产权属于个人或组织，但可单独出租的公寓、度假屋、独栋住宅、山地农舍
	私人非租赁接待设施	自有住宅	游客拥有的第二住宅、公寓、联排住宅、独栋住宅、别墅
		亲友提供的免费接待设施	游客被允许免费使用其亲友拥有的住宅或其他类型的接待设施
		其他私人旅游接待设施	非官方的住宿单元，如未对外开放或出租的拖车、营地等

资料来源：World Tourism Organization，1995.

10.2.1　无限服务型酒店

传统的无限服务型酒店类型丰富，功能不一，研究者对其有许多不同的分类角度。通常分为分布在人口密集地区的城市型商务酒店和建设在风景优美、远离城市的休闲度假区内的胜地酒店两大类，也有从其他角度进行的分类，如专题酒店、分时酒店等。

城市型商务酒店（business hotel）分布非常广泛。对这类酒店，商务客人在酒店总的客源结构中应当占有主导的份额，这是衡量商务酒店的一个基本标准。根据行业经验，一般会达到70%以上的比例。商务酒店具有地理位置优越、配置面向市场、价格较高等特点。

商务酒店的地理位置一般比较优越，交通便利，临近商务密集区，便于客人参加各种商务活动和会议，接触潜在的商务合作对象。酒店提供各种先进的会议设施、客房设施设备，以满足旅游者的商务需求，如打印机等。商务酒店的价格一般要高于同档次的其他酒店，因为商务旅游者对价格不太敏感，各项费用标准较高；同时，商务旅游者在住宿、通信、宴请、交通方面较为讲究，注重酒店的环境和氛围。会展酒店（convention hotel）一般设在大都市和政治、经济中心或交通方便的游览胜地，有各种类型与规格的会议室、展览厅，以及相应的会议设备，如投影仪、影像设备、扩音设备、通信设备、视听设备等。其中，接待国际会议的酒店要求具备同声传译装置，同时能够提供专业的会议服务。

胜地酒店也叫度假区酒店（resort hotel），大多位于自然环境优美、气候宜人的地区，通常开展各种娱乐体育活动来吸引游客。有些度假型酒店（或称度假村、度假中心）提供单元房，除设有卧室和卫生间，还设有厨房，客人可以自己备食。近年来，许多酒店业发达的国家出现了度假型与商务型相结合的酒店，即休闲商务酒店，这类酒店被认为是当代酒店设施发展的方向之一。胜地酒店又可分为疗养型酒店和观光型酒店两种类型。疗养型酒店目前出现在一些大中型城市的边缘地区，有的以疗养院、干休所等形式出现，以现代康复疗养为主要服务内容。观光型酒店主要为观光旅游者设计，但是随着客源市场的变化，此类酒店逐步转向综合型酒店。

面向某一特定细分市场的酒店可以称为专题性酒店。其中，公寓酒店面向家庭；汽车旅馆面向驾车游客；青年旅舍面向学生阶层和背包一族。一般来说，公寓型酒店的软硬件配套是按照酒店的标准来配置的，而且纳入酒店的行业管理范畴。汽车旅馆（motel）一词是美国人于1925年创造出来的，是伴随着公路交通的发达和小汽车的普及应运而生的一种旅游接待设施。其客源主要是驾车旅游者，主要分布在公路沿线、汽车出租率较高的地方或者交通中心，其设施简单但设计规范，消费水平较低。1912年，世界上第一个青年旅舍（hostel）在德国诞生，青年旅舍以“安全、经济、卫生、隐私、环保”为特点，受到了年轻人的广泛欢迎。如今，青年旅舍已经遍布各个国际旅游区的中心地带，成为世界上最大的住宿连锁组织。

按照酒店的规模和经营方式，有些研究者把酒店分为小型酒店、酒店集团和国际酒店（Medlik，1994），或分为集团经营酒店、独立经营酒店和联合经营酒店。集团经营酒店是指由旅游酒店集团以较为统一的管理方式经营的酒店。独立经营酒店一般是由投资者独立经营的单个酒店，目前中国多数中小型酒店都属于独立经营酒店。联合经营酒店一般是由多家单个酒店联合而成的酒店企业，借联合的力量来对抗集团经营酒店的竞争，形成规模经济。近年来，许多大型国际酒店集团以各种形式进入中国市场，中国本土的酒店集团（公司）也参与国际酒店业市场的竞争。

说明：位于中东地区阿联酋旅游城市迪拜的阿拉伯之塔大酒店（Burj al Arab），以其环境优美、设计独特、服务周到、价格高昂而著称，被誉为世界上第一家超七星酒店，酒店已经超越了住宿功能而成为迪拜的地标。（吴必虎摄，2007）

10.2.2　有限服务型酒店

有限服务型酒店也称经济型酒店，是相对于传统的无限服务型酒店而言的、提供有限服务的酒店业态，一般是指投资不高、规模不大、功能简单、租金低廉但达到一定服务质量水平的较低档次的酒店。国外有限服务型酒店在第二次世界大战之后随着大众旅游的发展而迅猛发展，到 20 世纪 90 年代，西方有限服务型酒店市场逐渐成熟，开始在新兴国家市场进行扩张。

注重品牌和连锁是有限服务型酒店经营的重要特点。国际有限服务型酒店集团主要采取三种典型的连锁经营方式：特许经营系统模式，即特许权拥有者授予特许权经营者某种获得许可的特权以从事经营行为，这种获得许可的特权包括品牌、操作系统和管理服务等；品牌延伸网络模式，即借助原有品牌已建立的质量或形象声誉，将原有品牌名称用于产品线或新推出的产品类别，从而期望减少新产品进入市场的风险，以更少的营销成本获得更大的市场回报；兼并收购经营模式，即通过兼并收购扩大酒店规模，为满足兼并收购的资金需要，一般会上市融资。

1997 年，中国第一家有限服务型酒店锦江之星开业。此后，众多国际有限服务型酒店品牌竞相在中国发展，反过来又促进了本土有限服务型酒店的发展。有限服务型酒店成为国内酒店业的热点投资方向，2006 年，成立仅仅 4 年的如家快捷酒店在纳斯达克成功上市，锦江之星母公司上海锦江国际酒店集团在香港上市。中国有限服务型酒店在资本特别是国际资本的支持下急速扩张。随着消费市场的成熟，市场竞争将会更加激烈，市场将进一步细分，企业的规模优势、品牌优势将进一步显现。经过了多年的快速发展，目前国内的快捷酒店数量已经接近万家，如家、7 天、锦江之星、汉庭等国内主要品牌均已进入“千店”时代。2019 年中国经济型酒店排名前 10 位的品牌分别是：如家酒店、汉庭酒店、7 天酒店、格林豪泰、锦江之星、尚客优连锁酒店、都市 118、城市便捷、莫泰酒店、99 旅馆连锁（见表 10－3）。

表 10－3　2012 年中国经济型连锁酒店品牌开业规模排行

排名	品牌	门店数
1	如家酒店	2 253
2	汉庭酒店	2 283
3	7 天酒店	2 326
4	格林豪泰	1 881
5	锦江之星	1 088
6	尚客优连锁酒店	1 621
7	都市 118	1 392
8	城市便捷	887
9	莫泰酒店	339
10	99 旅馆连锁	773

资料来源：2019 年全国经济型连锁酒店品牌规模 Top 30 榜单 . http：//finance. eastmoney. com/a/201904161097952612. html.

10.2.3 辅助接待设施

辅助接待设施除提供食宿服务外，还能吸引游客参与娱乐活动。许多国家的赌场酒店（casino）吸引游客参与博彩活动，这时酒店的住宿功能并非其主要吸引力所在，我们不妨将之视为一种辅助功能。一些研究者也将赌场视为接待业的一部分（Baker and Huyton，2001）。其他一些辅助接待设施包括露宿营地、产权酒店、农家乐等，其中，露宿营地提供更多接触自然的机会，产权酒店提供更多异地度假的机会，农家乐则展现了乡村生活的魅力。

露宿营地一般设在交通方便、环境宜人的游览度假地区，主要接待以汽车为主要交通工具的家庭旅游者。游客在露宿营地住帐篷、汽车住宅或其他能移动的临时设施，已成为比较流行的一种旅游住宅形式。为了满足度假游客的需要，营地往往还设有康乐设施，如游泳池、网球场、儿童游乐场、高尔夫球场等，并开设酒吧和简单的餐厅。

产权酒店由时权酒店（time share）演变而来，由消费者或个人投资者买断旅店旅游设施在特定时间里的使用权（Donald，1985）。首创这一概念的是德国人亚历山大·耐提（Alexander Nette）。1976年，法国阿尔卑斯山地区的旅游酒店首次进行了真正意义上的时权经营，向游客出售在特定时间内享有旅馆住宿和娱乐设施的权利。产权酒店则是买断产权而不仅仅是买断时段，即酒店将每间客房分割成独立产权出售给投资者，投资者一般并不在酒店居住，而是将客房委托给酒店经营获取投资回报，同时可获得酒店赠送的一定期限的免费入住权。从本质上说，分时度假实际上是介于房地产产品和酒店产品之间的一种中间产品，但是也承担着旅游接待业的基本功能。

10.2.4 共享型接待

共享住宿是共享经济发展中出现的交易模式，是依托互联网诞生的一个新业态，近年来，创新日益活跃，发展潜力巨大。通过共享住宿，人们得到的不仅是一个住处，看到的不仅是一地风景，更是两种不一样的人生体验的相互交换。

爱彼迎（Airbnb）是一家联络旅游人士和家有空房出租的房主的服务型网站，或者说是一个旅行房屋租赁社区。爱彼迎成立于2008年8月，总部设在美国加州旧金山市，用户可通过网络或手机应用程序发布、搜索度假房屋租赁信息并完成在线预订。据官网显示，其社区平台在191个国家、65 000个城市为旅行者提供数以百万计的独特入住选择，包括公寓、别墅、城堡、树屋等多种形态的共享型住宿产品。爱彼迎被时代周刊称为“住房中的EBay”。[①] 2011年，爱彼迎的服务增长了800%。途家在线信息技术（北京）有限公司创立于2011年，是一家依托国际分散式酒店管

① 相关资料来自Airbnb官方网站公开发布的信息。

理和业务标准、结合线下旅游地不动产存量、线中呼叫中心、线上度假公寓在线订房交易系统的公司。其创立弥补了中国在此领域的空白。途家的核心运营团队由 IT 技术研发人员、资深酒店管理人员及众多来自世界 500 强的高级管理精英组成，专注于新技术与新产品研发，成功整合高科技产业和旅游地各类资源。既为旅行者提供优质的度假新体验，又为业主提供灵活的闲置资产托管增值服务。《途家乡村民宿报告》数据显示，途家乡村民宿增速超过 300%，截至 2018 年 11 月 15 日，乡村民宿累计接待近 200 万名房客，为乡村房东创收超过 5 亿元。[①]

国家信息中心分享经济研究中心《中国共享住宿发展报告 2019》显示，2018 年我国共享住宿市场交易规模约 165 亿元；参与者人数约 8 345 万人，其中房客约 7 945 万人；主要共享住宿平台的国内房源数量约 350 万套。[②] 2018 年 11 月，我国共享住宿领域首个行业自律标准《共享住宿服务规范》正式发布，针对入住核实登记、房源信息审核、卫生服务标准、用户信息保护体系等社会民众关心的焦点问题提出了规范要求，并结合智能安全硬件设施的使用等技术创新和未来发展趋势展开前瞻性引导。

10.3　接待业经营管理

接待业（酒店）经营管理是指酒店管理者在了解市场需求的前提下，为了有效实现酒店的既定目标，遵循一定的原则，运用各种管理方法，对酒店所拥有的人力、财力、物力、时间、信息等资源，进行的计划、组织、指挥、协调和控制等一系列活动的总和。从运营管理角度来看，酒店管理涉及人力资源、成本控制、前台、客房、餐饮、保安、销售、工程、管理代理、并购等多个领域（Hayes and Ninemeier，2004）。

10.3.1　经营管理特征

酒店是生产和销售接待服务的企业，其管理既具有一般企业管理的共性，又有自身的特征，这些特征的形成源于酒店产品的特点，主要表现为对象复杂、流程分散、多方协调等，这就需要建立十分完善有效的组织结构。一个典型的酒店组织结构包括餐饮部、销售部、客房部、财务部、人力资源部等若干部门，其下又有更多的分支（Rutherford，2002）（见图 10－1）。

从图 10－1 可知，接待业的管理对象十分复杂。管理活动中人员的管理最复杂，酒店业是为“人”提供直接服务的行业，对人员的管理既包括员工又包括顾客，必须兼顾。服务人员既是酒店产品的生产者，又是酒店产品的组成元素，管理的成功与否往往取决于管理者能否激励和协调下属人员。酒店对顾客的管理通过酒店的服务活动

---

① 相关数据和资料整理自途家官方网站公开发布的信息。

② 共享住宿业升温，行业发展亟需建立三个机制．新华网．

和各种行业条例、规则实现，但顾客也是千差万别的，这种差异增加了服务的难度。这一特点要求酒店管理者采取个性化管理方法，以提高酒店管理的水平和效率。

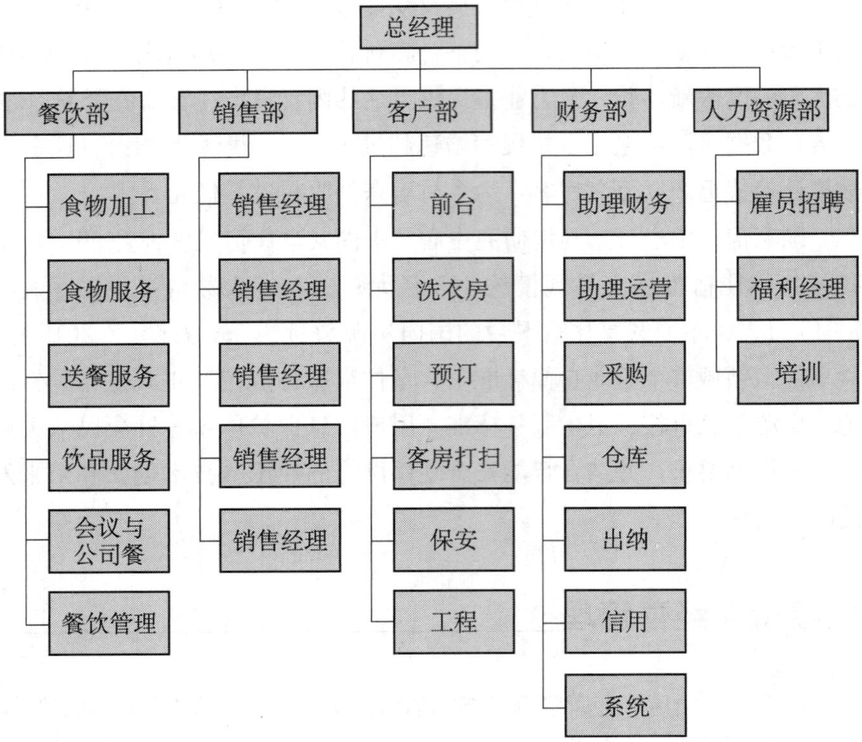

图 10-1 典型的酒店组织结构

资料来源：Rutherford，2002.

接待业的生产流程管理具有较强的分散性。酒店经营管理既有现代化的方面，又有传统的方面，先进的设施设备供客人使用，服务人员则必须靠手工劳动来提供服务。酒店客人的消费随机性很强，在酒店的活动轨迹是不固定的，致使酒店生产流程显现非线性特点。每一个服务岗位和环节都是酒店产品的一道生产工序，但各工序之间的上下关系却很难固定，每一个环节都可能成为酒店产品的关键点，一个点出现问题就意味着整个产品的质量下降。因此，酒店生产流程的管理是连续进行的，这一特点决定了酒店必须注重目标管理，使各个岗位明确工作方向和预期目标，管理是否成功以完成目标的程度来衡量。

接待业管理涉及多个部门，高度依赖整体协调能力。酒店产品是通过组合形成的综合性产品，不仅包括设施设备等硬件服务，还包括人员的劳务、信息等软件服务，是一个复杂的活动体系，需要各部门、各岗位紧密配合、协同完成。而且每一具体服务行为过程又表现为员工分散的个体行为形式，具有相对的独立性和自身的规律。要使酒店每项具体业务既按自身规律运作，又能服从整体目标，就需要大量的协调工作。在酒店人力资源管理中，特别是在国际酒店管理中，还会涉及文化多样性问题，例如在接待不同国家的宾客时，在和来自不同国家的同事共事时，在派驻国外的酒店工作时，在管理外国员工时，文化多样性就不再是人类学家研讨会上的高深话题，而成为需要实际面对的工作要求（Gee，1994）。

10.3.2　经营管理内容

现代酒店管理（hospitality management）的基本内容通常包括战略管理、组织管理、人力资源管理、业务管理、质量管理、信息管理、设备管理、安全管理、营销管理等几个方面。其中，可以把战略、组织、人力资源等管理视为酒店产品的准备系统；将业务、质量、信息等管理视为一线生产管理；把设备和安全管理视为保障系统；而把营销管理单独作为产品推广过程来理解。当然，由于酒店产品的生产和消费是一个多部门合作、硬件和软件并存、员工与游客互动的复杂过程，上述各个管理环节并非僵化地排列组合，而是会依具体情形有不同的表现。

（1）生产准备。在酒店开业接客之前，需要做大量复杂的准备，这部分工作称为开张前管理，包括时间计划、人员配备、成本报告、阶段任务划分、开业前执业许可获得等（Lane and van Hartesvelt，1983）。战略管理、组织管理和人力资源管理是接待业在将自己作为一种服务产品推向市场之前必须完成的任务。酒店管理的前期工作中，一个重要的过程就是信息获取、计划和决策。由于酒店运营涉及众多方面和部门，建立完善的管理信息系统尤为重要，以便在此基础上制定合理的商业计划，通过某种形式的治理结构进行决策。为了实现决策所希望达到的目标，需要依赖多个平行或相互依赖的部门的有效管理，如成本控制、人力资源控制、生产管理、劳动关系和安全管理、财务管理、营销与销售管理、涉法问题处理、保险与危机管理等（Keiser，1989）。

（2）一线生产。酒店业务管理、质量管理、信息管理是保障一线生产的三个最主要领域。根据酒店自身的业务特点进行业务运行过程的组织和协调，酒店业务管理构成酒店经营管理体系中的主线。酒店的业务构成体现在其部门设置上，一般来说，中等规模的酒店都设有前厅部、客房部、餐饮部、康乐部、人事部、保安部、总经理办公室等业务部门。其中，前厅部、客房部和餐饮部是三大核心业务部门，前厅部主要进行预订业务、接待业务、日常服务、客账业务等方面的管理；客房部主要进行客房清洁卫生、接待服务、安全业务、设备用品等方面的管理；餐饮部主要进行餐饮产品的市场定位、餐饮原材料、餐饮生产、餐饮服务以及餐饮产品销售等方面的管理。质量管理涉及酒店的环境质量、设施质量、产品质量和服务水平，是酒店为提高服务质量而制定的质量目标及为实现该目标所采取的各种手段和方法。酒店信息系统借助科技手段，对客户资源等数据进行分析和挖掘，进而为酒店的经营决策和服务提供基础材料。

（3）保障系统。酒店设备是酒店各部门使用的机器、仪器、仪表等各种物质技术装备的总称，酒店设备系统主要包括供电系统、给排水系统、中央空调系统、通信系统、电视信号接收系统、音响系统、计算机管理系统、消防报警系统、闭路监控系统、厨房系列设备、洗衣房系列设备、清洁系列设备、健身娱乐及美容系列设备、办公系列设备等，属于酒店的固定资产，构成了酒店业务运转的硬件支撑。由于酒店设备投资大，维持费用高，有必要对酒店内的设备进行科学管理，在不影响酒店经营的情况下，降低其采购和维护成本。酒店设备管理即以其经营目标为依据，运用各种技术的、经济的、组织的措施，对设备从规划决策、采购验收、安装调试、使用维护、修理改造直到报废为止的全过程进行综合管理，以追求最经济的设备寿命周期费用和最高的设备综合效率，同时尽量减少设备在运行过程中对环境的影响。安全不仅关系到酒店的声誉与形象，而且直接关系到客人的人身与财产，酒店应该在安全方面进行细致管理，预防各种安全问题的发生。

（4）营销管理。上述各个流程的组合促进了酒店产品的生产，但是如果没有游客入住，就无法实现产品的生产过程。入住率（occupancy rate），是衡量酒店产品销售水平的关键指标。营销管理是指对酒店确定的经营项目及营销活动系统地进行计划、组织、执行和控制，以便实现酒店经营的总体目标的过程。如何使更多潜在顾客了解酒店产品、产生选择购买的动机、在入住后产生较好的评价并愿意重复购买该品牌的产品，是酒店营销管理的主要内容。酒店营销具有两个目的：一是努力使顾客满意；二是实现经营目标。它的重心是研究市场变化，深入分析顾客需求。酒店作为服务型企业，内部营销同样重要（Peter，1986）。酒店要让员工满意，员工才能让顾客满意，顾客满意了，酒店才能实现其营销目标。

说明：印度尼西亚巴厘岛是全球热点度假胜地，其酒店成为当地旅游业运转最主要的载体。巴厘岛所有度假酒店的景观设计都强调与当地自然生态和文化景观的一致性，成为酒店营销的一个独特卖点。（吴必虎摄，2006）

□ 本章小结

接待业是旅游业一个基本的组成部分，是指包括非营利机构在内的所有参与以食宿为基本内容的接待服务的商业机构所构成的产业。接待业在很大程度上等同于酒店业。

接待业通常具有住宿、餐饮、休闲娱乐、会议集会、商务服务、交通支持、购物服务等多种功能。酒店业具有一些通用的等级标准，其中最为流行的是星级制。接待设施具有多种类型，可分为无限服务型酒店、有限服务型酒店和辅助接待设施。

接待业的主体是酒店。酒店经营管理具有对象复杂、流程分散、多方协调等特征。其基本内容主要包括战略管理、组织管理、人力资源管理、业务管理、质量管理、信息管理、设备管理、安全管理、营销管理等方面，它们共同构成生产准备、一线生产、生产支持和营销管理等四方面的结合体。

□ 关键术语

接待设施（accommodation）

接待业（hospitality industry）

酒店等级（hotel classification）

无限服务型酒店（full service hotels）

有限服务型酒店（limited service hotels）

集体旅游接待设施（collective tourism establishments）

私人旅游接待设施（private tourism accommodations）

城市型商务酒店（business hotel）

会展酒店（convention hotel）

度假区酒店（resort hotel）

时权酒店（time share）

酒店管理（hospitality management）

入住率（occupancy rate）

□ 复习题

1. 接待业具有哪些功能？请举例说明。

2. 请查找相关的资料，从英国、美国、法国、德国、意大利、西班牙、加拿大、俄罗斯、日本、韩国、新加坡、马来西亚、泰国等国家中选出 5 个国家，介绍其采用的酒店等级评定方法。

3. 接待设施有哪几种类型？试论述无限服务型酒店和有限服务型酒店的不同之处。

4. 商务酒店和度假区酒店有哪些不同？

5. 接待业的经营管理具有哪些特征？包括哪些内容？

第11章 旅游支持行业

学习目标

- 了解餐饮业、零售业、娱乐业、信息业、金融业、保险业、房地产业、装备制造业等行业与旅游业的关系
- 了解旅游餐饮与美食旅游、旅游购物与购物旅游、旅游娱乐与娱乐旅游之间的联系和区别
- 掌握旅游信息服务的基本内涵，特别是旅游网站和游客中心的主要功能
- 了解旅游金融、旅游保险和旅游房地产的基本内涵和发展态势
- 了解旅游装备制造业的发展前景

现代旅游活动由一系列公共或私营旅游行业支撑，这些行业又由一系列与旅游活动联系程度各不相同的相关部门组成。其中，旅游产品提供商、吸引物与目的地、节事与会展、旅行交通服务、旅游中介、酒店接待等服务行业对旅游活动的依赖程度比较高；而对于餐饮业、娱乐业、购物业、信息业、金融保险业、房地产业、装备制造业等行业，旅游活动只是其众多用户之一，但它们同样是旅游活动不可或缺的相关产业，学术界称其为旅游支持行业（tourism support sector）（Gee，Makens et al.，1997）。

11.1 餐饮服务与美食旅游

11.1.1 餐饮业

餐饮（food and beverage）是零售业的一个组成部分，许多西方国家的接待业教材将餐饮服务列为一个重要组成部分。根据中国国家标准《国民经济行业分类》

(GB/T 4754—2002)，餐饮业（catering industry）指在一定场所对食物进行现场烹饪、调制，出售给顾客并主要供现场消费的服务活动，包括正餐服务、快餐服务、饮料及冷饮服务、其他餐饮服务四类。其中，其他餐饮服务包括风味特色小吃餐饮服务、提供单一品种的餐饮服务、提供现场就餐的糕点制作售卖服务、仅提供早点的饮食服务、摆摊餐饮服务、流动车餐饮服务、餐饮配送服务（为公司、学校、机关等送餐）、其他未列明的餐饮服务。

从餐饮服务的组织来看，现代餐饮业由多种部门构成，主要包括：各类专业餐馆；各种住宿接待设施中的餐饮服务；机场、火车站、长途汽车站、飞机、轮船及火车等交通工具和设施上提供的餐饮设施和服务；体育场、电影院、游乐场、旅游景点等休闲娱乐设施中提供的餐饮设施和服务；企业的员工食堂；大中小学的学生食堂；各种医疗机构提供的餐饮设施；等等。餐饮业是国民经济的重要组成部分，从一定程度上说，餐饮业发展的规模、速度和水平可以直接反映一个国家、地区或者城市的经济发展程度和市场活跃情况。

11.1.2 餐饮服务与美食旅游

旅游活动与餐饮服务密不可分。民以食为天，游客一日三餐离不开餐饮服务。处于旅途中和滞留于目的地的旅游者与居家生活的市民不同，无法背着厨房去旅行，一般情况下，需要完全依赖旅游地提供的社会化服务体系来满足自己的基本餐饮需要。实际上，有些目的地已成功地将餐饮产品及其服务推广成为当地主要的旅游吸引物，甚至提出了将整个城市建设成为美食旅游目的地的战略定位。随着近年来的发展，中国面向旅游者的餐饮服务体系已经初具规模。一般情况下，国内旅游者餐饮消费占其总旅游消费的15%左右。

1. 餐饮业与旅游业

可以从两方面来理解餐饮业与旅游业的关系。一方面，餐饮业是旅游业发展的重要支持行业。“吃饱”是旅游者的基本生理需求，这需要餐饮服务来满足，而且品尝地方美食越来越成为刺激人们出游的重要动机，特别是一些旅游地根据当地的地貌和气候等自然条件，将饮食活动和其他休闲活动结合起来，形成了很多深受欢迎的旅游项目。另一方面，旅游者是餐饮业发展的重要消费群体。旅游业的发展为餐饮业带来了大量客源，旅游餐饮已经成为餐饮业的重要组成部分，而且随着旅游业的发展，旅游者对餐饮的要求越来越高，致使旅游饮食更加注重特色和文化内涵，也推动餐饮业向前发展。

餐饮服务不仅是旅游活动中不可或缺的重要一环，某些区域旅游开发过程中甚至成为一种主要的旅游产品，称为美味之旅（tourism of taste)，其中食品、酒品、茶品成为最主要的消费品；还有一些旅游地将烹饪技艺培训作为度假产品的一部分，进行了成功的推广；欧洲有些国家开辟了美食游径（food trails)；加拿大则把美食作为目的地营销的撒手锏。世界各地以美食、美酒、香茗作为旅游节事的主题策划、操作和推销的活动，更是五花八门。随着全球化和国际旅游的发展，一方面餐饮出现了标准化、连锁化和泛餐饮化，另一方面也有人不断呼吁重视美食的地方性和原真性（Hall，Sharples et al.，2003）。

2. 旅游餐饮

旅游餐饮（tourism catering）即为旅游者提供的餐饮服务。从经营机构来看，主要涉及专业餐馆以及交通、娱乐、购物、住宿等设施附设的餐饮场所。和普通餐饮相比，旅游餐饮具有行业依赖性、客源广泛性、经营波动性、地方特色性等特点。行业依赖性是指旅游餐饮的需求量在一定程度上取决于旅游发展的容量，因此旅游餐饮的发展规模和速度要以旅游业为基础。一个城市、区域或者国家的旅游业越发达，其吸引的各种类型的旅游者越多，旅游餐饮的发展也越快。

品尝当地美食是很多旅游者的爱好和旅游活动的重要内容，这要求旅游餐饮融入当地独特的物产和深厚的文化底蕴，充分展示地方文化传统和风土人情，只有这样才能对旅游者形成较强吸引力。旅游餐饮的客源市场主要是广大旅游者，而旅游者的范围是非常广泛的，不同性别、职业、地域、文化程度的旅游者都是旅游餐饮机构的接待对象。客源市场的广泛性决定了旅游餐饮经营范围的广泛性。一般的团体旅客餐饮消费较低，要求方便快捷；散客旅游日程安排较随意，对旅游餐饮的消费更为挑剔，尤其注重卫生条件；观光旅游者的餐饮消费占旅游总支出的比例相对休闲旅客要小，公务旅游者的餐饮消费占比较大，且对价格不敏感；商务旅游者非常看重餐饮场所能否营造良好的商务氛围，满足其商务洽谈的需要。

3. 美食旅游

以品尝美食为主要动机的旅游活动称为美食旅游（gastronomy tourism），它已经由原来的小众消费产品变成一种重要的大众消费产品。与仅仅为观光旅游者、商务旅游者提供必要的餐饮服务的旅游餐饮不同，美食旅游是把食物、酒类、茶叶、水果以及其他类型的餐饮对象，作为产生旅游动机的触发因素和主要吸引物。一直以来，食物都是游客完整旅游体验中的一个支持要素，但是在美食旅游的过程中，食物成为游客的主要旅游体验。在美食旅游中，游客希望品尝更加多样、更多选择并与日常饮食不同的地方特色饮食。美食旅游包括烹饪旅游、美食节、葡萄酒旅游及其他与食物相关的节事，如芝加哥美食节、欧洲葡萄酒之旅、纽约沙芬的巧克力节等（Quan and Wang，2004）。随着旅游业的发展，特殊的饮食与景区、主题公园一起能够成为目的地的主要吸引物。欧美研究发现，葡萄酒旅游产品提供者和游客在考虑葡萄酒产品能否成功的因素方面有所不同，产品提供者更加关注葡萄酒和酒厂本身的吸引力，而忽视地方特色文化和娱乐体验与葡萄酒旅游产品的融合，而后者却是游客所寻求的（Getz and Brown，2006）。

海勒格（Hjalager）将美食旅游产品分为四个不同层次的类型，随着层次增加，食物价值链的复合性、复杂性也在增加。第一层次的原状开发（indigenous development），依照现有经济结构、合作网络和知识基础进行美食旅游开发；第二层次的水平开发（horizontal development），即在生产过程中上游和下游增加一些供应商，但仅限于制作材料的增加；第三层次的垂直开发（vertical development），即在食物材料供应中开发并增添类似的服务要素，创造新型联系与合作关系，在食物提供服务中融入其他经济活动；第四层次的穿插开发（diagonal development），即在餐饮行业中增强美食体验的知识基础，创造美食智慧体系（Hjalager and Richards，2002）。

11.2　旅游购物与购物旅游

零售业（retailing industry）是指向最终消费者（包括个人和社会集团）提供所需商品及服务的行业。零售业是一种既古老又时尚的行业。零售业态可分为百货店、超市、大型超市、专业店、专卖店、购物中心、便利店、折扣店、仓储会员店等 17 种形式。随着中国城乡居民收入的不断增长，国内消费保持良好的发展势头。国家统计局数据显示，2018 年中国社会消费品零售总额 380 987 亿元，比上年增长 9.0%；按经营单位所在地分，2018 年城镇消费品零售额 325 637 亿元，比上年增长 8.8%；乡村消费品零售额 55 350 亿元，增长 10.1%。[①]

旅游者的购物行为将零售业和旅游业联系到了一起。旅游活动以异地流动为重要特征，因此旅游活动能够为一个国家或地区的零售业提供常变常新的市场群体。中国有句俗语“穷家富路”，它揭示了旅途中的消费者比在惯常环境中有更积极的购物意愿。实际上，参与旅游活动的人群与普通人群相比，具有更高的可支配收入、更强的消费能力。

和食、住、娱等活动一样，购也是旅游者在参与观光、商务、度假等不同类型的旅游活动时的一种伴随性消费方式。实际上，购物已经成为游客出游的主要目的之一，少数城市甚至将购物吸引和购物服务强化为主要旅游产品。由于旅游购物附加价值较高，人们在购物方面的支出弹性较大，因此购物支出在旅游花费中所占比重常被当作衡量一国是不是旅游强国的重要标准之一。

旅游者在目的地购物，不仅形成商品销售，对于国际旅游来讲，它还相当于一种就地出口，而且与一般出口贸易相比，具有现汇交易、价格自主性强、运输成本低等优势。旅游零售业还具有良好的宣传作用，国际旅游者购买的旅游商品在某种意义上形成了目的地的记忆载体和品牌传播的对象。

11.2.1　旅游购物

旅游购物（tourist shopping）是指旅游者在旅游活动过程中的伴生型商品购买

① 统计局：2018 年全国社会消费品零售总额超 38 万亿元．中国新闻网，2019 - 01 - 21.

行为。旅游者的购物行为不仅是一种商品交易，更具有特定的社会文化、政治、经济和空间意义。长期以来，旅游购物是中国许多城市旅游产业结构中相对薄弱的环节，特别是对外零售方面反应平平。国内旅游抽样调查结果显示，2018年国内旅游人数55.39亿人次，比上年同期增长10.8%。其中，城镇居民41.19亿人次，增长12.0%；农村居民14.20亿人次，增长7.3%。国内旅游收入5.13万亿元，比上年同期增长12.3%。其中，城镇居民花费4.26万亿元，增长13.1%；农村居民花费0.87万亿元，增长8.8%。

旅游购物不仅包括专门的购物旅游行为，还应包括旅游中一切与购物相关的行为总和，但不包括任何一类游客出于商业目的而进行的购物活动，即为了转卖而进行的购物行为（石美玉，2004）。该定义中对转卖行为予以排除，所指旅游购物可以理解为愉悦旅游中的购物活动，但如果考虑到商务会展旅游，就值得进一步讨论。和一般购物行为相比，旅游购物还具有异地性、精神性、高弹性等特点。

异地性是指访客偏爱具有地域特色的旅游商品，一般将旅游购物对象理解成旅游纪念品、手工艺品、当地土特产等具有地方特色的商品。旅游商品的异地性能够推动传统工艺的保护和发展。有些传统工艺具有独特的艺术风格和浓郁的地方色彩，是重要的文化载体，但因不适合当代市场需要而濒临失传，旅游购物的发展使得这些传统工艺有可能成为重要的旅游商品，从而得到新生。

旅游购物不仅能满足旅游者的物质消费需求，更多的时候是作为旅游体验的重要组成部分，是旅游活动结束后用以展示或者回忆的重要道具，能够满足旅游者精神上的需求，因此旅游购物更注重商品的纪念性、艺术性、礼品性，对实用性方面的要求则相对较低。而且旅游购物与日常生活中的购物活动不同，除了单纯的买卖行为，在此过程中附带产生的参观、游览、娱乐休闲、品尝都属于购物活动的范畴，这也是旅游购物的魅力所在。

对于某个目的地来讲，旅游购物客户群的活动往往是一次性的，特别是对于远距离的、观光性的旅游活动。因此旅游者和旅游商店之间的交易关系往往是一次性的，容易滋生欺诈等不良行为。到了陌生的环境，旅游者难以全面掌握旅游商品质量、价格等方面的真实信息，冲动购买和从众购买行为较多，购买决策未必理智；一旦旅游商品出现问题，难以像一般商品那样进行退换。这种一次性交易的特点要求目的地政府必须建立完善、严格的旅游购物保障制度，以保护旅游目的地品牌形象。

11.2.2 购物旅游

与旅游购物意指观光、度假旅游过程中捎带的购物行为不同，购物旅游（shopping tourism）是指出游的主要目的直接聚焦于购物活动，也就是说，旅游者将购物看成作出旅游决策的主要原因。在这种情况下，购物旅游已经被提升到与观光、度假等旅游产品并列的一种旅游产品。人们在闲暇时的游憩性购物行为与日常购物行为有显著差异。旅游者在目的地喜欢购买哪些商品、在哪里实现购买交易，需要进行观察和研究。购物旅游的两个基本要素，即购物空间和购物者，都需要良好的管理，才能实现最优的目标（Timothy，2005）。

20 世纪 80 年代突然出现的加拿大人跨越边境到美国购物旅游，引起了美加两国贸易关系中加拿大的赤字。这一事件说明了两个问题：其一，购物已经成为旅游动机的引发因素；其二，跨境购物旅游不仅对目的地国家产生影响，对客源地国家也会产生影响，并引起政治、立法、经济和社会的连锁反应（Timothy and Butler，1995）。

石美玉（1995）认为，影响旅游者购物行为的因素非常复杂，包括旅游商品特色、价格、品质、销售地点、促销等由旅游商店企业影响的因素，以及政策、经济形势等宏观环境因素，或者导游、团队成员、亲友等参照群体，还有旅游目的、经验、逗留时间、国籍、性别等游客个体因素，加上购物动机、知觉、学习、态度等心理因素，所以这些因素都会或多或少地影响旅游者的购物特征。

随着旅游城市综合服务功能的提高，将购物与游憩功能结合已经成为世界潮流。大型购物中心——集购物、娱乐、游憩、文化、艺术、餐饮、会展于一体的综合体——在许多城市出现并继续发展。多个商业与旅游集合的业态分布区域形成了游憩商务区（recreational business district），有时亦称商业游憩区。随着城市建设的不断发展和人们休闲游憩的需求不断增加，许多城市如上海、北京、广州、南京等都在努力建设步行商业游憩区。商业区突破单纯购物场所的观念，把商业区看做一个生活娱乐游憩空间，将购物、娱乐、休闲、运动、健康、美食、观光、服务等引入商业区，发挥其综合生活游憩功能。通过环境建设、商业文化活动的引入，使商业区景观化，扩大游客自由活动的空间，丰富游客活动的内容，延长游客的逗留时间（黄震方和侯国林，2001）。

11.3　旅游娱乐与娱乐旅游

11.3.1　娱乐业

娱乐业（entertainment industry）主要形成于文化产业和休闲产业的结合部，经历了一个渐进的过程；娱乐经济是后工业社会的重要成果。人类即将进入娱乐经济时代，娱乐因素将成为产品与服务竞争的关键，消费者不管购买什么，都在其中寻求娱乐的成分（Wolf，1999）。在全球范围内，以好莱坞、迪士尼和时代华纳等为代表的娱乐业巨头给人们描绘出大致的娱乐业形象。西方学者认为，娱乐业是一个为了年轻人并且被年轻人掌控的创意产业，与其说娱乐业是一个职业，不如说是一种生活方式（WetFeet Insider Guide，2002）。娱乐行为可以分为文化娱乐、体育娱乐和休闲娱乐三种类型，但在世界进入信息化社会之后，人们发现很难再按传统方式对娱乐业进行分类，电子光盘、互联网和投资者重组使娱乐业变得边界模糊。娱乐业涉及的产业门类包括附媒娱乐（media-dependent entertainment）和动态娱乐（live entertainment）两大类别，前者包括电影、电视、音乐、广播、有线媒体、网络游戏、出版、玩具与游戏等；后者包括赌场与博彩、运动、表演艺术与文化、游艺公园与主题公园等。娱乐产业是美国最大的经济部门之一，也将成为全球最重要的经济行业（Vogel，2007）。艺术体验也是娱乐业的重要组成部分。博里特（Borrett，1991）在探讨英国的休闲产业时，将行业框架界定为涉及娱乐与艺术、图书馆、博物馆、乡村游憩、公园与休闲设施、游戏与游乐场地、运动与体育游憩，以及旅游等广泛的领域。

传统上西方把娱乐业划分为电视、广播、有线节目、电影、电影摄制系统、独立制片商、音乐制作（唱片公司）、大型唱片公司、独立唱片制作人等类型，但是现在随着集团化进程加快，美国在线、时代华纳、梦工厂、世界五大唱片公司之一BMG等旗下都拥有开展不同业务的子公司或业务链。例如时代华纳除了传统的音乐制作，还拥有HBO电影台、CNN新闻台、华纳兄弟电影制片厂等。跻身世界500强的新闻集团（News Corporation）是一个产业多样化的全球娱乐公司，主体业务涉及电影娱乐、电视、有线网节目、直播卫星电视、杂志和随送广告、报纸和信息服务、图书出版以及其他业务，其市场主要覆盖美国、欧洲、澳大利亚、亚洲和拉丁美洲。

就中国的情况来看，根据《国民经济行业分类》（GB/T 4754—2017），娱乐业主要包括室内娱乐活动、游乐园、休闲观光活动、彩票活动、文化体育娱乐活动与经纪代理服务、其他娱乐业。从归口于文化部门的狭义文化娱乐产业来看，统计的对象包括全国文化系统登记注册的文艺表演团体、艺术表演场所、演出经纪机构、文化娱乐场所、艺术品经营机构、音像制品批发零售出租机构、网吧和其他文化经营单位。[①]

11.3.2 旅游娱乐与娱乐旅游

娱乐业和旅游业天生具有紧密联系。双方在时间消费上具有共同特点，即它们都是人类闲暇时间内的精神消费品。实际上，娱乐业与旅游业更紧密的联系在于它们相互支持、交融，成为让旅游者满意的服务产品。艺术、娱乐与旅游三个产业之间存在密切联系（Hughes，2000）。地方性业余演出公司的节目很少为旅游的目的而开发，度假区内的表演从创意策划阶段就面向旅游者的偏好而开发，二者之间在旅游定位上显著不同。外出的访客与在家的居民对娱乐产品的需求存在一定的差异。旅游者更倾向于参与主动型、价格较高的娱乐产品，因而促进了专门为旅游者设计和生产的娱乐产品的产生，它们和供当地居民消费的日常休闲娱乐项目一起，构成了休闲娱乐产品群落。当娱乐产品的旅游特性强化到足以使旅游者产生单独的购买动机而作出出游决策时，休闲娱乐产品就已提升为娱乐旅游产品。

当从宽泛的含义来理解娱乐业时，旅游业往往被作为娱乐业的一个组成部分。反过来，我们也可以在众多旅游方式和旅游产品中，把娱乐业视为旅游业的一个组成部分。二者相互支持，相互涵盖。

---

① 改革开放30年中国文化的发展. http：//www.chsi.com.cn/jyzx/200812/2008/204/14081488.html.

1. 旅游娱乐

“娱”曾经长期被传统的旅游业视为“吃住行游购娱”旅游六要素之一，但是当时的娱乐要素是在观光旅游的语境下为人们所接受的。当地人的休闲活动中，娱乐活动显然占有重要位置，而对于外来旅游者来说，娱乐是作为多种日程活动安排中的项目之一来设计的，即在旅游活动中为游客提供表演欣赏和参与性活动，使游客得到视觉及身心的愉悦。旅游娱乐（tourist entertainment）包括社会娱乐和景区内娱乐两种基本形式。目前，中国多数旅游地依然只提供观赏和游览项目，只有少数景区增加了少量游客参与项目，娱乐休闲功能明显不足。随着现代旅游的发展，游客的旅游需求丰富多样，单纯景观的观光游览已不能满足旅游者的要求，旅游地应充分挖掘资源，开发多种多样的旅游项目，以丰富游客的旅游感受。一个旅游目的地在具备历史文化或自然景观等资源条件，已经拥有重要的观光或商务会展旅游产品的基础上，还要为游客提供丰富多彩的休闲娱乐和夜间娱乐等高品质项目，这些娱乐产业要素是作为旅游产品组成要素之一存在的。

娱乐与旅游之间另一个形影相依的要素就是艺术，主要是指商业化的艺术活动。20 世纪 90 年代以来，各个旅游区开发的艺术表演、大型歌舞、露天实景演出，不仅深受游客欢迎，同时引起了研究者的注意。当人们出游时，比平时在家更倾向于观看演出，娱乐确实是一种度假的体验，娱乐是人们作出到访某个度假地的决策时唯一最重要的因素（Hughes and Benn，1997）。旅游景区娱乐已经成为娱乐业的重要内容。和一般娱乐相比，旅游景区娱乐市场广泛，强调娱乐的地域文化特色。

从发展趋势来看，扩大项目规模、增加科技元素、形成产业集聚、丰富游客参与等是旅游区休闲娱乐的重要发展方向。随着大众观光旅游逐渐向休闲度假旅游、专项旅游过渡，娱乐业将成为旅游目的地的核心产业之一，并广泛渗透到景区、酒店、餐饮、休闲商业、社区物业之中，不仅创造休闲氛围和休闲文化，而且志在创新独立的娱乐吸引物（刘少和，2006）。

2. 娱乐旅游

以娱乐为核心吸引物的旅游称为娱乐旅游（entertainment tourism）。在自然与人文旅游资源相对缺乏而休闲与旅游需求又相对旺盛的地区，娱乐业的发展不仅创造了新兴旅游吸引物，丰富了旅游产品，而且通过休闲环境的营造形成了一种休闲文化、休闲理念和生活方式，强化了目的地的旅游品牌形象，增强了旅游吸引力，从而实现了从辅助产品向主导产品的质的飞跃。娱乐旅游产品是指旅游经营者为了满足旅游者在旅游活动中的娱乐需求，凭借各种娱乐活动场所、设施、服务和良好的环境条件，向旅游者提供的娱乐服务和要素的总和。简言之，娱乐旅游产品是旅游者完成一次娱乐旅游活动过程所需的各种服务的综合体（倪岚，2000）。随着旅游活动的休闲化发展，娱乐在旅游活动中的地位也越来越重要，逐渐成为一些旅游地的重要旅游吸引物，娱乐消费也日益成为旅游花费的重要组成部分。这类典型城市如美国的拉斯维加斯，中国的深圳和长沙等。

娱乐旅游产品类型丰富，概括来讲可以分为主题公园与娱乐公园、博物馆与文化教育娱乐、可移动性娱乐产品、数字娱乐与新闻娱乐，以及非主流的性旅游与博彩旅游。可移动性娱乐旅游产品大致可以分为巡回演艺（代表性产品如环球嘉年华）、现代展会（如中国旅游交易会、法兰克福汽车展览会）、体育赛事（如奥运会）、专业论坛和会议及可移动文化遗产（如博物馆文物联展，书画艺术、各类藏品展示及各类传统工艺、传统艺术的展示）等几种。

在观光旅游、主题公园旅游、城市旅游、民族文化旅游发展过程中，特别是在晚间产品开发方面，面向外来旅游者的文化、艺术、舞蹈、音乐等类型的演出成为引人注目的产品类型。大型主题娱乐已经成为娱乐旅游的主要产品之一，是旅游景区经过精心筹划组织、动用大量员工和设备推出的大型娱乐活动，准备时间长，耗资较大，是近年来发展较快的旅游娱乐方式（陈南江，1997）。2000年以来，中国娱乐业与旅游业紧密合作发展的一个综合产品就是实景演出。其中最为经典的案例就是著名电影导演张艺谋及其团队开发的桂林阳朔《印象刘三姐》大型露天实景夜间演出。此后，套用这一模式，张艺谋及其合伙人又相继在云南、浙江、海南、武夷山推出了《印象丽江》《印象西湖》《印象海南岛》《印象大红袍》。其他一些比较成功的旅游景区娱乐表演还有西安大唐芙蓉园的大型梦幻诗乐舞剧《梦回大唐》、杭州宋城的《宋城千古情》等。许多地方传统文化要素，包括地方民族舞蹈文化，被成功地吸纳、提炼为旅游演出产品。

说明：在桂林漓江背景下开发的《印象刘三姐》已经成为中国旅游演出的经典作品。（吴必虎摄，2007）

娱乐旅游开发特别集中的城市可能发展成为娱乐旅游城市。城市中心区那些经过更新的滨水区、会议中心、购物中心、运动场馆、娱乐街区等为城市的娱乐化提供了发展空间，强化了娱乐服务功能。面对这一新的潮流，一种新的城市“游乐基础设施”（infrastructure of play）的概念脱颖而出，引导着娱乐旅游城市的发展方向，酒店等接待设施往往成为当地的娱乐中心。

11.4　旅游信息服务

与 20 世纪 80 年代相比，基于计算机技术和网络概念的信息获取、信息处理和信息传播发生了根本性的变化。从传统的纸质媒体到现代的数字化媒体，从物理空间的长时间传送方式到现代的瞬间远程传送技术，从传统物理化方法获取图像信息到现代的数字化图像信息获取与处理技术，从过去的单向狭窄的信息交流渠道到现代的基于 Web 2.0、WiFi 无线移动信息和基于位置的服务（LBS）等多向空间互动交流方式，这些革命性变化使包括旅游活动在内的人类活动的能力提升、范围扩大。信息革命的一个直接后果是信息提供商的彻底变化，并且形成了发展迅猛的信息产业（information industry）。广义地讲，信息产业是指一切与信息生产、流通、利用有关的产业，包括信息服务和信息技术及科研、教育、出版、新闻等部门。狭义地讲，信息产业是指从事信息技术研究、开发与应用，信息设备与器件的制造，以及为经济发展和社会公共需求提供信息服务的综合性生产活动和基础机构，包括两大部分：一是信息技术和设备制造业；二是信息服务业。旅游活动的一个基本特征是异地移动性。对异地信息的获取方式、处理过程和旅行后评估的传播，在这场信息革命前后是完全不同的。信息化、旅行预订系统和游客自媒体的革命性变化深刻地改变了人类旅游活动的广度、深度和频度。

11.4.1　信息业和旅游业

旅游业是信息密集型产业，信息对于旅游活动来说至关重要。旅游者在决定行程前，要广泛收集关于旅游目的地和旅游产品的信息，进行比较，作出决策。旅游促销是向目标客源市场传递信息的过程。旅游服务企业为了更好地组织设计旅游产品，适应旅游需求，也需要了解尽可能多的市场信息。旅游服务包括从一个地理位置到另一个地理位置向游客提供的涉及交通运输、住宿、娱乐等诸方面的服务。在实际运作过程中，这些服务必须根据旅游者复杂多变的需求加以包装和组合。然而，旅游住宿、汽车出租、航空预订并不是在物质上传送给旅行代理商，并且将它们贮存，再出售给游客。相反，其间交流和加工的是有关服务的可获得性、价格、质量、位置、便利性等方面的信息。

由此可见，信息是旅游业外部和内部诸环节得以联结的纽带。从旅游活动的实现方式来看，有关旅游产品的信息传递引起旅游者流动。从这个意义上讲，旅游业的核心是信息。因此，很少有其他领域能像旅游业那样把信息收集、加工、传递和利用放到如此重要的地位。形成这一事实的根本原因在于旅游产品的不可移动性、产地消费性和事前决策性，这些特征决定了旅游业对信息的依赖性。

无形的旅游服务在销售时是无法展示的，而且通常在远离消费的地点被预先销售。而游客到陌生的旅游目的地之前，总希望对旅游地的自然文化环境、旅游资源、旅游设施与服务有所了解。游客希望通过信息搜寻手段减少有关的不确定因素来提高旅游质量。这种事前了解只能依靠无形的信息传递来实现。随着旅游业日趋复杂，旅游者日趋成熟，旅游者的要求日趋多样，客观上就使得旅游信息的提供越来越重要，也越来越困难。如果旅游信息容易获得，就可以降低旅游者在计划旅游行程时所需的成本，从而使得旅游市场交易更容易达成。

在旅游领域，无论从信息需求、信息供应还是从信息交流和合作来看，信息服务都有巨大的市场容量，并且在旅游业发展中发挥着关键作用。旅游管理机构和目的地面临激烈竞争，不得不更多地依赖信息技术（Buhalis，1998）。尽管旅游企业和政府部门已经认识到信息技术的重要，但是仍然有许多新的竞争者进入这个市场，威胁现有格局。旅游业需要做的是，从战略高度来掌握信息技术在旅游发展中的应用，重建连续的商业程序以保障各种先决条件如愿景、合理组织、承诺、培训等基本要素准备就位，赢得信息化时代的旅游竞争。

信息技术与信息服务的创新，使旅游者获得延伸信息的机会不断增加。延伸信息超越了传统意义上的旅游信息服务范围，使旅游者具有更多、更方便的选择。旅游电子商务网站在此领域开发了许多前所未有的信息服务内容和方式。旅游爱好者也在网络上建立了虚拟社区交流平台，发帖子、发微博，上传照片，讨论各处景点，对一些旅游体验进行交流等。

11.4.2 旅游信息供给

旅游信息供给是指以公共服务或商业服务的方式，向潜在使用者提供信息采集、信息组织等一系列服务的供应者。旅游信息供给有多种方式，一般包括信息报道、检索、咨询、专题等，通过不同的方式满足不同用户的信息需求。信息报道是将经过整理加工的旅游信息产品根据需要传递给用户，是较常见的主动服务形式。信息检索借助旅游信息成果为用户查找选择所需的旅游信息，既可以由信息机构提供检索工具，由用户自己动手进行检索，也可以根据用户的委托，由信息机构检索，然后将结果提供给用户。信息咨询服务通过答复用户提出的各种问题，准确、及时地为用户提供各种所需的旅游信息。咨询服务是当前最为广泛的旅游信息服务方式，专门的旅游信息咨询机构和网络旅游信息咨询系统正在不断发展与完善。专题服务是信息机构根据用户的需要，通过对信息的收集、筛选、整理，定期或不定期地将信息提供给用户，直至协助课题完成的一种连续性服务。在信息网络化的大趋势下，可供收集的信息范围空前广泛，信息资源充足，专题服务更具主动性、针对性和有效性。

1. 旅游信息网站

在众多媒介形式的旅游信息供给体系中，基于计算机和网络技术的旅游网站（tourism website）成为越来越重要的渠道。这些供给渠道包括门户网、企业网、专业网和政府网等多种形式，它们各有特色、互为补充，为旅游者的目的地选择提供了重要信息来源支持。

（1）门户网。综合性门户网站常常开设专门的旅游频道，如搜狐、新浪等的旅游频道。游客通过信息搜寻手段，可以有效减少有关的不确定因素，提高旅游信息质量。在旅游信息的传递、宣传以及旅游者之间的沟通交流方面，门户网站的确起了很大的作用。门户网站的旅游频道借助其先天优势，在起步时就已经拥有强大的市场地位，新闻报道、视点评论、人物访谈、网友社区、归类博客、视频直播等各类内容也非一般的旅游网站所能比拟，同时不断复制专业旅游网站的优势，将旅游网站预订、旅游服务商链接逐渐加入进来，更容易受到网民的关注。

（2）企业网。传统的旅游企业业务通过网络这个平台来拓宽营销渠道、拓展市场、增加业务量和盈利。如旅行社可以提供网上销售线路、网上预订线路、网上信用卡支付等服务；酒店可以提供酒店服务和设施介绍，开展预订业务；航空公司可提供航空信息查询、机票在线预订，也可提供酒店、汽车等多项预订服务以及相关信息。目前中国旅游企业建立的网站普遍存在一些缺点，如内容简单、图像单一，信息发布不完整、更新速度慢，对消费者缺乏回访的吸引力；网站的建设多以信息发布和搜索为主要目的，在实现供需双方网上信息即时交换和网上交易实现等方面存在不足，未真正发挥电子商务的作用。

（3）专业网。专业旅游网站在旅游规模扩大化与网络应用普及化的结合下稳健发展，盈利模式渐趋成熟。国内最大的旅游电子商务网站携程旅行网将业务对象定位为商务散客与休闲客人，提供酒店、机票、休闲度假产品预订、旅游信息和特约商户信息服务。另一专业旅游网站艺龙旅行网将业务重点放在有巨大发展潜力的商旅服务市场上，与多家金融机构合作推出功能多样的消费旅行卡，并开展面向企业客户的专业化差旅管理服务。

（4）政府网。政府常常作为旅游目的地管理或营销组织，其重要职能之一就是信息职能。一方面，收集当地的、区域的或国内的旅游产品信息，并在全世界范围内传播；另一方面，为当地的旅游企业提供信息，让旅游企业了解当前旅游业发展趋势、旅游市场形势和国内外竞争情况。面向旅游者，旅游目的地管理或营销组织还有提供信息咨询的职责：旅游者希望有一个公正、可信的机构为他们提供客观的旅游产品信息和有用的建议。在信息技术时代，旅游目的地管理或营销组织担负起促进旅游目的地旅游电子商务发展的职责，已成为世界各国的广泛共识。

2. 旅游电子商务

旅游业被认为是利用电子商务（electronic commerce）最成功的行业之一。旅游信息供给实际上是依赖各种信息系统的建设与运转。这些信息系统包括计算机预订系统、生产管理系统、旅游营销系统等。旅游信息系统建设既涉及技术问题，也涉及管理问题。旅游信息系统只有通过跨组织的过程、基于跨机构的设计才能成功，原因就在于旅游业本身是跨行业、多部门联合形成的（Werthner and Klein，1999）。与此相呼应，一个完善的旅游信息系统必然建立在三角形的稳定基础之上，这个三角形的三条边就是旅游研究、信息技术与计算机科学以及管理科学。在旅游信息系统的研究中，应该从供给系统角度进行分析，因为信息的供给对旅游业具有显著影响，对企业的成功运营和利润形成也非常重要（Inkpen，1998）。

现代信息技术为旅游服务过程提供了一系列便利条件和技术支持，使得新时代的旅游服务朝更增值化的方向发展。信息技术在行前、在场和行后三个阶段对传统旅游服务的方式与内涵产生了明显的改变。在行前服务阶段，强化了以信息服务为主的咨询与销售；在实地旅游服务阶段，强化了以信息化手段为支持的个性增值服务，个性化的服务能满足顾客突出自我、满足自尊的心理需要；在旅游活动结束后，强化了与顾客的交流和再营销，通过客户关系管理和虚拟社区使旅游企业保持与新老顾客的接触、交流和持续的个性化营销，并使有共同兴趣的顾客在虚拟社区实现密切的交流。

随着信息化发展，新的旅游信息供给方式不断涌现。例如，旅游企业作为无线内容应用服务提供商，可以针对旅游者在旅游过程中的不同信息需求，整合加工与旅游活动相关的信息，以移动通信网络为信息传输通道，构建移动旅游信息服务平台。借助移动通信网络的语音通信业务、短信业务以及各种数据通信业务，上述经由旅游企业整合的旅游信息可以通过多种手段传送到移动电话上；移动用户也可以主动发送短信、电子邮件或微信到移动旅游信息服务平台进行信息查询，由平台将查询结果发送到移动电话上；通过具有 GPRS 功能的移动电话，移动用户可以在旅游过程中登录移动旅游信息服务平台进行信息查询，查询结果可以文字、图形等方式显示在移动电话上，为旅游者提供全程的信息查询功能。旅游者之间也可以实现联系与交流。

3. 智慧旅游与在线旅游集散中心

智慧旅游来源于“智慧地球”（Smarter Planet）及其在中国实践的“智慧城市”（Smarter Cities）。2008 年，IBM 首先提出了智慧地球的概念，指出智慧地球的核心是以一种更智慧的方法通过利用新一代信息技术来改变政府、公司和人们的交互方式，以便提高交互的明确性、效率、灵活性和响应速度。在《国务院关于加快发展旅游业的意见》（国发〔2009〕41 号）的指引下，旅游业开始寻求以信息技术为纽带的旅游产业体系与服务管理模式重构方式，以实现将旅游业建设成为现代服务业的质的跨越。受智慧城市的理念及其在我国建设与发展的启发，智慧旅游应运而生（张凌云、黎巎和刘敏，2012）。国家旅游局将智慧旅游写入了《中国旅游业“十二五”发展规划纲要》，并对智慧旅游城市试点工作进行了部署，确定了江苏镇江为国家智慧旅游服务中心。从 2010 年始，南京、苏州、扬州、温州、北京纷纷宣布建设智慧旅游城市的发展战略，有条件的城市则率先开展了智慧旅游的建设。2015 年 1 月 10 日，国家旅游局印发《关于促进智慧旅游发展的指导意见》，指出主要任务是：夯实智慧旅游发展信息化基础；建立完善旅游信息基础数据平台；建立游客信息服务体系；建立智慧旅游管理体系；构建智慧旅游营销体系；推动智慧旅游产业发展；加强示范标准建设；加快创新融合发展；建立景区门票预约制度；推进数据开放共享。加快改变旅游信息数据逐级上报的传统模式，推动旅游部门和企业间的数据实时共享。

旅游集散中心是旅游行政管理部门设立的一个服务平台。1998 年，我国首个旅游集散中心于上海成立，此后，武汉、宁波、南京等城市纷纷效仿。它开始出现时只是为了方便散客的报名和出游，主要作用是整合散客资源、规范散客市场，因此，当时的旅游集散中心相当于一座城市、一个地方的散客服务中心。随着旅游产业的迅猛发展和游客需求的多样化，旅游集散中心逐渐演变成当地的旅游综合服务平台，有的甚至超出旅游服务本身，向功能的多样化、综合性发展，从单纯地面向旅游者发展为同时面向旅游者和当地市民，成为设计精美、功能齐全、服务规范，对游客和市民都具有吸引力的综合服务区（杨元珍，2013）。随着移动互联网、智慧旅游服务平台的出现以及自驾车旅游和共享汽车（汽车租赁）等不断发展，近年来实体的旅游集散中心闲置率大大上升，“在线旅游集散中心”的概念应运而生。

在线旅游集散中心具有实体旅游集散中心的功能，只是这些功能依托互联网和移动互联网提供。除了传统的信息咨询、交通集散等功能，在线旅游集散中心还可以与在线支付平台连接，实现网上预订、在线支付等。与此同时，在线旅游集散中心往往还承担景区管理部门、地方政府旅游服务质量监控和目的地营销部门的舆情监控责任。

11.5　旅游金融、保险与房地产

11.5.1　旅游金融服务

旅游活动同时也是一种消费活动，这使得旅游和金融天然地联系在一起，旅游金融服务（travel financial services）成为远程支付金融零售服务领域最为活跃的一个分支。早在 1867 年，托马斯·库克就采用了旅馆结算单以便利旅行管理，这是旅行支票的雏形（霍洛韦，1987 中译本）。而美国运通公司通过将金融交易业务融入旅游业，发展成为世界最大的旅行服务商。如今，在全世界使用旅行支票的人群中，绝大多数使用运通公司的旅行支票。运通卡在全球 50 多个国家以超过 45 种货币发行，为会员的日常生活和旅游消费提供了方便。威士卡在促进国际旅游发展中也起到了不可或缺的作用。

目前，中国的旅游金融服务主要表现为旅游刷卡消费和按揭旅游（魏翔和相刚，

2005）。旅游刷卡消费是指以信用卡形式消费旅游产品或其他产品，但以旅游产品作为累计积分的奖励。早期这些信用卡在旅游业的运用主要集中在三星级以上的旅游酒店，后来逐渐延伸到景区，并接入银行主系统。银行发行的旅游卡大体分两种：一种是与旅行社联合发行的联名卡，以招行携程联名信用卡为代表；另一种是与旅游局合作发行的银行卡，以金穗旅游卡为代表，由各地分行与当地旅游局分别开展合作。持卡者在一定区域内的旅行社、宾馆酒店、景区、商场、娱乐场所和部分旅游景点消费可享受折扣优惠。

旅游金融衍生产品在中国的最新动态表现为国际金融资本与国内旅游资本共同推动的电子支付平台建设。如在线旅游服务商艺龙公司与威士国际组织共同开创中国旅游在线支付市场。银联在线支付也在旅游金融领域取得了显著成果，除了为铁路、航空公司提供网上支付服务外，还为遍布全国的公路汽车电子售票以及众多旅游网站提供网上支付服务，覆盖了海陆空等多个交通领域。截至2017年6月，银联网络遍布中国城乡，并已延伸至亚洲、欧洲、美洲、大洋洲、非洲。银联国际是中国银联负责运营国际业务的子公司，以会员制吸引全球合作伙伴，拓展银联卡境外受理网络，扩大银联卡发行和使用，开展创新支付的跨境应用，提升银联品牌的国际影响力。通过与全球2 000多家机构合作，目前银联卡全球受理网络已延伸到174个国家和地区，境外50个国家和地区发行了银联卡。银联国际正在为全球最大的持卡人群提供优质、高效、安全的跨境支付服务，并为越来越多境外银联卡持卡人提供日益便利的本地化服务。

在国内，支付宝、微信基本占领了国内移动支付市场。支付宝旗下有支付宝与支付宝钱包两个独立品牌，目前是全球最大的移动支付平台。支付宝与国内外180多家银行以及维萨、万事达国际组织等机构建立战略合作关系，成为金融机构在电子支付领域最为信任的合作伙伴。截至2018年年底，微信支付接入国家/地区已经有40多个。随着移动互联网的发展，手机客户端支付平台成为旅游金融服务创新发展的新平台，基于大数据的信用体系正在建立，而旅游为移动支付平台的金融服务创新提供了应用场景。

11.5.2 旅游保险

旅游活动一般都远离游客的常住地，历时较长，这期间所涉及的游客诸多方面的事务都存在风险。在旅游业发展中，旅游企业除了面临经营、运作方面的风险，在提供旅游产品的过程中，还面临确保游客人身和财产安全的责任风险。作为旅游产品提供者，旅游企业有义务保证游客的人身和财产安全。从游客自身来说，也需要防范这些风险。

旅游保险（travel insurance）是和旅游活动相关的保险，由投保方即旅游企业或游客本人与保险方即保险公司签订保险合同。投保方根据合同约定向保险方缴纳一定的保险费，建立保险基金，或称为风险准备金；保险方对合同有效期限内所发生保险事故给被保险人造成的财产或利益损失进行经济补偿，或对人身伤害按约定的金额给付保险金。对于旅游企业或游客来说，旅游保险实质上是将不确定的未来损失转化为确定的保费支出，从而起到预防风险的作用。从社会范围来说，保险是一种损失分摊的方法，由多数投保者缴纳保费建立保险基金，使少数投保者的损失由全体投保者分担。由于商业机密等原因，研究人员很少能够获得保险公司的数据来分析旅游与保险之间的关系。有研究者运用和保险公司经理访谈的方法，来了解旅游保险单理赔的情况，研究发现，绝大多数旅游者行程都很安全，保险公司理赔的保险单绝大多数都是小额赔偿（Ryan，1996）。

中国现代意义上的旅游业和保险业均起步于 20 世纪 70 年代末。伴随着旅游业的不断发展，市场对于旅游保险的需求也日益增长。

2009 年 2 月国务院颁布的《旅行社管理条例》第三十八条规定："旅行社应当投保旅行社责任险。"旅行社责任险就是承保旅行社在组织旅游活动过程中因疏忽、过失造成事故所应承担的法律赔偿责任的险种，该险种的投保人为旅行社。投保后，一旦发生责任事故，将由保险公司在第一时间对无辜的受害旅客进行赔偿。旅行社责任险具有很强的社会公益性。2010 年 11 月，国家旅游局和中国保险监督管理委员会发布了《旅行社责任保险管理办法》，使旅行社责任险的险种、投保及赔付有章可循。

目前，中国旅游保险的险种可分为针对旅游企业和旅游者个人两类。前者主要有旅行社责任险、承运人责任险等；后者有旅游人身意外伤害险、旅游景点意外伤害险、住宿游客人身保险、旅游救助团体保险、航空意外保险以及交通意外险等。一个完备的旅游保险产品体系的构建应涵盖责任险和意外险两大类保险产品，以旅行社责任险作为基础，旅游意外伤害保险作为主体，其他新兴旅游保险、特种旅游保险、旅游各环节责任保险等作为补充，各产品相互衔接，相辅相成，从而最大限度地满足广大旅游者和旅行社的需要，为中国的旅游业发展保驾护航（毛维，2007）。

中国的旅游保险市场潜力巨大、前景广阔，但是由于保险业和旅游业的发展都不是很成熟，游客与旅游经营者的风险意识普遍不足，旅游保险投保率不高，旅游保险机制不健全，市场竞争不规范，服务水平有待提高，旅游保险市场存在"投保少、险种少、理赔少、救援少"等现象（厉新建和魏小安，2008）。

11.5.3 第二住宅与旅游房地产

旅游活动的最初级产品是观光旅游，但是人们越来越多地向往在单一目的地停留较长时间的休闲度假旅游。人们在度假地的入住形式又逐步发展为短期租赁性的度假酒店客房和拥有全部或部分产权的度假建筑两种形式。在度假地购置永久性或半永久性不动产，作为其第二居所或分时度假区（timeshare resort），形成了旅游与房地产结合的旅游房地产开发行业。

旅游房地产以旅游市场为支撑，其产品类型、开发方式、商业模式都围绕不同的游客市场需求来设计，与普通房地产具有明显区别：一是靠近旅游资源或旅游景区，以此为依托开发特色房地产；二是其服务对象主要是休闲度假的游客，特别重视配套设施和外部环境设计；三是旅游项目常年居住的不多，在假期、旅游季节非常火爆，平时则比较闲淡；四是更加重视物业服务水平（何智虎，2005）。西方学者在讨论旅游房地产现象时，常常使用第二住宅（second home）或多居（multiple dwelling）等术语来描述，多居行为与人们的地方依赖（place attachment）、遁世、身份认同和游牧愿望等社会文化价值变化有关（McIntyre，Williams et al.，2006）。

旅游房地产可以带动景区基础设施开发，为房地产市场开拓了新的领域，整合了旅游和房地产两大经济增长点，不仅能够为地方直接带来土地收入，而且为地方经济发展注入了长久动力。旅游产品的观光、度假、休闲、康体等不同形态与房地产的住宅、商业、酒店、综合社区等不同形态相结合，构成了4种旅游房地产类型：第一种是以提供第一居所为主要目的的旅游住宅房地产开发，这类项目将旅游休闲设施和住宅两大功能组合在一起；第二种是兼有第一居所和第二居所功能的综合性旅游房地产开发，这类房地产多在旅游目的地城市；第三种是以旅游度假为目的的旅游休闲地产开发，海南景观住宅多属这种模式；第四种是以旅游接待为目的的旅游商务地产，包括以旅游接待为目的的自营式商务酒店以及与旅游相关的写字楼等（何智虎，2005）。

中国旅游房地产早在20世纪80年代就已萌芽，目前国内涉足旅游房地产领域的公司超过100家，海南博鳌、深圳华侨城、杭州宋城、广西北海、山东青岛、山东威海、江苏无锡等均成为旅游房地产项目的热点区域。随着中国旅游活动由观光为主转向休闲度假为主，市场看好中国未来的旅游房地产前景。但是中国旅游房地产的发展也存在一些问题，如项目开发比较粗放、非理性开发行为时有存在、消费门槛比较高、相关法律法规不健全等。只有逐步解决这些问题，才会促进中国旅游房地产可持续发展。

11.6 旅游装备制造业

旅游业长期以来被界定为第三产业，即服务业的范畴，传统的旅游商品、纪念品和工艺品的制造被看作旅游业的附属，不能成为独立的产业门类，也没有形成一定的产业规模。随着社会经济的发展和人们收入水平的提高，新型旅游市场催生了对房车、游艇、游轮等高端旅游装备的需求，随着户外活动的增多，人们对体现人体工程学和人性化特点的高端装备也提出了更高的要求，从而促进了旅游装备制造业的产生和发展。

旅游装备制造业属于旅游制造业的范畴。旅游制造业的基本内涵可以从狭义和广义两个角度来理解。从狭义的角度来看，旅游制造业是指主要为旅游企业和旅游者提供直接或间接生产资料和消费资料的一切企业的集合；从广义的角度来看，任何为旅游企业和旅游者提供直接或间接生产资料和消费资料的企业都可以称为旅游制造企业，由所有这些企业构成的集合即旅游制造业。① 旅游制造业包含旅游装备制造业、旅游用品制造业（如酒店客房用品、餐馆经营用品等）和旅游购物品制造业（如旅游纪念品等）三大类型。其中，旅游装备制造业可以进一步划分为两类：针对高端需求的旅游设施设备制造，如飞机、游轮、索道等；面向户外旅游需求的拐杖、帐篷、背包等装备制造。

2009 年年底颁布的《国务院关于加快发展旅游业的意见》提出：要鼓励培育旅游装备制造业，具体表现为要支持针对生态旅游、森林旅游、商务旅游、体育旅游、工业旅游、医疗健康旅游和游轮游艇旅游等特色旅游开发的装备制造业；要把旅游房车、游轮游艇、景区索道、游乐设施和数字导览设施等旅游装备制造业纳入国家鼓励类产业目录。2013 年 2 月国务院发布《国民旅游休闲纲要（2013—2020 年）》，其中也提出“加大旅游设施设备的研发力度，提升旅游休闲产品科技含量”。

旅游装备制造业是一个新型的产业门类。与传统装备制造业相比，由于旅游者对旅游装备舒适度、安全性等要求更高，因而要求产品在人体工程学原理应用、科学技术含量、产品标准化和产品品牌等方面的水平高于传统制造业，深入的基础研发和高新技术的应用将成为旅游装备制造业发展的关键。旅游装备制造业是高附加值行业之一，既是装备制造业转型升级的重点方向，也是旅游服务业向旅游制造业拓展、实现产业融合的重点领域。

□ 本章小结

餐饮业、零售业、娱乐业、信息业、金融业、保险业、房地产业、装备制造业等并不依赖旅游活动存在，但是和旅游活动密切相关；旅游业的发展也能够促进这些行业的发展。

美食正成为重要的旅游吸引物或具有吸引力的旅游项目。购物和娱乐消费占旅游消费的比重是判断旅游地发展水平的重要依据。

旅游业是信息密集型和信息依托型产业，旅游者在出行前、旅途中、旅游后都需要依靠一定的信息进行选择和评估并加以决策。

金融、保险服务和旅游活动紧密地联系在一起，为旅游消费提供支撑和保障。旅游开发和房地产开发的结合促进了旅游房地产的发展，为度假旅游提供了支持。

□ 关键术语

旅游支持行业（tourism support sector）　　餐饮业（catering industry）

---

① 徐虹．以大旅游产业观培育支柱产业．天津日报，2010-01-11.

旅游餐饮（tourism catering）
美食旅游（gastronomy tourism）
零售业（retailing industry）
旅游购物（tourist shopping）
购物旅游（shopping tourism）
娱乐业（entertainment industry）
旅游娱乐（tourist entertainment）
娱乐旅游（entertainment tourism）
信息产业（information industry）
旅游网站（tourism website）
电子商务（electronic commerce）
旅游保险（travel insurance）
旅游金融服务（travel financial services）
第二住宅（second home）
分时度假区（timeshare resort）
旅游装备（tourist equipment）

复习题

1. 中国旅游消费中餐饮、购物、娱乐支出占总支出的比重是否合适？请说明理由。
2. 请举几个餐饮、购物、娱乐成为旅游地主要旅游吸引物的例子。
3. 旅游餐饮、旅游购物、旅游娱乐和一般餐饮、购物、娱乐有什么区别？
4. 为什么说旅游业是信息密集型和信息依托型产业？
5. 旅游金融、旅游保险、旅游房地产的发展前景如何？请就这些行业的发展给出一些新的设想。
6. 谈谈旅游装备制造业的市场前景。

第12章 旅游公共管理

学习目标

- 了解旅游产品的公共性、旅游公共组织与旅游危机管理
- 了解旅游立法与政府管理、旅游政策的概念和作用
- 了解公共资源管理与旅游发展规划
- 了解旅游公共环境问题和旅游生态保障措施

众所周知，旅游活动涉及众多部门。从公共管理角度来看，旅游政策的形成同样也会涉及众多公共部门或与公共事务密切相关的私营部门。概括来讲，会涉及立法机构，中央政府与地方政府、政府各相关职能管理部门，利益集团或压力集团，产业部门，政党、公众、大众传媒，法院，以及国际组织（Elliott，1997）。这些不同的影响力通过一系列框架和过程，对旅游公共管理产生了重要作用。

12.1 旅游公共组织

随着社会的发展，凡有人类聚居的地方就会出现诸如公共安全、公共卫生、公共教育、公共设施、公共秩序、公共保障等公共问题。公共问题是公共组织出现的社会背景。公共组织是指人们为了实现社会公共目标，向社会提供公共物品和服务，按照一定法律程序而建立的组织实体。解决公共问题、满足公共需求和提供公共产品，是公共组织最初产生和不断发展的基本动力。一般来说，公共管理领域包括国家机关的公共行政（广义）管理与非政府公共部门的中间事务管理。前者包括行政（狭义）、立法、司法机构，称为政府（广义）组织；后者包括事业单位、社区管理型组织、社会团体与民办非企业单位，称为非政府公共组织，二者统称为公共组织。公共组织是社会组织的一个组成部分，并与私人组织相对应。私人组织主要以企业组织形式来表现，而公共组织包括政府组织和非政府组织两种类型。政府组织是对国家和社会公共事务实施管理的组织，它是国家统治阶级利益的代表，也是社会组织中规模最大、管理范围最宽的一种组织。非政府公共组织是政府与企业之外的社会组织，是一种不以营利为目的、承担一定社会管理职能的社会中介机构（帅学明，2003）。

公共组织的最基本特征就是公共性，具体表现为满足全体社会需要（社会性），得到法律支持和保护（合法性），为大众提供无私的服务（服务性），不以商业营利为目标（非营利性），欢迎并依赖广大民众的参与（公众参与性），事务对社会完全公开以确保透明、公正（公开性）。组织的功能可分为两大系统：一是以管理内容为目标的任务系统；二是以管理过程为对象的程序功能系统。任何组织的程序功能系统都是相同的，而任务系统则由于组织性质和领域不同，体现出不同的功能。以公共性为目标，公共组织的任务系统体现为服务、经济、政策法规、社会保障等多种功能（Denhardt，2007）。

12.1.1 旅游与游憩产品的公共性

旅游公共管理首先源于旅游产品或城市游憩产品的公共性。国家公园一类的公共资源的游憩性利用是全球普遍现象。在中国，由于风景名胜区、自然保护区、地质公园、文化遗产保护地几乎都属于国家所有，被法律界定为公共资产，因此在其基础上发展而来的观光产品、教育产品和生态旅游产品就必然具有公共性。一些表面上表现为商业开发的私营产品，如主题公园、商务会展，其发展也与交通集散组织、土地供给、公众安全等事务紧密相关，同样具有明显的公共属性。旅游公共性并非要求其管理完全排除私营公司的进入。公共产品与旅游者和私营旅游企业都存在紧密关系，政府旅游管理部门提供的公共产品对旅游者的使用功能和旅游企业的生产功能具有重要影响，进而影响城市旅游的可持续性（Torrent and Fluvià，2007）。

国家公园是一类公共产品，为社会共有产权，由公共部门来生产更有经济效率。国家公园公共产品的生产并不存在单一的纯公共产品现象，而是在不同的部分具有不同的产品属性。第一种情况是纯公共产品，即不收门票、可自由进入的国家公园旅游观光产品在瞬时消费量不大的情况下是纯公共产品；第二种情况是在瞬时消费量不大的情况下，收门票的国家公园旅游观光产品是准公共产品；第三种情况是在瞬时消费量大的情况下，收门票的国家公园旅游观光产品既有排他性，也有竞争性，是私人产品；第四种情况是国家公园区域内的交通、餐饮住宿、索道、旅游娱乐项目（如垂钓、蹦极、漂流、划船）等旅游产品既是竞争性的，也是容易排他的，也是私人产品。不论在理论上还是在实践上，都没有有利的证据证明，国家公园旅游产品只能由公共组织生产。现阶段在国家财政预算约束刚性的情况下，继续依靠国家财政补贴，并由政府垄断产品的生产，结果必然是经济效率的低下和社会福利的减少。国家公园旅游产品的悖论持续下去对社会的公平与效率都有损害，解决这一悖论需要私人生产者的参与（马梅，2003）。

城市公共游憩空间是处于城市或者城市近郊的，游憩者可进入的，具有休息、交往、锻炼、娱乐、购物、观光、旅游等游憩功能的开放空间、建筑物及设施（吴必虎、董莉娜等，2003）。它们的供给和管理也涉及广泛的公共性。不同类型的游憩空间的使用者中，本地居民和外来游客所占的比例有所不同。依据服务地理范围的不同，常常将城市公共游憩空间分为主要面向本地居民、同时面向外来游客及本地居民两个服务组。

旅游公共标识是目的地产品公共性的一种表现。旅游者来自世界各地，语言限制非常严重，如果没有国际通用的标识系统，将会大大提高宣传成本，降低旅游交流的效率。

12.1.2　旅游公共组织

随着全球性的旅游发展及其产生的经济、社会文化和环境影响得到绝大多数人的关注和认识，专业性的政府或非政府旅游公共组织不断涌现或日趋完善。旅游公共组织（tourism public organization）是指为了不断增长的旅游活动引起的人类移动、资源保护与利用、旅游产品开发、目的地营销、公共节事组织管理、公共危机预防与控制等社会现象，提供的立法、执法、大众服务供给与保障的系统化设置。旅游公共组织中的非政府机构的主要形式为各行业的协会组织，普遍带有非营利特性。虽然组织在旅游活动中起着至关重要的作用，但是人们对旅游组织的研究很不够，各国、各地区的旅游组织的规模、功能和组织网络表现出不同的变化特征（Pearce，1992）。这些专业旅游组织包括狭义国际旅游组织，还包括那些工作范围部分涉及国际旅游事务的国际组织，以及专门涉及旅游事务某些方面的专业性国际旅游同业组织，如政府间组织联合国世界旅游组织（UNWTO）、学术组织国际旅游学会（ITSA）等。在国内也出现了旅游公共组织，如主要由中国旅游协会、中国旅行社协会、中国旅游饭店业协会、中国旅游车船协会等构成的非政府公共组织。世界旅游联盟（WTA）则是由中国发起于 2017 年在成都成立的，第一个全球性、综合性、非政府、非营利国际旅游组织；联盟总部和秘书处设在中国杭州，截至目前，共有 89 个会员，来自中国、美国、法国、德国、日本、澳大利亚、马来西亚、巴西等 29 个国家和地区。

非营利组织是具有法人资格，以公共服务为使命，享有免税优待，不以营利为目的，组织盈余不分配给内部成员，并具有民间独立性质的组织。非营利组织的制度安排一般具有非营利性、非政府性、独立自主性、服务专业性、公益性等特点。旅游行业协会是一种会员制组织形式的非营利组织，其功能是为会员提供服务，也具有非营利组织的基本特征。旅游行业协会和政府应是合作关系，而非相互对抗或相互取代；旅游行业协会应保持相对独立性，政府应该归还甚或下放职能和权力给旅游行业协会，为其提供生存空间（翟向坤、黄绍梅等，2007）。

一个旅游目的地国家或目的地城市的健康发展受到城市旅游管理体制与旅游企业经济绩效等的影响。如何充分发挥城市旅游管理的积极作用，提高旅游经济发展水平，公共组织的科学运作可以在其中发挥很大的作用（李武武，2003）。旅游公共组织可以通过几个方面的工作来促进旅游活动的发展。一是旅游管理部门通过完善市场机制发挥宏观职能，推动企业开发、生产符合市场需要的旅游产品；二是公共组织通过刺激旅游消费，促进旅游产业经济绩效的整体提高；三是城市旅游管理体制通过对旅游大环境的改善，产生巨大的支持效应，促进当地旅游业的经济绩效提高。

与全球性的公共组织强劲发展趋势相反的一个现象就是公共组织的私营化趋势。在意大利，汽车俱乐部、国家奥委会、登山俱乐部以及国家旅游组织等都有私营化趋势。实际上，公共组织的私营化趋势在整个欧洲都存在（Porazzi and Sereno，1990）。随着旅游产品由大众化的观光旅游向更高级的细分市场转变，公共政策理所当然地需要作出相应调整，但是在某些部门出现的政策计划的私有化趋势，并不符合可持续发展的目标（Fayos-Solá，1996）。

12.1.3 旅游危机管理

世界旅游组织把危机定义为："影响旅游者对一个目的地的信心和扰乱继续正常经营的非预期性事件。"基于危机产生的根源，可以将旅游危机划分为波及旅游业的危机、旅游业内部的危机两大类。波及旅游业的危机，是指发生在其他行业其负面影响波及旅游行业，使旅游业客源骤减、目的地形象受损的危机，如战争、金融风暴、恐怖主义、公共卫生危机等。旅游业内部的危机，是指发生在旅游业运营的范围内直接对游客或旅游从业人员产生威胁、影响旅游活动的危机，如针对游客的恐怖袭击、酒店火灾、旅游娱乐设施发生意外等（邓冰、吴必虎等，2004）。旅游危机还可以分为自然因素引起的危机和人类行动引起的危机两大类（Laws，Prideaux et al.，2006）。旅游活动涉及许多公共管理方面的因素，而旅游危机的产生、预防和应急处置更多地表现为公共管理领域的问题，公共组织在此过程中起着最关键的作用。

突发性旅游危机对旅游系统的冲击最大，其影响表现为对旅游者的影响、对旅游企业的影响和对旅游目的地的影响三个方面。旅游危机对旅游者的影响主要表现为旅游需求下降和旅游信心受损。旅游目的地形象受到负面影响，进而导致旅游吸引力下降。损害旅游目的地形象的因素包括旅游危机本身、旅游危机的处理过程、竞争者的营销影响，也包括媒体的渲染等。持续的危机会对人们的主观印象产生消极影响。在旅游危机处理过程中通过系统的、精心计划的营销活动，进行旅游产业、当地居民及潜在旅游者之间的沟通，是恢复受损目的地形象的关键。

对于任何旅游危机，公共组织采取的管理机制都存在一定的共性。亚太经合组织可持续旅游国际研究中心提出的《旅游危机管理指南》建议，旅游危机管理的程序应该根据旅游业的特点来设计。从公共管理角度来看，该指南主要是为旅游目的地提出的，当然一些企业和非营利组织也可借鉴使用。整个危机管理的框架基于两类驱动性活动和五个响应性活动，两类驱动性活动是沟通-咨询活动、监测与评估活动；五个连续的响应活动包括界定危机的范围、确定风险、分析风险、评价风险以及处置风险（Robertson，Kean et al.，2006）。

学者将旅游危机管理（tourism crisis management）分为危机前、危机中和危机后三个阶段（Glaesser，2006）。在危机前阶段，主要任务是充分估计危机可能对旅游业造成的危害，事先做好充分准备，使危机影响最小化。具体工作包括启动危机沟通战略、制定并实施宣传计划、检查安全保障系统、做好危机调研准备等。在危机发生的开始阶段，任何不谨慎的决定都可能会给目的地造成更大的灾难。而有效的危机管理可以缓解危机压力，扭转危机带来的不利局面，并为旅游业尽快恢复打好基础。危机过后，媒体的注意力会很快转移，但危机带来的负面影响仍会在潜在旅游者心中持续较长一段时间。旅游目的地的品牌重振和市场恢复需要各部门加倍努力，尤其是在信息沟通和宣传方面。

12.2　政策法规与政府管理

政府在旅游公共组织中起到的作用毋庸置疑。在一个国家或地区的旅游发展中，政府在推动立法、制定法规、执行法律、行使管理和服务权限、与非政府组织和企业合作等方面都起着主导作用。

12.2.1　旅游法规

旅游立法（tourism legislation）是国家和地方政府对旅游活动进行公共管理的重要手段。旅游法的出现与大众旅游的蓬勃发展密切相关。1963 年日本制定颁布《观光基本法》，1979 年美国制定《全国旅游政策法》。

从法理学视野看，旅游法的存在必须满足三个标准：旅游法的本体论证明是其现实存在的前提；成熟、有效的旅游法应当是在充分发现和尊重旅游行为的自然特征的基础上形成的公共秩序规制和规范；旅游法应以旅游现象和活动的自然秩序、经济理性、法律规范秩序的综合关系为研究对象，因而对旅游法规范体系效力的评估应当是对其自然效力、经济效力和规范效力的综合效力体系的判断（杨富斌和韩阳，2006）。

中国国家层面的旅游立法经历过一个相对漫长的争论过程。旅游法是改革开放初期启动的立法项目之一，曾列入第七届全国人大常委会立法规划和国务院立法计划，1982 年国家旅游局组织专家成立了《中华人民共和国旅游法》起草领导小组和工作小组，并于 1985 年年底提交了第一稿。由于当时我国旅游业发展尚处于起步阶段，有关方面对立法涉及的一些重要问题认识不尽一致，草案未能提请审议。20 世纪90年代初，社会上要求制定旅游法的呼声很高，全国人大代表也多次提出议案和建议，要求加快制定旅游法。根据调研情况，2009年12月，第十一届全国人大财政经济委员会牵头组织国家发展和改革委员会、国家旅游局等23个部门和有关专家成立旅游法起草组。两年时间内，先后形成了三个阶段性草案文本和数十个修改稿，并多次征求有关部门和省（自治区、直辖市）的意见。2012年3月14日，全国人大财政经济委员会第64次全体会议审议并通过了旅游法草案。2012年8月27日，《中华人民共和国旅游法（草案）》首次提请全国人大常委会审议，并向社会公开征集意见。旅游法采取综合立法模式，突出保障旅游者和旅游经营者的合法权益。2013年4月25日，第十二届全国人大通过《中华人民共和国旅游法》，该法涉及旅游者、旅游规划和促进、旅游经营、旅游服务合同、旅游安全、旅游监管、权利救济等内容。①

中国省级地方综合性旅游法规的立法进展则比较迅速。2011年1月，《天津旅游条例》的出台标志着全国各省、自治区、直辖市全部制定旅游管理条例或旅游条例，中国地方综合性旅游法规体系的构建初步完成。

旅游产业基本关系和旅游产业发展模式是地方综合性旅游法规立法体例的决定因素。分析现有地方综合性旅游法规的立法体例发现，2002年以后制定的地方综合性旅游法规大多由“管理条例”改称为“旅游条例”，在某种程度上反映了立法指导思想的变化，即从旅游管理法发展为旅游产业促进法。从旅游业基本关系的角度看，旅游条例的称谓更有包容性，旅游管理条例则难以包容一些私法规范。一些地方的旅游条例中，关于权益保护和经营规范方面的条文占条文总数的1/4以上，且较多是对旅游契约关系的特殊规定，这表明其对民事权利、民事法律关系调整方面的极大重视。各地立法存在一定差异，这既是各地旅游资源差异造成的地域性差异，又是各地旅游业所处不同发展阶段带来的阶段性差异（韩钧雅，2005）。

12.2.2 旅游公共政策

旅游公共政策（tourism public policy）主要是指旅游产业政策，是政府根据旅游产业发展状况、发展趋势、市场形势和发展目标等，研究制定的规划、干预、促进、保障旅游产业发展的总体框架和系统设计，既包括政府旅游行政部门和产业政策职能部门制定的以特有程序和方式发布的专门性政策措施，也包括政府和行业部门出台的促进旅游产业发展的单项方针、规范性文件等。在西方语境中，政策包括公共政策和企业政策，但这里阐述的旅游政策主要是指各种公共政策，它是旅游活动、旅游开发、旅游产业、旅游影响等方面所必须遵循的游戏规则。旅游政策研究涉及规范旅游活动的制度安排、旅游决策过程中的价值观影响、旅游政策制定过程中各利益主体的角色与地位、旅游决策过程中的权力配置和竞争，以及旅游公共政

① http：//www.npc.gov.cn/npc/xinwen/lfgz/flca/2012－08/31/content _ 1735710.htm.

策的研究方法等问题（Hall and Jenkins，1995）。对如何保障公民的休闲和旅游权利，有些研究者将旅游供给提高到全体公民权利甚至人权的高度。因此在制定休闲与旅游公共政策时，不仅要考虑普通人的权利的满足，还要考虑特殊人群如妇女、少数民族、残障人士、儿童、青年和老年人的需要（Veal，2002）。

1. 政治博弈

任何决策过程都是一个政治过程，旅游公共政策的博弈同样也不例外。在此过程中，旅游资源的保护与利用、消费者利益的保护与投诉处置、旅游企业的利益与冲突、各级政府和政府内机构之间的价值与协调，所有这些关系都涉及复杂的政治设计和政治利益博弈。以前，代表中央政府对国有资源进行保护的住房和城乡建设部、国家文物局、国土资源部，与代表中央政府对国有资源进行合理开发利用、承担经济发展任务的国家旅游局、交通运输部、商务部之间，常常会因为旅游景区的开发、道路规划建设、接待服务产业等产生不同意见并进行长期的博弈；中央政府与地方政府也会对旅游发展的短期直接经济效益与长期社会环境效益有不同的价值观和不同的发展政策；中国官员为期 5 年的任期制度也会对地方旅游发展长期战略的制定和实施带来不利影响。综上所述，不难发现，政治过程对旅游公共政策的制定和施行具有不可忽视的重要意义。

埃利奥特（Elliott，1997）曾对旅游与政治的关系、旅游政策与政治过程的互动进行研究，从历史和经济的角度解释了政府为何会参与到旅游发展中；认识到旅游与许多公共管理部门具有紧密联系；分析了在特定的政治环境和约束条件下，多个公共管理部门以多样化的方法，以正式的、非正式的、多变的形式对旅游业施加影响；从中央政府层面到地方政府层面，探讨了公共政策的制定和实施过程中存在的各种现象和特征。旅游业的运行实际上依赖于成千上万私营企业的健康发展，因此上述政策如何与这些企业产生相互作用，值得特别关注。旅游控制管理（control management）是指不能把所有鸡蛋都放在市场这个篮子里，有些问题必须由公共部门来解决，其中一个最常见的问题就是自然保护区、国家公园等自然风景特别优美的地区如何有控制地发展旅游业，以保证这些地区的自然资源不被破坏。控制管理通常通过正式的国家立法、部门规章、行政许可、规划设计、发展战略、公共政策、金融措施如贷款或收费等工具来施行。

由于公共政策涉及太多的利益主体，如果政策制定本身存在漏洞或有所偏颇，或者某些利益主体坚决抵制，就有可能出现政策失灵现象。在旅游公共政策中，政策失灵并不少见。例如，当国家旅游局推行 A 级旅游景区评定时，住房和城乡建设部、国家文物局、国家林业局、国家环保局四个部门联合发文要求各地不得参与。地方政府认为此举是支持地方旅游发展的重要措施，积极参加申报，导致四个部门的联合发文失灵。[①] 苏格兰也曾出现过旅游政策失灵的情况：受苏格兰保守力量的

---

① 魏小安．我的旅游研究之路．http：//weixiaoan. blog. sohu. com/109061880. html.

擎制，在1999—2003年第一届苏格兰议会任期内，旅游产业的发展因政策失灵受到影响。之后，通过有针对性的提案、咨询、评估和战略管理，制定了新的公共政策，实现了新的发展（Kerr，2003）。

2. 产业政策

在发展中国家，旅游政策常常围绕经济目标来制定。各级政府对发展旅游业的目标大多以促进产业发展、增加地方收入、带动就业发展等具体利益框架为核心。因此，旅游产业政策必然受到中央政府和地方政府的关注。按照产业政策适用范围，可以分为国家政策和地方政策。全国旅游产业政策（tourism industry policy）的制定常常包括以下方面：将旅游产业实践中一些行之有效的做法加以归纳和提炼，成为国家旅游产业发展的方针、原则和理论；筹划一定时期内旅游产业发展的区域布局、发展导向，明确旅游产业发展的原则和方向；明确国家支持发展旅游产业的思路和政策，比如旅游消费政策和旅游产业促进政策等；制定与旅游产业发展相配套的相关保障政策和措施（高舜礼，2006）。

1978年改革开放以来，中国的旅游产业政策经历了不同的发展阶段，旅游业逐步从事业接待型转变为产业经济型。80年代中期，中国开始探索市场化的道路，鼓励和引导各方面进行旅游投资。90年代，中国旅游业进入变革和发展期，提出了“国内抓建设，海外抓促销”的发展战略。面对国内旅游异军突起、出境旅游起步发展的情况，提出了“大力发展入境旅游，积极发展国内旅游，适度发展出境旅游”的产业政策。2000年以来，旅游产业的发展面临更大机遇和挑战，旅游消费日趋大众化，中国进一步制定了“世界旅游强国”的目标。《关于促进旅游业改革发展的若干意见》（国发〔2014〕31号）、《国务院办公厅关于进一步促进旅游投资和消费的若干意见》（国办发〔2015〕62号）、《国务院关于积极推进“互联网＋”行动的指导意见》（国发〔2015〕40号）、《国务院办公厅关于促进全域旅游发展的指导意见》（国办发〔2018〕15号）等产业政策不断指导并推进中国旅游产业的发展。《国务院办公厅关于促进全域旅游发展的指导意见》明确提出，“旅游是发展经济、增加就业和满足人民日益增长的美好生活需要的有效手段，旅游业是提高人民生活水平的重要产业。近年来，我国旅游经济快速增长，产业格局日趋完善，市场规模品质同步提升，旅游业已成为国民经济的战略性支柱产业”。此外，2013年2月2日，国务院办公厅颁布了《国民旅游休闲纲要（2013—2020年）》，提出“逐步推行中小学生研学旅行”的设想。2016年，教育部等11个部委联合印发《关于推进中小学生研学旅行的意见》，既表明旅游的教育价值已经得到广泛认可和重视，也从产业政策上有力推动了旅游产业与教育产业的融合发展。

地方旅游产业政策的内容一般包括：确立地方旅游产业发展的指导思想、产业定位和发展目标；确定地方旅游产业发展的导向和重点，包括旅游发展规划、旅游产业结构、基础设施建设、旅游产品开发、旅游宣传促销、旅游商品开发等；确定支持和促进旅游产业发展的具体政策（高舜礼，2006）。在地方产业政策形成与实施过程中，地方政府与旅游企业之间的合作伙伴关系的培育十分重要。这种伙伴关系的形成需要培育一种特殊的环境，公私伙伴关系的成长依赖于细致的地方政府与活跃的旅游网络关系的经营（Dredge，2006）。

12.2.3　政府管理

政府部门在旅游产品供给中起到了重要作用，这在中国更加突出。政府部门管理着大多数的自然或人文遗产，以及众多的活动场所如公园、博物馆、体育馆、剧院等，还承担出入境、外汇等事务的管理，以及地方游客信息中心的建设、地方旅游的整体促销等职责。实际上，中国旅游业长期以来实行的是政府主导型发展战略。由于在旅游产品供给过程中，政府部门等非营利机构起到了重要作用，并且政府部门和私营部门往往交织在一起难以廓清，因此在一般的讨论中，并不对旅游业和旅游事业进行严格的区分，通常所说的旅游业往往包含政府部门等非营利机构。除了政府部门，还有一些非政府组织也参与了旅游产品供给，它们也是公共部门的组成部分。

政府旅游管理是将旅游立法和公共政策予以有效实施的重要的主体桥梁。根据公共行政管理的基本观点，旅游行政管理（tourism administration）可以理解为从中央到地方各级政府的旅游职能管理机构，依据国家的有关法律、方针、政策，遵循旅游发展规律和特点，对国家或地区的旅游行业进行宏观的、间接的、总体的管理、控制、协调和服务的一系列活动过程。由于国家政治制度、管理体制和旅游发展阶段不同，各国旅游行政管理的体制、内涵和功能以及管理的范围和强度差别很大，从较为主动深入、直接参与的开发者（developer），到制定规则、推行标准的监管者（regulator），到放手市场、后备支持的协调者（coordinator），政府的角色是各不相同的。

旅游行政管理组织是随着国家和地区旅游业发展的需要，从公共行政组织中派生出来的交叉型的专业行政组织，它一方面是现代旅游发展的产物，另一方面是行政学、管理学理论在旅游管理实践中的应用、延伸和创新。旅游行政管理组织模式一般可以分为规制型、情感型和后规制型三种（张俐俐，2003）。

一般将政府管理组织分为国家旅游组织（national tourism organizations，NTO）和地方旅游组织。根据世界旅游组织的定义，国家旅游组织是指在中央政府层次上承担旅游行业行政管理职能的政府机构，或有权干预旅游部门的中央政府机构。中国的国家旅游行政管理机构称为国家旅游局（1998 年 8 月至 2018 年 3 月），它是国务院的直属机构，承担全国的旅游行政管理工作。地方旅游组织是指省（自治区、直辖市）、市（自治州）及县等各级旅游行政管理部门，一般也称为旅游局，它们代表同级政府承担该行政区内的旅游行政管理工作，一方面，根据行政许可授权在一定范围内行使旅游行政管理权；另一方面，越来越强调政府对旅游企业和消费者利益的保护和服务。为彰显和增强文化自信，统筹文化事业、文化产业发展和旅游资源开发，提高国家文化软实力和中华文化影响力，推动文化事业、文化产业和旅游业融合发展，2018年3月根据党的十九届三中全会审议通过的《中共中央关于深化党和国家机构改革的决定》《深化党和国家机构改革方案》和第十三届全国人民代表大会第一次会议批准的《国务院机构改革方案》，设立中华人民共和国文化和旅游部，将文化部、国家旅游局的职责整合。

关于国家旅游组织的地位和结构的研究并不多，而且存在不同观点。通过对亚太地区夏威夷、中国香港、新加坡、泰国和日本等5个目的地的政府旅游管理机构的案例分析，夏威夷大学知名华裔学者蔡子廉（Choy，1993）发现，与一些人的观点不同，国家旅游组织如果离开了私营部门的参与，将难以发挥其在协调、立法、促销、研究和信息提供等方面的组织作用。随着目的地增长类型的变化，国家旅游组织的角色也应加以调整。

国家旅游组织的旅游行政管理的基本职能，是指该机构及其组成人员被赋予的职能和作用，一般可以概括为计划、组织、协调、监督、决策和服务六个方面。计划职能主要是制定全国和各地区的旅游发展宏观和中观计划，为国家谋求较好的经济效益、社会效益和环境效益，实现旅游业可持续发展。组织职能确定旅游行政管理体制，明确组织和人员的职位、权力和责任，制定管理的规章制度。协调是机构的常规工作，涉及对外协调、对内协调、对上协调、对下协调等多个层面。监督职能是指依法、依标准对旅游产品和服务进行监督与控制。决策是指对涉及政府投资、旅游规划、市场开拓、服务质量等重大问题的研究与决策。服务职能体现为为旅游业发展创造良好的条件和环境，包括政治、经济、法律、信息、管理体制、市场宣传促销、旅游咨询等方面。

面对经济全球化、市场国际化、产品多样化、服务个性化要求，旅游行政管理的固有模式受到了越来越大的挑战，传统的带有计划经济色彩的体系和模式已不能适应旅游业的发展要求。在中国，不同类型的旅游资源及产权归属不同，使得旅游、文物、城建、园林和宗教等部门在旅游业发展中很难实现统一协调，旅游业的宏观管理体制仍然制约着旅游业整体功能的发挥。

现行的管理体制行政条块分割特征比较明显，导致旅游业系统林立，多头建设，各自为政，缺乏全局观念，难以产生整体效应。旅游行政部门缺乏法律保障和宏观调控手段，政府投入和政策支持力度不足，造成部分基本要素供给相对困难，配套服务能力差，一些地区、行业对资源垄断经营，政企不分，不利于旅游发展和整体效益的提高。

在现代市场经济下，由于市场经济本身的某些缺陷和外部机制的某种限制，单纯的市场机制无法把资源有效配置到最佳状态。政府作为社会利益的代表，应能弥补市场机制的缺陷。政府介入是要以市场机制为基础，运用政府的力量遏制或限制市场机制自发运行所产生的剧烈波动。政府的宏观经济调控职能主要是制定和执行宏观调控政策，提供基础设施服务，为微观经济主体创造良好的经济发展环境。至于政府与市场的关系如何把握，政府是集权还是分权，学者建议借鉴全球旅游业管理模式，兼而有之（匡林，2001）。鉴于旅游资源所有权和经营权问题仍困扰旅游发展，应加快旅游资源产权制度和管理制度改革。

12.3　公共资源管理与旅游发展规划

虽然旅游资源主要是指发展观光旅游所依赖的自然风景资源和历史文化资源，但实际上其他各类旅游产品如休闲度假产品、商务会展产品，也都离不开资源基础的支持。从公共管理角度观察，旅游目的地的发展涉及不止一个旅游管理部门，许多旅游资源由非旅游部门进行归口管理，但又与旅游活动密切相关。这就存在如何既保护、管理好旅游资源，又满足国民游憩和旅游者旅游需求的问题。政府部门间就旅游资源保护和规划如何实现有效沟通、进行必要的协调、达到可持续发展的共同目标，这个难题将长期摆在研究者、政治家和规划人员面前。

12.3.1　公共资源管理

开展旅游活动，特别是传统的观光旅游和正在迅速发展的休闲度假旅游，也就是惯称的愉悦旅游活动，必须完全依赖或主要依赖当地的旅游资源和生态环境。旅游资源和环境具有较强的公共性，这一点已经为许多研究者所认同。旅游资源管理（tourism resource management）就是一种公共管理。旅游资源在吸引旅游者方面必须具备一定的公共性和规模性，也就是说，必须具备经济上的可开发性（张凌云，1999）。旅游资源广泛的公共性和多部门参与管理导致了一系列保护与利用上的矛盾。旅游资源产权界定不清、产权制度安排不合理，已在某种程度上束缚和妨碍了中国旅游资源的合理利用和旅游业的进一步发展（杨晓霞，2004）。旅游资源产权不明晰的成因很多，在分析这一问题时，可以分别用俱乐部理论、资源价值理论、产权理论等进行探讨。

自然保护区功能具有公共性。保护区管理主体应该以政府为核心，积极吸引私人主体、非政府组织、当地社区和国际组织广泛参与，这将有利于自然保护区的可持续发展（高红梅和黄清，2006）。遗产资源是一种非常特殊的公共资源，既有经济属性，也有社会、文化等多种价值属性，多元价值属性是其相关的利益结构与制度设计的根本原因。其管理模式也有政府强权干涉、产权私有化以及社区自治等三种模式。

作为公共资源的一种，旅游资源同时面对保护和利用两种价值的诉求。一个完美的公共管理框架应能在这两种不同的价值取向之间建立一种动态的平衡，在资源环境与游憩旅游之间建立一种可持续的关系。关于旅游发展与风景遗产资源，如果没有良好的制度保障，即使政府强权管理风景与遗产资源，也未必能够保证风景与遗产资源的真实性与完整性；有完善的制度保障，市场经营未必就一定会破坏资源

（张朝枝、保继刚等，2004）。环境质量和旅游成败关系密切，世界各地的案例证明，能够找到一系列方法，在发展旅游活动的同时为下一代人保护好世界旅游目的地（Hunter and Green，1995）。通过建立一整套技术标准，对旅游地进行生态旅游认证，已经成为一种有益的既发展又保护的方法（Honey，2002）。

在旅游热点地区，常常会发生旅游环境容量超载问题。从经济学角度看，旅游环境具有公共属性，导致了资源市场配置的失效，引发了旅游环境容量超载。为使旅游环境容量资源合理配置，代理政府行使职能的旅游区管理部门有必要对资源配置进行调控，包括采取直接管制、利用大众传播媒介、发挥门票的价格杠杆作用等行动（王虎和翁钢民，2003）。旅游环境容量（tourism carrying capacity）是一个概念体系，包括心理容量、资源容量、生态容量、经济发展容量、旅游地域社会容量等。旅游环境容量最初只关注会对资源质量和游客自身的体验质量造成破坏的临界游客数量，但后来逐渐发展成为广泛应用于旅游资源管理的一系列管理工具（张骁鸣，2004）。实际上，环境容量本身很难进行实际的测量，但它的主要作用在于提供一个门槛，以防止人们超越这一限制产生不利影响。

从资源的开发利用角度看，谁拥有资源和谁经营管理资源，是一个争议很大的问题。公共旅游资源的经营权是指某一组织通过合法授权拥有的对公共旅游资源的具有生产经营性质的权利，其内容主要包括占有权、使用权、收益权和部分的支配权（杨瑞芹、马波等，2004）。公共旅游资源的经营权与所有权、行政管理权由于公共旅游资源的存在而具有密切的联系，但之间也有明显差别，经营权只是所有权的一部分，行政管理权因法律或行政授权而产生。长期以来，受计划经济的影响，中国公共旅游资源的所有权虚置，出现了行政管理权能同所有权能的混淆。旅游区所有权与经营权的分离要以产权制度完善为前提，以资源价值评估为基础，以相关法律法规为保障（李明耀和胡志毅，2002）。由于旅游资源开发投资巨大，许多地方政府本身不具备足够的资金，进行旅游资源的独立开发，在此情形下将旅游资源开发经营权出让给私营部门，这已成为中外常见的发展模式。

在公共旅游产品投资领域，存在较多的政府行政垄断现象。对此，不少专家呼吁应放宽对非国有经济投资于旅游景区和旅游产品的限制（梁修存和丁登山，2002）。中国旅游景区大多由单一主体投资，不可避免地出现部分产品供给不足、部分产品供给过剩的现象，应根据公共经济学理论，区分不同消费特点和性质的产品，结合投资主体的偏好和能力，确定不同的投资主体（刘尊礼、黄鹂等，2007）。在旅游资源经营权转让过程中，应根据中国旅游资源产权制度安排的特点，注意各种利益主体所追求目标的不同，设计合理有效、可持续性较好的各利益主体利益的保障与协调机制（黄安民和赵黎明，2005）。另外，尽管国有资本要逐步退出旅游景区营利性项目，但这并不意味着政府退出旅游投资管理领域，政府在旅游区投资方面仍然担负着宏观调控、活动管制、投资模式选择等重要任务（王莹，2004）。

12.3.2　旅游发展规划

旅游发展规划（tourism development planning）是根据旅游业的历史、现状和市场要素的变化所制定的目标体系，以及为实现目标体系在特定的发展条件下对旅游发展要素所作的安排。旅游业实际上由商业部门、非营利部门和政府部门三种利益主体组成，因此旅游规划必然需要全面了解并协调这三方面的行为和利益关系。旅游规划的目标就在于，提高旅游业的经济效益，提升游客满意度，进行部门、行业和社区的整合，以及保护旅游资源（顾朝林、张洪等，2003）。1959 年美国夏威夷规划可以看作现代旅游规划的先驱，旅游规划第一次成为区域规划的一个重要组成部分。20 世纪 60 年代，法国、英国等国家相继出现了正式的旅游规划。1963 年联合国国际旅游大会强调了旅游规划的重大意义，随后世界各国、各地区开始编制旅游规划。在旅游规划研究中，涌出现了冈恩（Gunn，2002）、英斯基普（Inskeep，1991）、皮尔斯（Pearce，1991）、霍尔（Hall，2008）等著名专家，他们不仅撰写了系统的旅游规划著作，而且受世界旅游组织的聘请，担任规划咨询专家，研制完成世界多个国家、区域、度假地的旅游规划，为全球旅游规划事业的发展作出了贡献。

1986 年中国政府将旅游业确立为正式的产业部门，标志着中国旅游规划市场的需求出现。90 年代，旅游规划工作在中国普遍开展，吴必虎（2001b）的《区域旅游规划原理》成为其间阐述旅游规划理论与技术指南的经典著作之一。在旅游规划研究中，为潜在市场提供旅游产品特别是其中的吸引物，成为规划的核心工作之一。吸引物开发的程序和可行性研究、影响吸引物成功运营的因素、吸引物投融资、吸引物策划设计以及项目管理等，都是值得重视的问题（Swarbrooke，2002）。

旅游规划是一门政治、艺术、科学三合一的学问。政治性强调政策研究和多利益主体平衡；艺术性强调的是规划师的主观感受对客观世界的反映与超越；科学性强调逻辑推理与经济预测的重要性。可见，旅游规划具有科学、艺术、政治三个方面的特征，既有科学的规律，也有艺术的创造，并作为一项公共管理工具而存在。针对旅游的广义含义，以及旅游与游憩研究的多学科特征，旅游规划研究有必要建立相应的多视角考虑问题的观念和方法，注意游憩活动的连续性、旅游产业的关联性、旅游研究的多学科性，运用旅游系统的理论指导规划编制实践和基础理论研究工作（吴必虎和俞曦，2009）。

12.3.3　公共吸引物管理

很多旅游吸引物凭借自然、人文或社会旅游资源形成，这些资源绝大多数属于公共资产，吸引物的管理实际上就是公共吸引物的经营管理。公共吸引物经营管理的目标就是要确保旅游功能高效永续地发挥，实现旅游吸引物经济、社会和环境三个方面的可持续发展。经济的可持续发展要求吸引物经营能够获取一定的经济收益，维持旅游吸引物自身的生存和发展。社会可持续是指吸引物经营管理要控制好社会影响，如果旅游吸引物的发展与当地居民的经济利益和社会利益发生了冲突，造成当地居民对旅游发展的不满情绪，破坏旅游吸引物，将会给当地旅游业发展带来不利的影响。环境可持续要求吸引物经营管理控制好环境影响，对核心资源进行重点保护。

为了保证公共旅游吸引物管理目标的实现，在资源管理中要坚持开发与保护并重，实现旅游资源的可持续利用。要充分考虑旅游地社会承载能力，力求避免旅游产生的消极影响。政府主导是公共旅游吸引物经营管理的特殊要求，公共吸引物的经营与管理涉及资源的保护、规划、开发和日常的经营等事项，往往涉及多个政府部门之间的协调工作。中国存在旅游吸引物多头管理、交叉管理现象；吸引物的所有权、管理权、使用权等方面尚未形成清晰的界定，需要政府在管理体制方面进一步探索。市场导向原则要求旅游吸引物的经营与管理遵循市场经济的客观规律，充分利用自身的区位、经济和资源优势，扎实做好针对不同市场的基础调研和分析，开发针对不同细分旅游者群体的旅游吸引物。

针对封闭型和开放型吸引物，经营管理模式存在很大差异。封闭型吸引物管理模式可以概括为“统一管理、责权分明”，强调“统一”。封闭型吸引物有明确的管理边界，但是由于历史原因，往往归不同部门管理，对地方发展非常不利。实践中，很多地区采取了这一管理模式，成立管理委员会作为统一管理的机构，负责整个旅游地范围内的所有事务。开放型吸引物管理模式可以概括为“联合管理、配合协调”，强调“协调”。由于吸引物边界是开放的，其管理往往涉及一个行政区域内各个政府部门之间的联合与协调，还会涉及与周边行政区的联合管理与配合。

12.4 公共环境与生态保障

12.4.1 旅游公共环境问题

随着资源环境问题的日趋严重和可持续发展思想逐渐深入人心，从可持续发展角度讨论旅游研究越来越受到学者的重视。从产业发展的实践角度，人们认识到需要以较小的负面影响和更好的可持续方式来开发旅游，旅游发展的新形式——替代性旅游（alternative tourism）应运而生（Smith and Eadington，1992）。实际上，无论是传统的旅游方式，还是新兴的替代性旅游方式，都应重视自然环境和当地的生态与文化。在进入这些地区开展各种旅游活动时，无论是旅游者，还是旅游产品开发提供者，都应尽到相应的责任。这就是应责旅游（responsible tourism）。应责旅游既包括基于自然的旅游，也包括基于社区的旅游（Spenceley，2008）。

旅游业是较早自觉引入可持续发展思想的产业。对于旅游影响的关注促进了可持续旅游（sustainable tourism）的研究，关于可持续旅游，也是从环境、经济、社会三个方面来阐述的（Swarbrooke，1999）。对可持续旅游的普遍关注产生了丰富的理论分析和实际探索，这方面的积累从 20 世纪 50 年代起从未停止过，使得人们有条件对可持续旅游的一整套概念体系进行认真的总结（Page and Connell，2008）。

可持续发展思想的兴起对于旅游消费行为具有重要影响。顺应旅游消费的绿色潮流，旅游企业更加关注社会责任，将绿色生产经营作为发展方向。在进行旅游发展项目可行性分析时，必须考虑环境代价等隐性成本。政府也更加关注可持续发展思想在旅游公共管理中的贯彻。

环境影响评价是强化环境管理的重要手段，它是指对规划和建设项目实施后可能造成的环境影响进行分析、预测和评估，提出预防或者减轻不良环境影响的对策和措施。环境影响评价的目的是实施可持续发展战略，预防建设项目实施后对环境造成的不良影响，促进经济、社会和环境的协调发展。目前，关于环境影响评价已经形成了系统的理论和方法。

12.4.2 旅游生态保障

旅游吸引物多数情况下是基于当地原有的自然资源和文化资源，因此旅游发展常常会遇到如何处理好资源保护与旅游发展之间的关系问题。无论是保护还是开发，越来越多的人相信，绝对的保护和肆意的开发都不是最好的选择。资源保护与旅游开发之间的关系是辩证的，单纯强调保护或单纯强调开发都是片面的。

从资源保护的角度看，其目的包括保护生态环境、传承历史文化，为人类能够更长久、更好地生存和发展提供资源保证，换句话说，资源保护的目的是更好地利用。如果资源不与人类的生产和生活发生联系，就不会受到人类的影响，但也失去了被称为“资源”的价值。我们需要比较不同的利用方式，寻找最有效的。将旅游资源转变为矿业、渔业或者林业等直接消耗资源的开发方式应避免，成功的旅游开发是保护旅游资源的重要手段（Lindberg and Aylward，1999）。

资源保护需要具备一定的物质条件和精神条件。物质条件是指要有足够的财力对资源进行保护；精神条件是指社会文化要有保护资源的意识和氛围。资源保护最关键的就是资金问题。首先，地方经济要发展到一定程度，至少无须以牺牲旅游资源为代价换取经济发展。其次，国家、地方政府要有足够的财力支持专项拨款投入旅游资源的保护、修缮等日常维护工作。当地社会如果有保护资源的意识和氛围，也会建立非政府组织或基金会等，为旅游资源的保护募集捐款。而且旅游者和当地居民都具有保护资源的意识和知识时，会大大减少资源的人为损毁。可以说，旅游活动是联系旅游资源与旅游者的重要纽带。人们是因为了解才会爱，因为爱才会主动地保护。因此旅游开发是将旅游资源的价值传播给旅游者的重要途径，是旅游资源获得了解、获得珍爱并最终获得保护的重要途径。

从旅游开发的角度来看，旅游开发的目的是发展旅游产业，创造经济效益、社会效益和环境效益，使旅游资源发挥应有的价值。旅游资源具有多种价值，包括科学价值、文化价值和艺术价值等，但是很多情况下，正是旅游资源的经济价值使资源得到重视，得到资金支持，从而得到有效的保护。只有当地居民意识到“与卖石灰相比，开发旅游让人们来看石头能够带来更大的经济效益、社会效益和环境效益”，原来靠采石生活的当地人才会立刻停止原始的采石方式，资源的价值才能被重新认识。

旅游资源是旅游地发展的基础，是旅游产业可持续发展的首要条件。因此，旅游开发与资源保护之间理论上并不存在矛盾和冲突。旅游资源受到损害和破坏的原因，归纳起来可以分为自然损毁和人为破坏两种。资源遭受自然损毁，主要是指受到自然力造成的影响。自然力对旅游资源的破坏作用在很多情况下是不可避免的。应对自然损毁主要的对策是通过相应的技术措施加以针对性的预防或减缓，着重加强对源头的控制。总的来说，由于自然力改变自然景观本身就是自然界的历史演变过程，而人文旅游资源受到自然损毁的影响不可忽视，很多古代洞窟、壁画、建筑等受到突发性或日常性的自然力的损毁，很有可能从此消失，因此对人文资源必须采取人为干预的措施进行保护，如为珍贵文物古迹建室内展览馆，将自然环境变为人工可控制的室内环境。对于不宜采取防护措施的资源，应该经常检查，及时发现问题，及时补救。

资源的人为破坏是指旅游资源受到的来自人类社会的破坏力，可以分为社会经济发展造成的破坏、旅游开发造成的破坏和旅游者造成的破坏等不同情况。需要指出的是，旅游资源受到社会经济发展造成的破坏现象要比人们想象的严重得多。战争、朝代更替、外族入侵等社会政治变革往往对资源造成毁灭性的破坏；矿山开采、林木砍伐等社会经济发展对资源的消耗性利用模式使得很多旅游资源直接消失；城市化的发展给历史街区带来改造、拆除等形式的破坏。旅游开发造成的破坏是指由于规划不当而造成旅游资源受到破坏的情况。与上述人为破坏相比，旅游者对旅游资源造成的破坏要小得多，但也不应忽视。

改变经济增长方式、坚持可持续发展观，才能使旅游资源得到有效的保护。通过对各种开发活动的约束，杜绝人为破坏；采用合理的技术手段，定期测定并评估各种人类活动对旅游资源产生的影响；通过游客管理（visitor management）措施，对旅游容量进行监控，对旅游资源进行有效的保护。

□ 本章小结

旅游与游憩产品具有显著的公共性，因此旅游公共组织、旅游公共管理成为影响旅游活动水平、影响旅游经济发展、加强旅游危机管理的重要条件。

全国性和地方性的旅游立法是各级政府及政府主管部门进行旅游行业管理、协调多利益主体关系的重要法律保障；在制定旅游发展特别是经济发展政策和旅游发展规划的过程中，也需要从公共管理角度进行把握。

旅游资源和环境的外部性产生了资源管理、利用与保护的不同价值观冲突，政策制定、规划研究很大程度上是为了在诸多利益主体之间达成符合可持续发展目标的平衡。

□ 关键术语

旅游公共组织（tourism public organization）

旅游立法（tourism legislation）

旅游产业政策（tourism industry policy）

国家旅游组织（national tourism organization，NTO）

旅游发展规划（tourism development planning）

旅游危机管理（tourism crisis management）

旅游公共政策（tourism public policy）

旅游行政管理（tourism administration）

旅游资源管理（tourism resource management）

□ 复习题

1. 公共组织的概念和功能是什么？国际和国内重要的旅游公共组织有哪些？
2. 什么是旅游危机？公共组织在旅游危机管理中发挥何种作用？
3. 国家旅游产业政策和地方旅游产业政策通常包含哪些内容？
4. 请谈谈旅游发展规划对于地方旅游发展的作用。
5. 简单阐述解决旅游公共环境问题和保护旅游生态的措施。

参考文献

[1] Agarwal, S. Restructuring Seaside Tourism: The Resort Lifecycle. Annals of Tourism Research, 2002, 29 (1): 25-55.

[2] Airey, D., Tribe, J. An International Handbook of Tourism Education. Elsevier, 2005: 13-24.

[3] Anonymous. Editorial. Cornell Hotel and Restaurant Administration Quarterly, 1964, 5 (3): i.

[4] Aramberri, J., Butler, R. Tourism Development: Issues for a Vulnerable Industry. Channel View Publications, 2005.

[5] Arriaga, M. C. S., Fernando, S. V. A. Brief Survey of Deep Contact between the Human Race and the Earth Heat from Prehistory to the 20th Century. Proceeding of the 38th Conference of International hydrothermal Science, 2003: 226-232.

[6] Ayala, H. Resort Hotel Landscape as An International Mega Trend. Annals of Tourism Research, 1991, 18 (4): 568-587.

[7] Baker, K., Huyton, J. Hospitality Management: An Introduction. Melbourne: Hospitality Press, 2001.

[8] Baum, T., Lundtorp, S. Seasonality in Tourism. Elsevier, 2001.

[9] Becken, S. Tourism and Transport: The Sustainability Dilemma. Journal of Sustainable Tourism, 2006, 14 (2): 113-115.

[10] Bieger, T., Wittmer, A. Air Transport and Tourism: Perspectives and Challenges for Destinations, Airlines and Governments. Journal of Air Transport Management, 2006, 12 (1): 40-46.

[11] Bodio, L. Sul Movimento Dei Forestieri in Italia e Sul Denaro Che vi Spendono. Giornale degli Economist, 1899, 15: 54-61.

[12] Bonham, C., Mak, J. Private versus Public Financing of State Destination Promotion. Journal of Travel Research, 1996, 35 (2): 3-10.

［13］Boniface，B.G.，Cooper，C.P. The Geography of Travel and Tourism. London：Heinemann，1987.

［14］Böröcz，J. Leisure Migration：A Sociological Study on Tourism. Pergamon，1996.

［15］Borrett，N. Leisure Services UK：An Introduction to Leisure. Entertainment and Tourism Services，London：Macmillan，1991.

［16］Bowdin，G.，Allen，J.，O'Toole，W.，Harris，R.，McDonnell，I. Events Management. 2nd ed. Elsevier，2004.

［17］Bramwell，B.，Rawding，L. Tourism Marketing Organizations in Industrial Cities：Organizations，Objectives and Urban Governance. Tourism Management，1994，15 (6)：425-434.

［18］Brendon，P. Thomas Cook：150 Years of Popular Tourism. Secker (Martin) & Warburg Ltd，1991.

［19］Brown，F. Tourism Reassessed：Blight or Blessing. Butterworth Heinemann，2000.

［20］Buhalis，D. Strategic Use of Information Technologies in the Tourism Industry. Tourism Management，1998，19 (5)：409-421.

［21］Buhalis，D.，Laws，E. Tourism Distribution Channels：Practices，Issues and Transformations. London：Continuum，2001.

［22］Bull，A. The Economics of Travel and Tourism. Longman Cheshire Pty Ltd，1995.

［23］Burns，P.M. An Introduction to Tourism and Anthropology. Routledge，1999.

［24］Burns，P.M.，Novelli，M. Tourism and Mobilities：Local-Global Connections. CAB International，2008.

［25］Butler，R.W. The Concept of A Tourist Area Cycle of Evolution：Implications for Management of Resources. Canadian Geographer，1980，24 (1)：5-12.

［26］Butler，R.W. Seasonality in Tourism：Issues and Implications. In Baum，T.，Lundtorp，S. Seasonality in Tourism. Pergamon，2001：5-21.

［27］Carr，N. The Tourism：Leisure Behavioural Continuum. Annals of Tourism Research，2002，29 (4)：972-986.

［28］Cavinato，J.，Cuckovich，M.L. Transportation and Tourism for the Disabled：An Assessment. Transportation Journal，1992，31 (3)：46-53.

［29］Ceballos-Lascurain，H. The Future of Ecotourism. Mexico Journal，January，1987，13-14.

［30］Chambers，D. An Agenda for Cutting-edge Research in Tourism. In Tribe，J.，

Airey，D. Development in Tourism Research. Elsevier. 2007：233 - 245.

［31］Choy，D. L. Alternative Roles of National Tourism Organizations. Tourism Management，1993，14 (5)：357 - 365.

［32］Christaller，W. Some Considerations of Tourism Location in Europe：The Peripheral Regions-underdeveloped Countries-recreation Areas. Papers in Regional Science，1964，12 (1)：95 - 105.

［33］Clarke，J.，Denman，R.，Hickman，G.，Slovak，J. Rural Tourism in Roznava Okres：A Slovak Case Study. Tourism Management，2001，22 (2)：193 - 202.

［34］Clawson，M.，Knetsch，J. L. Economics of Outdoor Recreation. Baltimore：The Johns Hopkins University Press，1966.

［35］Cohen S. A. Lifestyle Travelers：Backpacking as A Way of Life. Annals of Tourism Research，2011，38 (4)：1535 - 1555.

［36］Cohen，E. Contemporary Tourism：Diversity and Change. Elsevier，2004.

［37］Cohen，E. Tourism：A Community Approach. Routledge，1985.

［38］Cooper，C.，Shepherd，R.，Westlake，J. Educating the Educators in Tourism：A Manual of Tourism and Hospitality Education，World Tourism Organization. University of Surrey，1996.

［39］Crompton，J. Structure of Vacation Destination Choice Sets. Annals of Tourism Research，1992，19 (3)：420 - 434.

［40］Crotts，J. C. Consumer Decision Making and Prepurchase Information Search. In Pizam，A.，Mansfeld，Y. Consumer Behavior in Travel and Tourism. Haworth Press，1999：149 - 168.

［41］Crouch，G. I. The Study of International Tourism Demand：A survey of Practice. Journal of Travel Research，1994，32 (4)：41 - 55.

［42］Csikszentmihalyi，M. Flow：The Psychology of Optimal Experience. New York：Harper-Perennial，1990：4.

［43］Davidson，R.，Cope，B. Business Travel：Conference，Incentive Travel，Exhibitions，Corporate Hospitality and Corporate Travel. Prentice Hall，2003.

［44］Denhardt，R. B. Theories of Public Organization. Cengage Learning，2007.

［45］Dimanche，F. Special Events Legacy：The 1984 Louisiana World's Fair in New Orleans. In P. Murphy. Quality Management in Urban Tourism. Chichester：John Wiley & Sons，1997：67 - 74.

［46］Dittmer，P. R. Dimensions of the Hospitality Industry. 3rd ed. John Wiley and Sons，Inc.，2002：5 - 12.

［47］Donald，E. H. Tourist Holiday Options：Timeshare versus Competition.

Tourism Management, 1985, 16 (4): 252 - 271.

[48] Douglas, D. J. A. The Restructuring of Local Government in Rural Regions: A Rural Development Perspective. Journal of Rural Studies, 2005, 21 (2): 231 - 246.

[49] Downward, P., Lumsdon, L. Tourism Transport and Visitor Spending: A Study in the North York Moors National Park, UK. Journal of Travel Research, 2004, 42 (4): 415 - 420.

[50] Dredge, D. Policy Networks and the Local Organisation of Tourism. Tourism Management, 2006, 27 (2): 269 - 280.

[51] Duval, D. T. Tourism and Transport: Modes, Networks and Flows. Channel View Publications, 2007.

[52] Dwyer, L., Mellor, R., Mistilis, N., Mules, T. A Framework for Assessing "tangible" and "intangible" Impacts of Events and Conventions. Event Management, 2000, 6 (3): 175 - 189.

[53] Elliott, J. Tourism: Politics and Public Sector Management. Routledge, 1997.

[54] Ewert, A., Shultis, J. Resource-based Tourism: An Emerging Trend in Tourism Experiences. Parks and Recreation, September, 1997: 94 - 103.

[55] Fayos-Solá, E. Tourism Policy: A Midsummer Night's Dream? Tourism Management, 1996, 17 (6): 405 - 412.

[56] Frechtling, D. C. The Tourism Satellite Account: Foundations, Progress and Issues. Tourism Management, 1999, 20 (1): 163 - 170.

[57] García-Altés, A. The Development of Health Tourism Services. Annals of Tourism Research, 2005, 32 (1): 262 - 266.

[58] Gee, C. Y. International Hotel Management. Educational Institute of the American Hotel and Lodging Association, 1994.

[59] Gee, C. Y., Makens, J. C., Choy, D. J. L. The Travel Industry. 3rd ed. John Wiley and Sons, 1997.

[60] Getz, D. Event Management and Event Tourism. New York: Cognizant Communication Corporation, 1997.

[61] Getz, D. Meeting Business. In Jafari J. Encyclopedia of Tourism. New York: Routledge, 2000: 387.

[62] Getz, D. Event Studies: Theory, Research and Policy for Planned Events. Butterworth-Heinemann, 2007: 299 - 326.

[63] Getz, D., Brown, G. Critical Success Factors for Wine Tourism Regions: A Demand Analysis. Tourism Management, 2006, 27 (1): 146 - 158.

[64] Gibson, H. Sport Tourism at a Crossroad? Considerations for the Future. In Gammon, S., Kurtzman, J. Sport Tourism: Principles and Practice. Eastbourne, Leisure Studies Association, 2002: 111-128.

[65] Gillen, D., Niemeier, H. M. Leisure Traffic and Tourism: New Strategies for Airlines, Airports and the Travel Trade. Journal of Air Transport Management, 2006, 12 (1): 1-52.

[66] Glaesser, D. Crisis Management in the Tourism Industry. World Tourism Organization. Butterworth Heinemann, 2006.

[67] Glücksmann, R. Allgemeine Fremdenverkehrskunde. Berna: Verlag von Stampfli, 1935.

[68] Goeldner, C. R., Ritchie, J. R. B. Tourism: Principles, Practices, Philosophies. 10th ed. John Wiley and Sons, Inc, 2006.

[69] Goldblatt, J. J. Special Events: The Art and Science of Celebration. Van Nostrand Rienhold, 1990: 191-310.

[70] González M. C., Hidalgo C. A., Barabási A. L. Understanding Individual Human Mobility Patterns. Nature, 2008, 453: 779-782.

[71] Graburn, N., Jafari, J. Introduction Tourism Social Science. Annals of Tourism Research, 1991, 18 (1): 1-11.

[72] Grönroos, C. A Service Quality Model and its Marketing Implications. European Journal of Marketing, 1984, 18 (4): 36-44.

[73] Gunn, C. A., Var, T. Tourism Planning: Basics, Concepts, Cases. 4th ed. New York: Routledge, 2002.

[74] Guttentag D. A. Virtual Reality: Applications and Implications for Tourism. Tourism Management, 2010, 31 (5): 637-651.

[75] Hall, C. M. Tourism and Politics: Policy, Power and Place. Chichester: Wiley, 1998.

[76] Hall, C. M. Tourism Planning: Policies, Processes and Relationships. Pearson Prentice Hall, 2008.

[77] Hall, C. M., Jenkins, J. M. Tourism and Public Policy. London: Routledge, 1995.

[78] Hall, C. M., Page, S. J. The Geography of Tourism and Recreation: Environment, Place and Space. 3rd ed. Routledge, 2006.

[79] Hall, C. M., Tucker, H. Tourism and Postcolonialism: Contested Discourses, Identities and Representations. Routledge, 2004.

[80] Hall, C. M., Williams, A. M. Tourism and Migration: New Relationships between Production and Consumption. Kluwer Academic Publishers, 2002.

[81] Hall, C. M., Sharples, L., Macionis, N., Cambourne, B. Food Tourism Around the World: Development, Management and Markets. Butterworth-Heinemann, 2003.

[82] Hayes, D. K., Ninemeier, J. D. Hotel Operations Management. Pearson Education, Inc., 2004: 95 - 471.

[83] Heraty, M. J. Tourism Transport: Implications for Developing countries. Tourism Management, 1989, 10 (4): 288 - 292.

[84] Heritage, Conservation and Recreation Service. Third Nationwide Outdoor Recreation Plan, Four Volumes based on the 1977 National Recreation Survey, U. S. Dept. of the Interior, Gov. Print. Off., Washington, D. C, 1980.

[85] Hilbert M., Priscilla L. The World's Technological Capacity to Store, Communicate, and Compute Information. Science, 2011, 332 (6025): 60 - 65.

[86] Hjalager, A. M., Richards, G. Tourism and Gastronomy. Routledge, 2002: 22 - 23.

[87] Holden, A. Tourism Studies and the Social Sciences. Routledge, 2006.

[88] Holloway, J. C. The Business of Tourism. 7th ed. Edinburgh Gate: Pearson Education, 2006.

[89] Honey, M. Ecotourism and Certification: Setting Standards in Practice. Island Press, 2002.

[90] Horner, P. Travel Agency Practice. Longman, 1996.

[91] Houston, J. R. The Economic Value of Beaches: A 2008 Update. Shore & Beach, 2008, 76 (3): 22 - 26.

[92] Hoyer, K. G. Sustainable Tourism or Sustainable Mobility? The Norwegian Case. Journal of Sustainable Tourism. 2000, 8 (2): 147 - 160.

[93] Hughes, H. Arts, Entertainment and Tourism. Oxford: Butterworth-Heinemann, 2000.

[94] Hughes, H. L., Benn, D. Entertainment in Tourism: A Study of Visitors to Blackpool. Managing Leisure, 1997, 2 (2): 110 - 126.

[95] Hunter, C., Green, H. Tourism and the Environment: A Sustainable Relationship? Routledge, 1995.

[96] Hunziker, W., Krapf, K. Grundriss der Allgemeine Fremdenverkehrslehre. Zürich: Polygraphischer Verlag, 1942.

[97] Inkpen, G. Information Technology for Travel and Tourism. 2nd ed. Longman, 1998.

[98] Inskeep, E. Tourism Planning: An Integrated and Sustainable Development Approach. CRC Press, 1991.

[99] Jafari, J. Encyclopedia of Tourism. Taylor & Francis, 2000.

[100] Jafari, J., Aaser, D. Tourism as the Subject of Doctoral Dissertations. Annals of Tourism Research, 1988, 15 (3): 407 - 429.

[101] Jung T., Namho C., Leue M. C. The Determinants of Recommendations to Use Augmented Reality Technologies: The Case of a Korean Theme Park. Tourism Management, 2015, 49: 75 - 86.

[102] Jung, C. G. Psychological Types, Contributions to Analytical Psychology. London: Routledge & Kegan Paul, 1928, 295 - 321, ch. 4. In Cooper, C. L., Pervin, L. A. Personality: Critical Concepts. Routledge, 1998, 28 - 39.

[103] Kay, P. Consumer Motivation in a Tourism Context: Continuing the Work of Maslow, Rokeach, Vroom, Deci, Haley and others. FANZMAC 2003 Conference Proceedings Adelaide 1 - 3 December 2003, 600 - 614.

[104] Kaynak, E., Yavas, U. Segmenting the Tourism Market by Purpose of Trip: A Profile of Visitors to Halifax, Canada. International Journal of Tourism Management, 1981, 2 (2): 105 - 112.

[105] Keiser, J. R. Principles and Practices of Management in the Hospitality Industry. 2rd ed. Van Nostrand Reinhold, 1989: 119 - 312.

[106] Kelly, J., Haider, W., Williams, P. W. A Behavioral Assessment of Tourism Transportation Options for Reducing Energy Consumption and Greenhouse Gases. Journal of Travel Research, 2007, 45 (3): 297 - 309.

[107] Kerr, W. R. Tourism Public Policy, and the Strategic Management of Failure. Elsevier, 2003.

[108] Khadaroo, J., Seetanah, B. Transport Infrastructure and Tourism Development. Annals of Tourism Research, 2007, 34 (4): 1021 - 1032.

[109] Knowles, K. Hospitality Management: An Introduction. 2nd ed. Longman, 1998.

[110] Korca, P. Resident Attitudes Toward Tourism Impacts. Annals of Tourism Research, 1996, 23 (3): 695 - 697.

[111] Kotler, P. Marketing Management. 11th ed. Prentice Hall, 2003: 407 - 408.

[112] Lane, H. E., van Hartesvelt, M. Essentials of Hospitality Administration. Reston Publishing Company, Inc., 1983: 161 - 182.

[113] Lashley, C., Morrison, A. J. In Search of Hospitality: Theoretical Perspectives and Debates. Butterworth-Heinemann, 2001.

[114] Lattin, G. W. Modern Hotel and Motel Management. 3rd ed. San Francisco: W. H. Freeman and Company, 1977: 49 - 55.

[115] Lavin, M. The Business of Holidays. The Monacelli Press, 2004: 17 - 21.

[116] Laws, E., Prideaux, B., Chon, K. Crisis Management in Tourism. 2006, CAB International.

[117] Leiper, N. Towards a Cohesive Curriculum in Tourism: The Case for a Distinct Discipline. Annals of Tourism Research, 1981, 8 (1): 69-84.

[118] Leiper, N. Tourist Attraction Systems. In Williams, S. Tourism: The Nature and Structure of Tourism. Taylor & Francis, 2004: 244-263.

[119] Li, M., Wu, B., Cai, L. Tourism Development of World Heritage Sites in China: A Geographic Perspective. Tourism Management, 2008: 29 (2): 308-319.

[120] Liben-Nowell, D., Novak, J., Kuma, R., Raghavan, P., Tomkins, A. Geographic Routing in Social Networks. PNAS, 2005: 102 (33): 11623-11628.

[121] Lindberg, K., Aylward, B. Price Responsiveness in the Developing Country Nature Tourism Context: Review and Costa Rican Case Study. Journal of Leisure Research, 1999, 31 (3): 281-299.

[122] Lumsdon, L., Downward, P., Rhoden, S. Transport for tourism: Can Public Transport Encourage a Modal Shift in the Day Visitor Market? Journal of Sustainable Tourism, 2006, 14 (2): 139-156.

[123] Lumsdon, L. M., Page, S. Tourism and Transport: Issues and Agenda for the New Millennium. Elsevier, 2003.

[124] MacCannell, D., Lippard, L. R. The Tourist: A New Theory of the Leisure Class. University of California Press, 1999.

[125] Mancini, M. Access: Introduction to Travel and Tourism. Thomson, 2005: 23-46.

[126] Mariotti, A. Lezioni di Economia Turistica. Rome: Tiber, 1928.

[127] Martin, B., Uysal, M. An Examination of the Relationship between Carrying Capacity and the Tourism Life Cycle: Management and Policy Implications. Journal of Environmental Management, 1990, 31 (4): 327-333.

[128] Martin-Cejas, R. R. Tourism Service Quality Begins at the Airport. Tourism Management, 2006, 27 (5): 874-877.

[129] Maslow, A. H. A Dynamic Theory of Human Motivation. Psychological Review, 1943, 50: 370-396.

[130] Mason, P. Tourism Impacts, Planning and Management. 2nd ed. Butterworth-Heinemann, 2008.

[131] Masterman, G., Wood, E. H. Innovative Marketing Communications: Strategies for the Event Industry. Elsevier, 2006: 213-270.

[132] McIntosh, R. W., Goeldner, C. R., Ritchie, J. R. Tourism: Princi-

ples, Practices, Philosophies. 7th ed. Chichester: John Wiley, 1995.

[133] McIntyre, N., Williams, D., McHugh, K. Multiple Dwelling and Tourism: Negotiating Place, Home and Identity. CABI, 2006.

[134] Mckercher, B. Incentive. In Jafari, J. Encyclopedia of Tourism. New York: Routleledge, 2000: 301 - 302.

[135] Medlik, S. The Business of Hotels. 3rd ed. Butterworth-Heinemann, 1994.

[136] Mesáro P., Mandičák T., Mesáro A. et al. Use of Augmented Reality and Gamification Techniques in Tourism. E-review of Tourism Research, 2016, 13 (1): 366 - 381.

[137] Middleton, V. T. C. Marketing in Travel and Tourism. Oxford: Heinemann, 1988: 7 - 9.

[138] Mill, R. C., Morrison, A. M. The Tourism System: An Introductory Text. 5th ed. Kendall/Hunt Publishing Company, 2006.

[139] Milman, A. Hourly Employee Retention in Small and Medium Attractions: The Central Florida Example. International Journal of Hospitality Management, 2003, 22 (1): 17 - 35.

[140] Moscardo, G. M., Pearce, P. L. Visitor Centres and Environmental Interpretation: An Exploration of the Relationship among Visitor Enjoyment, Understanding and Mindfulness. Journal of Environmental Psychology, 1986 (6): 89 - 108.

[141] Mullins, P. Tourism Urbanization. International Journal of Urban and Regional Research, 1991 (15): 326 - 342.

[142] Murphy, P. E. Tourism: A Community Approach. Routledge, 1985.

[143] Nepal, S. K., Chipeniuk, R. Mountain Tourism: Toward a Conceptual Framework. Tourism Geographies, 2005, 7 (3): 313 - 333.

[144] Oppermann, M. Convention Cities Images and Changing Fortunes. Journal of Tourism Studies, 1996, 7 (1): 10 - 19.

[145] Oppermann, M. Convention Destinations Images: An Analysis of Association Meeting Planners Perceptions. Tourism Management, 1996, 17 (3): 175 - 182.

[146] Page, S. Transport and Tourism: Global Perspectives. 2nd ed. Prentice Hall, 2005.

[147] Page, S., Connell, J. Sustainable Tourism: Critical Concepts in Social Science, Vol. 1, Evolution and Context of Sustainable Tourism. Routledge, 2008.

[148] Page, S. J., Meyer, D. Tourist Accidents: An Exploratory Analysis. Annals of Tourism Research, 1996, 23 (3): 666 - 690.

[149] Palmer, A., Bejou, D. Tourism Destination Marketing Alliances. Ann-

als of Tourism Research, 1995, 22 (3): 616 - 629.

[150] Pavlovich, K. The Evolution and Transformation of a Tourism Destination Network: The Waitomo Caves, New Zealand. Tourism Management, 2003, 24 (2): 203 - 316.

[151] Pearce, D. G. An Integrative Framework for Urban Tourism Research. Annals of Tourism Research, 2001, 28 (4): 926 - 946.

[152] Pearce, D. Tourist Development. Longman Group Limited, 1991.

[153] Pearce, D. Tourism Today: A Geographical Analysis. 2nd ed. Pearson Education, 1996.

[154] Pearce, D. G. Tourist Organizations. Longman, 1992.

[155] Pearce, P. L. Fundamentals of Tourist Motivation. In Pearce, D. G., Butler, R. W. Tourism Research: Critiques and Challenges. Taylor & Francis, 1993: 113.

[156] Pearce, P. L. The Functions and Planning of Visitor Centres in Regional Tourism. Journal of Tourism Studies, 2004, 15 (1): 8 - 17.

[157] Peeters, P., Szimba, E., Duijnisveld, M. Major Environmental Impacts of European Tourist Transport. Journal of Transport Geography, 2007, 15 (2): 83 - 93.

[158] Pender, L. Travel Trade and Transport: An Introduction. London: Continuum, 2001.

[159] Peter, J. Internal Marketing. International Journal of Hospitality Management, 1986, 5 (4): 201 - 204.

[160] Petersen, D. C. The City as A Destination: Measuring its Attractiveness. Journal of Convention & Event Tourism, 2004, 6 (1): 145 - 157.

[161] Picard, D., Robinson, M. Remaking Worlds: Festivals, Tourism and Change. In Pickard, D., Robinson, M. Festivals, Tourism and Social Changes. Channel View Publications, 2006: 1 - 31.

[162] Pigram, J. J., Jenkins, J. M. Outdoor Recreation Management. Taylor & Francis, 2006.

[163] Pike, S. Destination Marketing Organizations. Elsevier, 2004.

[164] Pine Ⅱ, B. J., Gilmore, J. H. The Experience Economy: Work is Theatre & Every Business A Stage. Boston: Harvard Business School Press, 1999.

[165] Pizam, A., Mansfeld, Y. Consumer Behavior in Travel and Tourism. Haworth Press, 1999.

[166] Plog, S. C. Why Destination Areas Rise and Fall in Popularity. The Cornell Hotel and Restaurant Administration Quarterly, 1973, 14 (3): 13 - 16.

[167] Plog，S. C. Leisure Travel：Making it a Growth Market... Again! John Wiley and Sons，1991：5.

[168] Porazzi，E.，Sereno，A. Gli Enti Turistici：Natura Pubblica e Privatizzazione (Tourist Organizations：Their Public Nature and Privatization). Rassegna di Studi Turistici，1990，25 (1/2)：86-143.

[169] Poynter，J. M. Corporate Travel Management. Prentice-Hall，1990.

[170] Prentice，R. Tourism and Heritage Attractions. Routledge，1993.

[171] Prentice，R. Tourist Motivation and Typologies. In Lew，A. A.，Hall，C. M.，Williams，A. M. A Companion to Tourism. Blackwell Publishing Ltd，2004：261-279.

[172] Prideaux，B. The Role of the Transport System in Destination Development. Tourism Management，2000，21 (1)：53-63.

[173] Priestley，G. K.，Mundet，L. The Post-stagnation Phase of the Resort Cycle. Annals of Tourism Research，1998，25 (1)：85-111.

[174] QQA. Hospitality，Leisure，Recreation，Sport and Tourism，Subject Benchmark，Gloucester：Quality Assurance Agency for Higher Education. Cited from Airey，D.，Tribe，J. An International Handbook of Tourism Education. Elsevier，2005：18.

[175] Quan，S.，Wang，N. Towards a Structural Model of the Tourist Experience：An Illustration from Food Experiences in Tourism. Tourism Management，2004，25 (3)：297-305.

[176] Richards，G. Tourism Attraction Systems：Exploring Cultural Behavior. Annals of Tourism Research，2002，29 (4)：1048-1064.

[177] Ritchie，B. W. Bicycle Tourism in the South Island of New Zealand：Planning and Management Issues. Tourism Management，1998，19 (6)：567-582.

[178] Ritchie，B. W.，Carr，N.，Cooper，C. Managing Educational Tourism. Clevedon：Channel View Publications，2003.

[179] Ritchie，J. R. B. Assessing the Impact of Hallmark Events. Journal of Travel Research，1984，23 (1)：2-11.

[180] Ritchie，J. R. B.，Smith，B. H. The Impact of A Mega-event on Host Region Awareness：A Longitudinal Study. Journal of Travel Research，1991，30 (1)：3-10.

[181] Roberts，L.，Hall，D. Rural Tourism and Recreation：Principles to Practice. CABI Publishing，2001.

[182] Robertson，D.，Kean，I.，Moore，S. Tourism Risk Management：An Authoritative Guide to Managing Crises in Tourism. A Report Prepared by APEC In-

ternational Centre for Sustainable Tourism (AICST). Asia-Pacific Economic Cooperation, 2006: 24－32.

[183] Roche, M. Mega-events and Modernity: Olympics and Expos in the Growth of Global Culture. London: Routledge, 2000.

[184] Rowe, D., Lawrence, G. Tourism, Leisure, Sport: Critical Perspectives. Hodder Education, 1998.

[185] Runzheimer International. Survey and Analysis of Business Travel Policies and Costs. 10th ed. Runzheimer Publications, 2000.

[186] Rutherford, D. G. Introduction to the Conventions, Expositions, and Meetings Industry. Van Nostrand Reinhold, 1990.

[187] Rutherford, D. G. Hotel Management and Operations. 3rd ed. John Wiley and Sons, 2002.

[188] Ryan, C. Recreational Tourism: A Social Science Perspective. Taylor & Francis, 1991: 6.

[189] Ryan, C. Linkages between Holiday Travel Risk and Insurance Claims: Evidence from New Zealand. Tourism Management, 1991, 17 (8): 593－601.

[190] Schertler, W., Schmid, B., Tjoa, A. M., Werthner, H. Proceedings of the International Conference on Information and Communications Technologies in Tourism, Innsbruck, Austria. New York: Springer-Verlag, Inc, 1994.

[191] Schmidhauser, H. Tourist Needs and Motivations. In Witt, S. F., Moutinho, L. Tourism Marketing and Management Handbook. Prentice Hall, 1989: 569－572.

[192] Schmitt, B. Experiential Marketing. Journal of Marketing Management, 1999, 15 (1－3): 53－67.

[193] Sen, L., Mayfield, S. Accessible Tourism: Transportation to and Accessibility of Historic Buildings and Other Recreational Areas in the City of Galveston, Texas. Public Works Management & Policy, 2004, 8 (4): 223－234.

[194] Shaw, G., Williams, A. M. Critical Issues in Tourism: A Geographical Perspective. Wiley-Blackwell, 2002.

[195] Silvers, J. R. Professional Event Coordination. John Wiley and Sons, 2004.

[196] Smiley, A., MacGregor, C., Dewar, R. E., Blamey, C. Evaluation of Prototype Highway Tourists Signs for Ontario. Transportation Research Record: Journal of the Transportation Research Board, 1998 (1): 34－40.

[197] Smith, S. The Tourism Product. Annals of Tourism Research, 1994, 21 (3): 582－595.

[198] Smith, S. Measurement of Tourism's Economics Impacts. Annals of

Tourism Research，2000，27（2）：530－553.

[199] Smith，V. L.，Eadington，W. R. Tourism Alternatives：Potentials and Problems in the Development of Tourism. University of Pennsylvania Press，1992.

[200] Solomon，M. R.，Rabolt，N. J. Consumer Behavior. Prentice Hall，1996.

[201] Song，C.，Koren，T.，Pu，W.，Barabási，A. Modeling the Scaling Properties of Human Mobility. Nature Physics，2010，6（10）：818－823.

[202] Song，C.，Qu，Z.，Blumm，N.，Barabási，A. Limits of Predictability in Human Mobility. Science，2010，327（5968）：1018－1021.

[203] Spenceley，A. Responsible Tourism：Critical Issues for Conservation and Development. London：Earthscan，2008.

[204] Stafford，J. Les Paradigmes de la Recherche en Téorologie：Étude，Analyse et Critique. Loisir et Société，1985，8（21）：549－560.

[205] Stansfield，C. A. A Note on the Urban-nonurban Imbalance in American Recreational Research. Tourism Review，1965，20（1）：21－23.

[206] Su，L.，Swanson，S. R. The Effect of Destination Social Responsibility on Tourist Environmentally Responsible Behavior：Compared Analysis of Firsttime and Repeat Tourists. Tourism Management，2017，60（3）：308－321.

[207] Sun，X.，Xu，H. Lifestyle Tourism Entrepreneurs' Mobility Motivations：A Case Study on Dali and Lijiang，China. Tourism Management Perspectives，2017，24：64－71.

[208] Swain，M. B. Gender in Tourism. Annals of Tourism Research，1995，22（2）：247－266.

[209] Swarbrooke，J. Sustainable Tourism Management. CABI Publishing，1999：47－84.

[210] Swarbrooke，J. The Development and Management of Visitor Attractions. 2nd ed. Butterworth-Heinemann，2002.

[211] Swarbrooke，J.，Horner，S. Consumer Behaviour in Tourism. Butterworth-Heinemann，1999.

[212] Swarbrooke，J.，Horner，S. Business Travel and Tourism. Oxford：Butterworth-Heinemann，2001.

[213] Teberler，M. The Interrelationships between Tourist Origin and Receiving Countries through a Marketing Framework：The Case of Turkey and Britain in the Early 1990s. University of Exeter，2000.

[214] Thompson，K.，Schofield，P. An Investigation of the Relationship between Public Transport Performance and Destination Satisfaction. Journal of Transport Geography，2007，15（2）：136－144.

[215] Timothy，D. J. Shopping Tourism，Retailing，and Leisure. Buffalo：Channel View Publications，2005.

[216] Timothy，D. J.，Butler，R. W. Cross-border Shopping：A North American Perspective. Annals of Tourism Research，1995，22 (1)：16 - 34.

[217] Tisdell，C. A.，Roy，K. C. Tourism and Development：Economic，Social，Political and Environmental Issues. Nova Science Publishers，Inc，1998.

[218] Torrent，R. R.，Fluvià，M. Public Goods in Tourism Municipalities：Formal Analysis，Empirical Evidence and Implications for Sustainable Development. Tourism Economics，2007，13 (3)：361 - 378.

[219] Tribe，J. The Economics of Leisure and Tourism. Elsevier，1999.

[220] Tseng A. Why do Online Tourists Need Sellers' Ratings? Exploration of the Factors Affecting Regretful Tourist E-satisfaction. Tourism Management，59 (2)：413 - 424，2017.

[221] Valentine，P. S. Nature-based Tourism. In Weiler，B.，Hall，C. M. Special Interest Tourism. Belhaven Press，1992.

[222] Veal，A. J. Leisure and Tourism Policy and Planning. CABI Publishing，2002：248 - 253.

[223] Vogel，H. L. Entertainment Industry Economics：A Guide for Financial Analysis. New York：Cambridge University Press，2007.

[224] Wahab，S. Tourism，Development and Growth：The Challenge of Sustainability. Routledge，1997.

[225] Wahab，S.，Cooper，C. P. Tourism in the Age of Globalization. Routledge，2001.

[226] Wall，G.，Mathieson，A. Tourism：Change，Impacts and Opportunities. Pearson Education Limited，2006.

[227] Walsh，R. G. Recreation Economic Decisions：Comparing Benefits and Costs. Venture Publishing，Inc，1986.

[228] Webster，C.，Ivanov，S. National Tourism Organizations：Measuring the Results of Promotion Abroad. Tourism，2007，55 (1)：65 - 80.

[229] Werthner，H.，Klein，S. Information Technology and Tourism：A Challenging Relationship. Springer，1999.

[230] Wet Feet Insider Guide. Careers in Entertainment. San Francisco，CA WetFeet，Inc，2002.

[231] Williams，A. M.，Shaw，G. Tourism and Economic Development：Western European Experiences. New York：Halsted Press，1988.

[232] Williams，S. Tourism：The Nature and Structure of Tourism. Taylor &

Francis，2004.

［233］ Witt，S. F.，Martin，C. A. International Tourism Demand Models：Inclusion of Marketing Variables. Tourism Management，1987，8（1）：33－40.

［234］ Wolf，M. J. The Entertainment Economy：How Mega-media Forces are Transforming Our Lives. New York：Times Books，1999.

［235］ Wood，R. E. Caribbean Cruise Tourism Globalization at Sea. Annals of Tourism Research，2000，27（2）：345－370.

［236］ Woodside，A. G.，Lysonski，S. A General Model of Traveler Destination Choice. Journal of Travel Research，1989，27（4）：8－14.

［237］ Woodside，A. G.，Crouch，G. I.，Mazanec，J. A.，Oppermann，M.，Sakai，M. Y. Consumer Psychology of Tourism，Hospitality and Leisure. CABI Publishing，2000.

［238］ World Tourism Organization. Concepts，Definitions，Classifications for Tourism Statistics. Technical Manual，No. 1，WTO，1995.

［239］ WTO，WTTC，E-Council. Agenda 21 for the Travel & Tourism Industry. Madrid：World Tourism Organization，1997.

［240］ Young，G. Tourism：Blessing or Blight. New York：Penguin Books，1973.

［241］ Zhang，X.，Song，H.，Huang G. Tourism Supply Chain Management：A New Research Agenda. Tourism Management，2009，30（3）：345－358.

［242］ 约翰·艾伦，等．大型活动项目管理．北京：机械工业出版社，2002：26－27.

［243］ 保继刚，楚义芳．旅游地理学．修订版．北京：高等旅游出版社，1999.

［244］ 保继刚，赖坤．旅游管理学科内涵及其升级必要性．旅游学刊，2016，31（10）：14－16.

［245］ 保继刚．主题公园发展的影响因素系统分析．地理学报，1997，52（3）：237－245.

［246］ 鲍德·博拉，劳森．旅游与游憩规划设计手册．北京：中国建筑工业出版社，2004.

［247］ 曹国新．文化古村落：一类重要而特殊的旅游资源．江西社会科学，2003，9：202－205.

［248］ 陈南江．从“百艺盛会”、“欧洲之夜”谈旅游景区娱乐走向．旅游学刊，1997，11（2）：44－47.

［249］ 陈愉秉．从西方经济史看旅游起源若干问题．旅游学刊，2000，15（1）：68－75.

［250］ 池雄标．论政府旅游营销行为的理论依据．旅游学刊，2003，18（3）：58－61.

[251] 戴光全，保继刚．西方事件及事件旅游研究的概念、内容、方法与启发（上）、（下）．旅游学刊，2003，18（5）：26-34；2003，18（6）：111-119.

[252] 戴光全，张骁鸣．从TPC谈会展产品和管理的属性．中国会展．2006，21：54-55.

[253] 邓冰，吴必虎，蔡利平．国内外旅游业危机管理研究综述．旅游科学，2004，18（1）：1-8，57.

[254] 董媛．奖励旅游产品实施效应研究：以重庆奖励旅游市场为例．旅游学刊，2006，21（5）：33-36.

[255] 杜江，张凌云．解构与重构：旅游学学科发展的新思维．旅游学刊，2004，19（3）：19-27.

[256] 高红梅，黄清．试论自然保护区功能的公共性分析．林业经济问题，2006，26（4）：317-320.

[257] 高舜礼．中国旅游产业政策研究．北京：中国旅游出版社，2006.

[258] 葛小东，李文军，朱忠福．网络有效性：评价旅游活动对环境影响的一个新指标．自然资源学报，2002，17（3）：381-387.

[259] 葛宇菁．旅游卫星账户的发展与方法研究．旅游学刊，2007，22（7）：11-18.

[260] 龚伟．国内城市旅游驱动机制研究综述．桂林旅游高等专科学校学报，2006，17（3）：375-379.

[261] 顾朝林，柴彦威，蔡建明，牛亚菲，孙樱．中国城市地理．北京：商务印书馆，2002.

[262] 顾朝林，张洪，等．旅游规划理论与方法的初步探讨．地理科学，2003，23（1）：52-59.

[263] 国际现代建筑学会．雅典宪章．城市发展研究，2007，14（5）：123-126.

[264] 过聚荣．会展导论．上海：上海交通大学出版社，2006.

[265] 韩钧雅．我国地方综合性旅游法规立法体例比较研究．旅游学刊，2005，20（3）：58-62.

[266] 何智虎．我国旅游房地产发展研究．天津大学，2005.

[267] 黄安民，赵黎明．旅游资源经营权转让的利益权衡与协调．北京第二外国语学院学报，2005，1：58-63.

[268] 黄震方，侯国林．大城市商业游憩区形成机制研究．地理学与国土研究，2001，17（4）：44-47.

[269] 霍尔．旅游研究的未来．里切，伯恩斯，帕尔默．旅游研究方法．天津：南开大学出版社，2008：361-374.

[270] 霍洛韦．旅游业．桂林：漓江出版社，1987.

[271] 霍伊尔．会展与节事营销．北京：电子工业出版社，2003.

［272］贾莲莲，朱竑．商务旅游研究述评．思想战线，2004，30（3）：126－130.

［273］康嘉，杨彩云，胡琴．工业遗产与文化创意产业融合模式探讨．经济论坛，2012，502：105－107.

［274］匡林．集权还是分权：政府发展旅游业的两难境地．旅游学刊，2001，16（2）：23－26.

［275］李春生．我国主题公园的发展现状与创新．地域研究与开发，2007，26（2）：71－74.

［276］李宏．欧美旅行社行业分工进程与内在机制研究．旅游学刊，2001，16（3）：29－33.

［277］李金早．全域旅游的价值和途径．人民日报，2016－03－04（7）.

［278］李蕾蕾．工业旅游与珠海金湾区旅游开发．地域研究与开发，2004，23（2）：72－75.

［279］李明耀，胡志毅．论旅游区（点）所有权与经营权分离．现代经济探讨，2002，11：68－70.

［280］李天元，王连义．旅游学概论．天津：南开大学出版社，1991.

［281］李铁匠．地理学．上海：上海三联书店，2014：8.

［282］李武武．城市旅游公共组织与企业绩效的因果研究．江苏商论，2003，12：72－74.

［283］李向明．旅游资源资产评估及其指标体系的构建．资源科学，2006，28（3）：143－150.

［284］李珍刚．论城市营销的公共性价值及其实现．学术论坛，2006，10：70－73，77.

［285］厉新建，魏小安．中国旅游保险的改革与创新思考．江西财经大学学报，2008，4：32－37.

［286］梁修存，丁登山．区域旅游开发的政府行为问题研究．生产力研究，2002，1：99－101.

［287］梁增贤，保继刚．主题公园黄金周游客流季节性研究：以深圳华侨城主题公园为例．旅游学刊，2012，27（1）：58－65.

［288］廖凯，徐虹．基于游客满意度的旅游目的地供应链管理提升对策（下），中国旅游报，2012－06－02.

［289］刘爱利，刘家明，刘敏，郑斌．国内外旅游度假区孤岛效应研究进展．地理科学进展，2007，26（6）：109－118.

［290］刘大可．会展营销教程．北京：高等教育出版社，2006，1.

［291］刘大可．大型活动的旅游效应与旅游概念延伸．旅游学刊，2009，24（3）：5－6.

［292］刘德谦．中国旅游文学新论．北京：中国旅游出版社，1997：48－62.

[293] 刘德谦．关于城市旅游的几点思考．北京城市学院学报，2006，1：2－8.

[294] 刘家明．旅游度假区发展演化规律的初步探讨．地理科学进展，2003，22（2)：211－218.

[295] 刘俊，保继刚．英国传统海滨度假地衰退研究：综述与启示．旅游学刊，2007，22（1)：49－54.

[296] 刘少和．发展休闲娱乐业，创造旅游吸引物．旅游学刊，2006，21（12)：7－9.

[297] 刘尊礼，黄鹂，陈爱玲．公共经济学视角下旅游景区投资研究．电子科技大学学报（社会科学版).2007，9（4)：11－14.

[298] 龙茂兴，龙珍付．旅游开发中历史文化遗产活化问题研究——以大唐芙蓉园为例．旅游纵览（下半月)，2013（03)：14－16.

[299] 卢玲．中国旅行社的创立与中国现代旅游业的兴起关系述略．桂林旅游高等专科学校学报，2007，18（4)：567－570.

[300] 卢燕华．中国自然保护区达2 500多个．广西林业，2011，(5)：48.

[301] 陆军．广西自驾车旅游营地发展研究．旅游学刊，2007，22（3)：35－39.

[302] 陆相林，高树芳，赵宁，马育倩．城市旅游集散中心等级优化配置研究——以石家庄市为例．干旱区资源与环境，2014，28（04)：194－201.

[303] 马丹炜，王跃华，陈丽萍．青城山风景区森林科考旅游初探．四川师范大学学报（自然科学版)，2001，24（2)：209－212.

[304] 马惠娣．关于我们时代休闲与旅游的三点看法．旅游学刊，2006，21（10)：6－7.

[305] 马梅．公共产品悖论：国家公园旅游产品生产分析．旅游学刊，2003，18（4)：43－46.

[306] 毛维．建立健全我国旅游保险产品体系．中国保险，2007（3)：52－54.

[307] 倪岚．娱乐旅游产品特点浅析．旅游科学，2000（2)：16－18.

[308] 彭陈艳，方玲梅．国外商务旅游研究综述．云南地理环境研究，2008，20（6)：112－117.

[309] 彭丽娟，徐红罡，刘畅．基于社会交换理论的西递古村落私人空间转化机制研究．人文地理，2011，121：29－33.

[310] 邱扶东，汪静．旅游决策过程调查研究．旅游科学，2005，19（2)：1－5.

[311] 瞿葆奎，郑金洲．教育学逻辑起点：昨天的观点与今天的认识（一).上海教育科研．1998（3)：2－9.

[312] 容晓君，孙瑶，王安琪，陈汉云．香港历史遗产活化更新的商业模式探讨．国际城市规划，2017，32（03)：42－49.

[313] 阮晓东．VR+旅游　引爆旅游新模式．新经济导刊，2016（12)：10－16.

[314] 山村顺次．新观光地理学．日本：日本大明堂，1995.

[315] 邵秀英，任俊英．古村落景观构景及其旅游功能研究．山西建筑，2011，37（27）：3-4.

[316] 邵祎．旅游产品、资源及吸引物的概念辨析．经济论坛，2006（9）：63-65.

[317] 申葆嘉，刘住．旅游学原理．上海：学林出版社，1999.

[318] 申葆嘉．论旅游学科建设与高等旅游教育．旅游学刊．1997（增刊）：21-24.

[319] 石美玉．旅游者购物行为研究．旅游学刊，1995，20（5）：70-75.

[320] 石美玉．关于旅游购物研究的理论思考．旅游学刊，2004，19（1）：32-36.

[321] 舒波．国内外旅游服务供应链及复杂网络相关研究综述与启示．旅游科学，2010，24（6）：72-83.

[322] 帅学明．我国公共组织的性质与功能论析．学术探索，2003（4）：41-44.

[323] 宋子千，宋志伟．关于旅行社面向商务旅游转型的思考．商业经济与管理，2008（5）：75-79.

[324] 宋子千，郑向敏．旅游业产业地位衡量指标的若干理论思考．旅游学刊，2001，16（4）：27-30.

[325] 宋子千．论旅游的被吸引性与旅游资源概念．旅游学刊，2006，21（6）：69-72.

[326] 宋子千．旅行社经济分析．北京：中国旅游出版社，2008.

[327] 宋子千．旅游者活动行为层次模型的重构及其运用．吴必虎，宋子千．旅游发展与公共管理．北京：中国旅游出版社，2008：22-29.

[328] 谭刚．本土旅游企业差旅管理经营战略探析．旅游学刊，2006，21（5）：36-39.

[329] 田中喜一．观光事业论．东京：观光事业研究会，1950.

[330] 屠如骥．旅游心理学．天津：南开大学出版社，1986.

[331] 汪平．当旅游遇上VR　“清新福建”奏响创新乐章．中国旅游报，2016-05-13.

[332] 王德刚．旅游开发学．济南：山东大学出版社，1998.

[333] 王德刚．旅游学概论．北京：清华大学出版社，2012.

[334] 王德刚．聚会与宴飨：人类旅游活动起源新探．旅游学刊，2015，29（1）：88-94.

[335] 王洪滨．旅游学概论．北京：中国旅游出版社，2004.

[336] 王虎，翁钢民．旅游环境容量超载的经济学分析．地理与地理信息科学，2003，19（2）：110-112.

[337] 王立民，安克士．中国矿泉．天津：天津科学出版社，1993.

[338] 王艳平．温泉旅游基本构件研究．旅游学刊，2006，21（10）：59－62.

[339] 王莹．政府作用与旅游区投资效益．旅游学刊，2004，19（3）：14－18.

[340] 魏翔，相刚．旅游金融的未来之路．经营与管理，2005（3）：21－22.

[341] 巫宁，杨路明．旅游电子商务．北京：旅游教育出版社，2004.

[342] 吴必虎，董莉娜，唐子颖．公共游憩空间分类与属性研究．中国园林，2003（5）：48－50.

[343] 吴必虎，黄潇婷．休闲度假城市旅游规划．北京：中国旅游出版社，2010.

[344] 吴必虎，唐俊雅，黄安民，等．中国城市居民旅游目的地选择行为研究．地理学报，1997，52（2）：97－103.

[345] 吴必虎，王晓，李咪咪．中国大学生对旅游安全的感知评价研究．桂林旅游高等专科学校学报，2001，12（3）：62－68.

[346] 吴必虎，徐斌，邱扶东，等．中国国内旅游客源市场系统研究．上海：华东师范大学出版社，1999.

[347] 吴必虎，俞曦．旅游规划原理．2版．北京：中国旅游出版社，2009.

[348] 吴必虎．旅游生态学与旅游目的地的可持续发展．生态学杂志，1996，15（2）：37－43，54.

[349] 吴必虎．旅游系统：对旅游活动与旅游科学的一种解释．旅游学刊，1998，13（1）：21－25.

[350] 吴必虎．大城市环城游憩带（ReBAM）研究：以上海市为例．地理科学，2001，21（4）：354－359.

[351] 吴必虎．区域旅游规划原理，北京：中国旅游出版社，2001.

[352] 吴楚材．论中国野营区的开发建设．旅游学刊，1997，12（5）：37－40.

[353] 谢彦君．旅游体验研究：一种现象学的视角．天津：南开大学出版社，2005.

[354] 谢彦君．基础旅游学．2版．北京：中国旅游出版社，2007.

[355] 徐朝霞．对我国旅游目的地营销系统运营的思考．西南财经大学，2007.

[356] 杨富斌，韩阳．旅游法的若干法理问题思考：兼论法的自然秩序与社会建构．法学杂志，2006，27（5）：71－73.

[357] 杨宏伟．城市旅游交往中的文化传递与冲突．太原师范学院学报（社会科学版），2007，6（3）：38－40.

[358] 杨瑞芹，马波，寇敏．公共旅游资源经营权辨析．社会科学家，2004（1）：90－92.

[359] 杨晓霞．我国旅游资源产权问题探析．经济地理，2004，24（3）：419－422.

[360] 杨元珍．旅游集散中心建设的基本构想．中国旅游报，2013－08－28

(011).

［361］尹泽生．旅游资源国家标准起草过程及其技术要点．上海标准化，2003(9)：35-38.

［362］于爱水．我国自然保护区生态旅游研究进展．国土与自然资源研究，2005 (4)：68-71.

［363］余青，吴必虎，殷平，童碧沙，廉华．中国城市节事活动的开发与管理．地理研究，2005，23 (6)：845-855.

［364］约西．世界主题公园的发展及其对中国的启示．华侨城集团公司，21世纪中国主题公园发展论坛．北京：中国旅游出版社，2003：58-64.

［365］翟向坤，黄绍梅，韩玉灵．非营利组织制度安排对北京市旅游行业协会的启示．北京第二外国语学院学报（旅游版），2007 (11)：31-37.

［366］张朝枝，保继刚，徐红罡．旅游发展与遗产管理研究：公共选择与制度分析的视角——兼遗产资源管理研究评述．旅游学刊，2004，19 (5)：35-40.

［367］张翠平．自媒体时代旅游者的炫耀性消费心理对其网络信息分享行为的影响研究．成都：四川师范大学，2018.

［368］张俐俐．三种旅游行政管理组织构建模式比较研究．海南大学学报（人文社会科学版）.2003，21 (2)：214-218.

［369］张凌云，黎巎，刘敏．智慧旅游的基本概念与理论体系．旅游学刊，2012，27 (05)：66-73.

［370］张凌云．市场评价：旅游资源新的价值观．旅游学刊，1999，14 (2)：47-52.

［371］张骁鸣．旅游环境容量研究：从理论框架到管理工具．资源科学，2004，26 (4)：78-88.

［372］郑嬗婷，陆林，章锦河，杨钊．近十年国外城市旅游研究进展．经济地理，2006，26 (4)：686-692.

［373］朱蕴波．旅行社品牌管理研究．桂林旅游高等专科学校学报，2003，14 (2)：62-64.

教师教学服务说明

中国人民大学出版社管理分社以出版经典、高品质的工商管理、统计、市场营销、人力资源管理、运营管理、物流管理、旅游管理等领域的各层次教材为宗旨。

为了更好地为一线教师服务，近年来管理分社着力建设了一批数字化、立体化的网络教学资源。教师可以通过以下方式获得免费下载教学资源的权限：

在中国人民大学出版社网站 www. crup. com. cn 进行注册，注册后进入“会员中心”，在左侧点击“我的教师认证”，填写相关信息，提交后等待审核。我们将在一个工作日内为您开通相关资源的下载权限。

如您急需教学资源或需要其他帮助，请在工作时间与我们联络：

中国人民大学出版社　管理分社

联系电话：010－82501048，62515782，62515735

电子邮箱：glcbfs@crup. com. cn

通讯地址：北京市海淀区中关村大街甲 59 号文化大厦 1501 室（100872）